女性史に学ぶ学習資料集

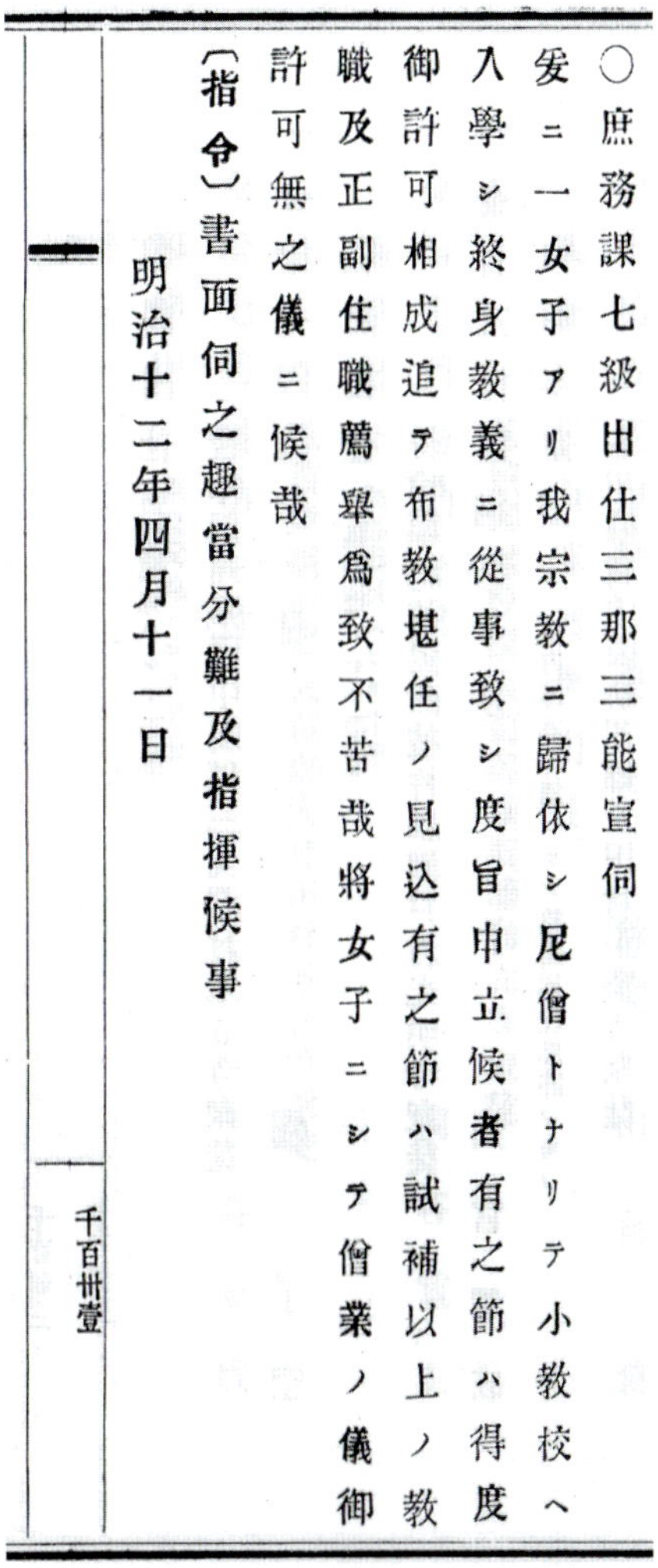

○庶務課七級出仕三那三能宣伺

爰ニ一女子アリ我宗教ニ歸依シ尼僧トナリテ小教校ヘ入學シ終身教義ニ從事致シ度旨申立候者有之節ハ得度御許可相成追テ布教堪任ノ見込有之節ハ試補以上ノ教職及正副住職薦擧爲致不苦哉將女子ニシテ僧業ノ儀御許可無之儀ニ候哉

〔指令〕書面伺之趣當分難及指揮候事

明治十二年四月十一日

千百卅壹

① 女性の得度と小教校入学を認めず
『配紙』１８７９年5月

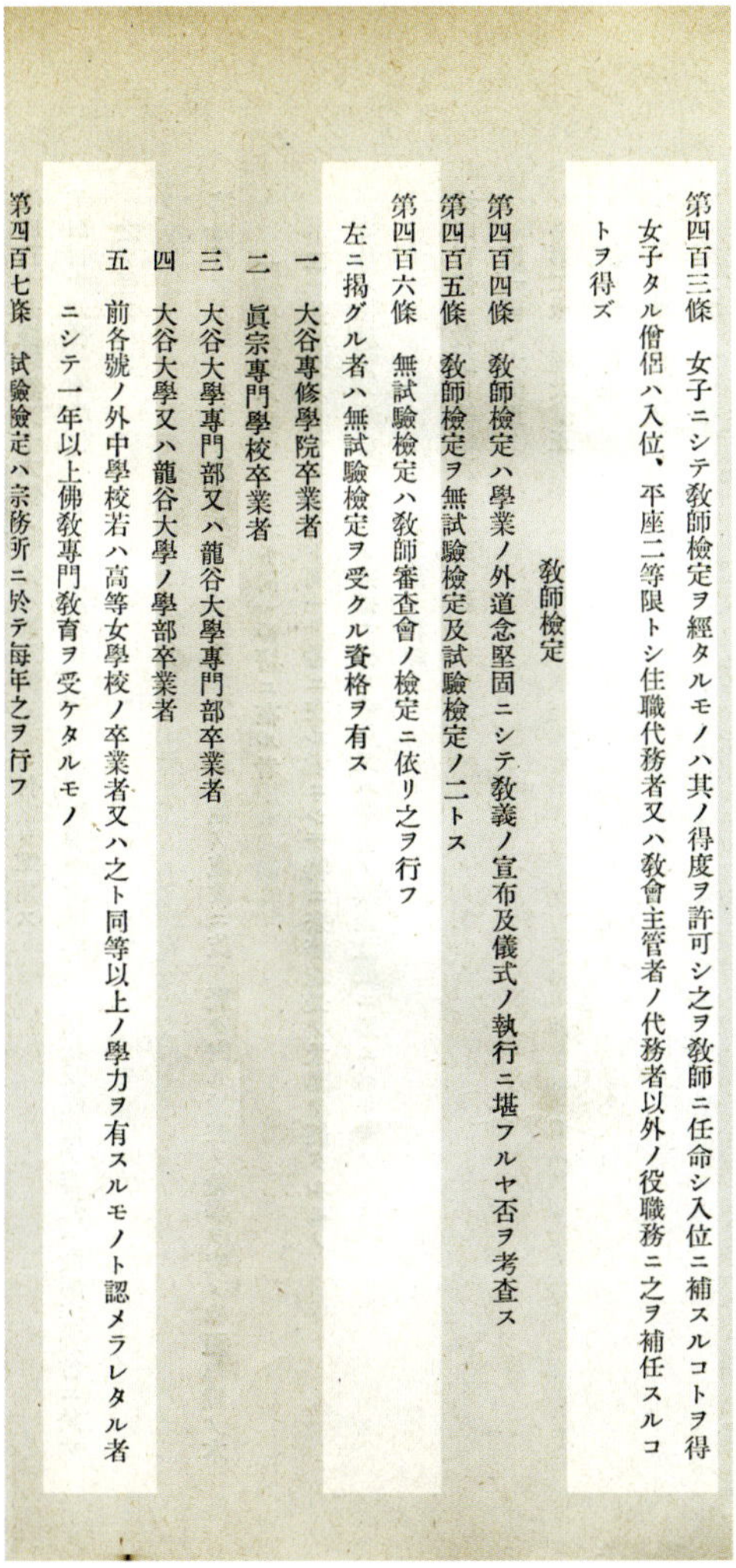

第四百三條　女子ニシテ教師檢定ヲ經タルモノハ其ノ得度ヲ許可シ之ヲ教師ニ任命シ入位ニ補スルコトヲ得

女子タル僧侶ハ入位、平座二等限トシ住職代務者又ハ教會主管者ノ代務者以外ノ役職務ニ之ヲ補任スルコトヲ得ズ

教師檢定

第四百四條　教師檢定ハ學業ノ外道念堅固ニシテ教義ノ宣布及儀式ノ執行ニ堪フルヤ否ヲ考査ス

第四百五條　教師檢定ヲ無試驗檢定及試驗檢定ノ二トス

第四百六條　無試驗檢定ハ教師審査會ノ檢定ニ依リ之ヲ行フ

左ニ掲グル者ハ無試驗檢定ヲ受クル資格ヲ有ス

一　大谷專修學院卒業者

二　眞宗專門學校卒業者

三　大谷大學專門部又ハ龍谷大學專門部卒業者

四　大谷大學又ハ龍谷大學ノ學部卒業者

五　前各號ノ外中學校若ハ高等女學校ノ卒業者又ハ之ト同等以上ノ學力ヲ有スルモノト認メラレタル者ニシテ一年以上佛教專門教育ヲ受ケタルモノ

第四百七條　試驗檢定ハ宗務所ニ於テ毎年之ヲ行フ

② 戦時対策として女性の教師資格の取得を許可する
「真宗大谷派宗制」１９４１年4月1日

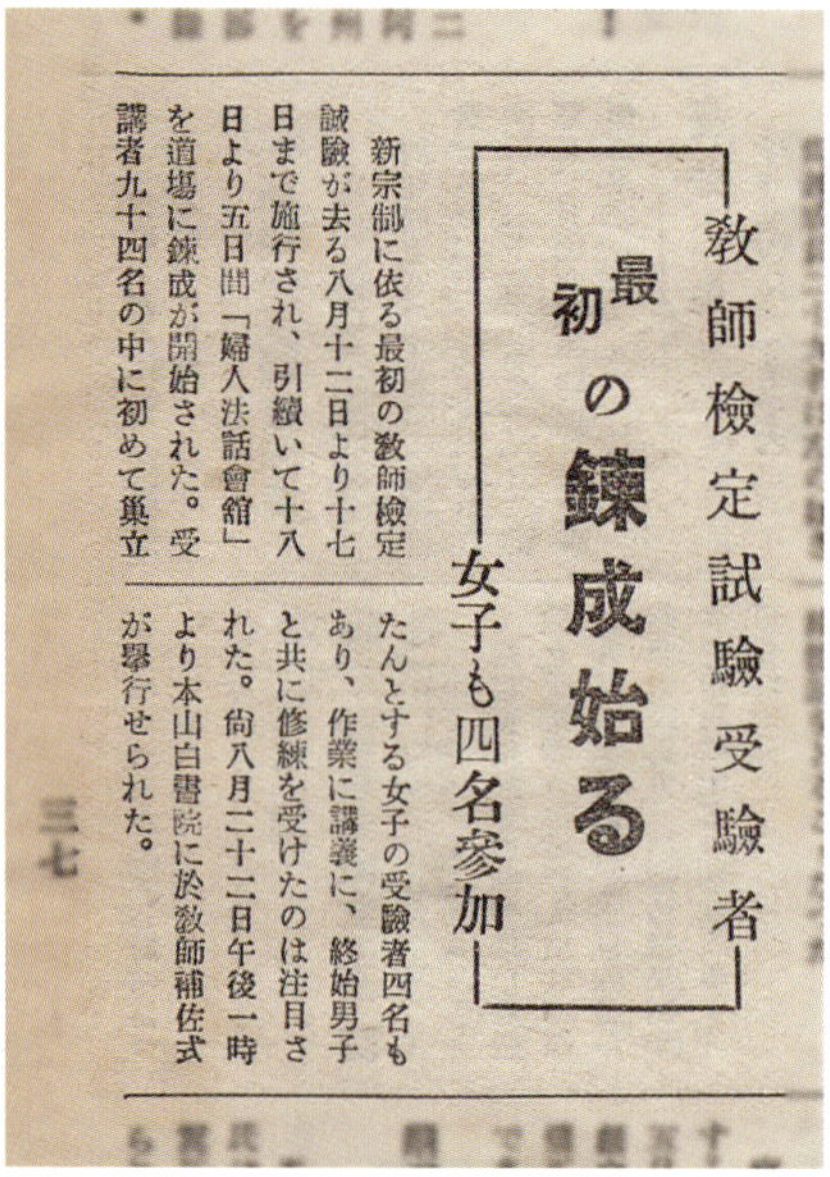
教師検定試驗受驗者

最初の錬成始る

女子も四名参加

新宗制に依る最初の敎師検定試驗が去る八月十二日より十七日まで施行され、引續いて十八日より五日間「婦人法話會舘」を道場に錬成が開始された。受講者九十四名の中に初めて集立たんとする女子の受驗者四名もあり、作業に講義に、終始男子と共に修練を受けたのは注目された。尚八月二十二日午後一時より本山白書院に於敎師補佐式が擧行せられた。

三七

④ 初めて女性が教師に補任される
『真宗』１９４１年9月号

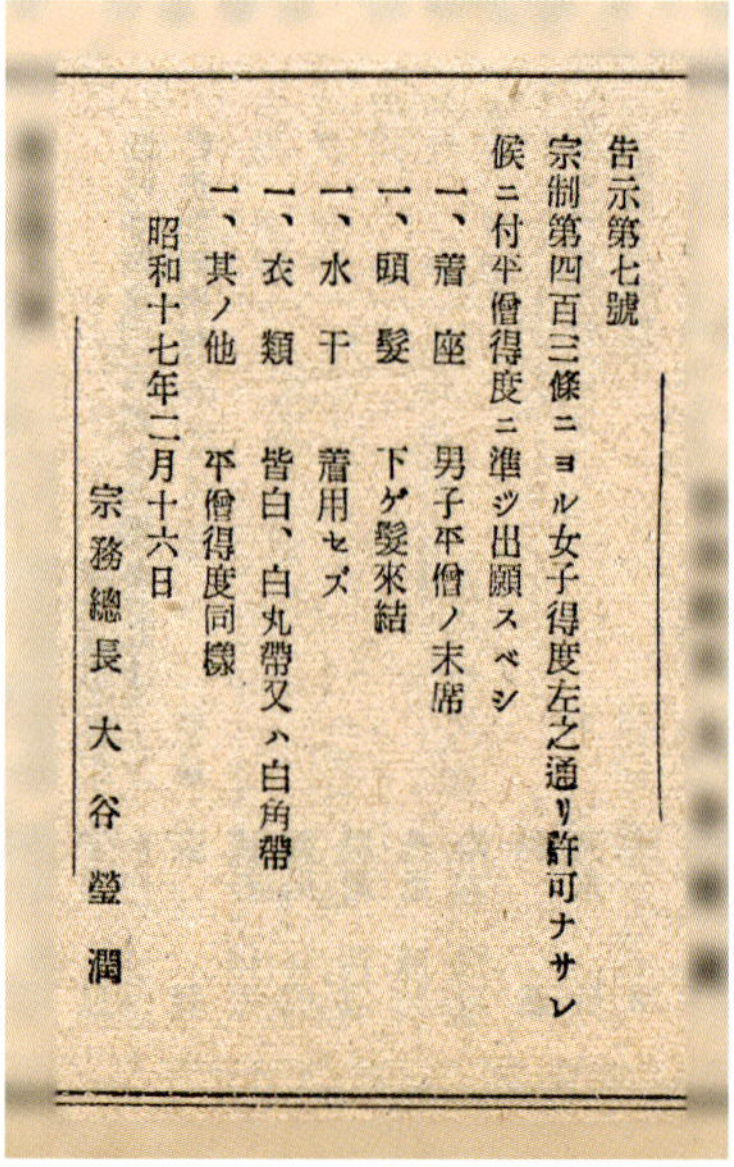
告示第七號

宗制第四百三條ニヨル女子得度左之通リ許可ナサレ候ニ付平僧得度ニ準ジ出願スベシ

一、着座　男子平僧ノ末席

一、頭髪　下ゲ髪來結

一、水干　着用セズ

一、衣類　皆白、白丸帯又ハ白角帯

一、其ノ他　平僧得度同樣

昭和十七年二月十六日

宗務總長　大谷瑩潤

③ 女子得度出願に関する告示
『真宗』１９４２年3月号

⑤ 臨時女子教師検定合格者　得度記念写真
１９４４年5月　久留米教区 覚了寺 所蔵

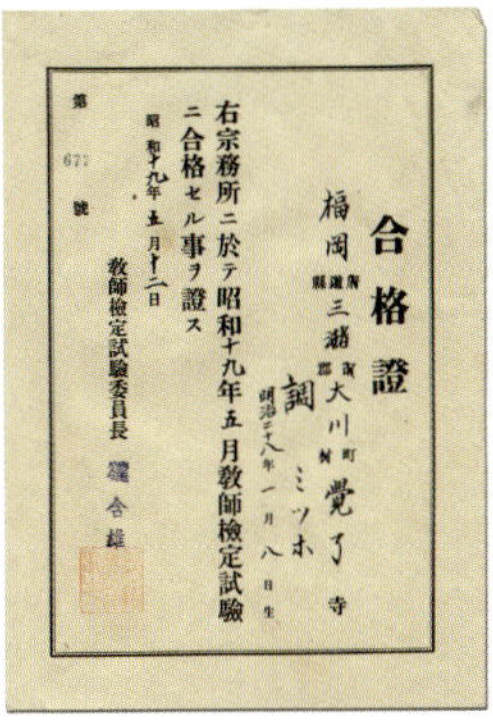
合格證
福岡縣三潴郡大川町 覺了寺
諷 ミツホ
明治三十八年一月八日生
右宗務所ニ於テ昭和十九年五月教師檢定試驗ニ合格セル事ヲ證ス
昭和十九年五月十二日
教師檢定試驗委員長
第677號

⑥ 教師検定試験合格証
久留米教区 覚了寺 所蔵

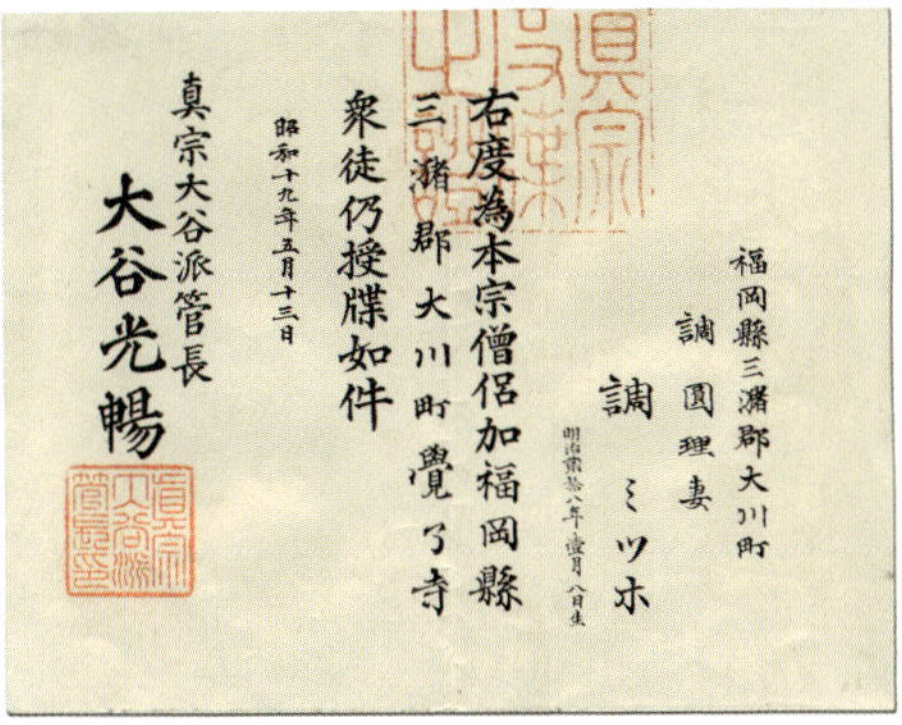
福岡縣三潴郡大川町
諷圓理妻
諷 ミツホ
明治貳拾八年壹月八日生
右度為本宗僧侶加福岡縣三潴郡大川町覺了寺衆徒仍授牒如件
昭和十九年五月十三日
真宗大谷派管長
大谷光暢

⑦ 得度の度牒（日付は教師検定合格の翌日）
久留米教区 覚了寺 所蔵

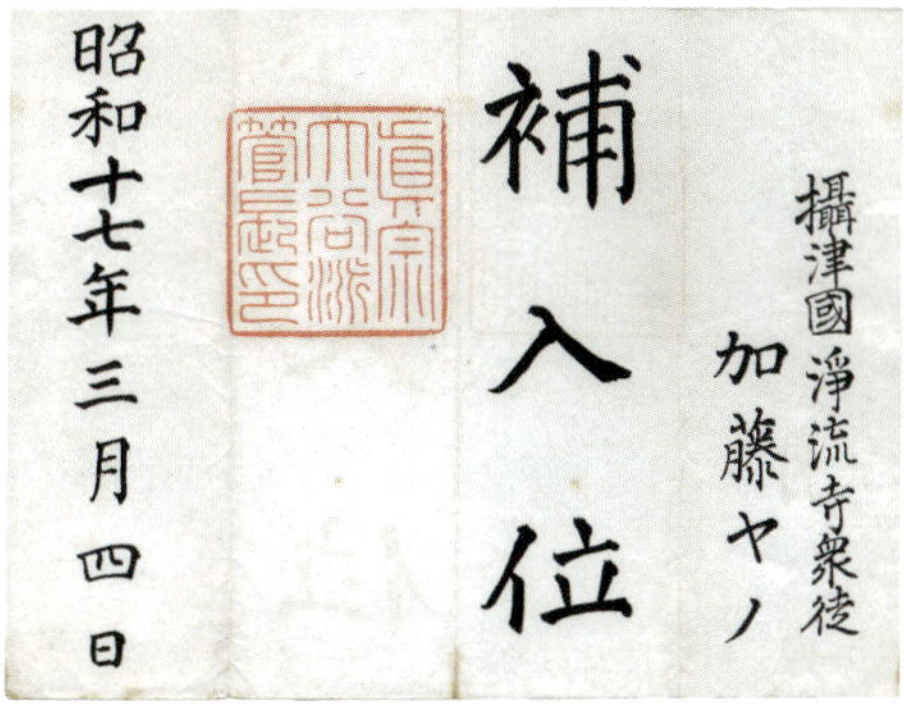
攝津國淨流寺衆徒
加藤ヤノ
補入位
昭和十七年三月四日

⑧ 教師補任許状
大阪教区 浄流寺 所蔵

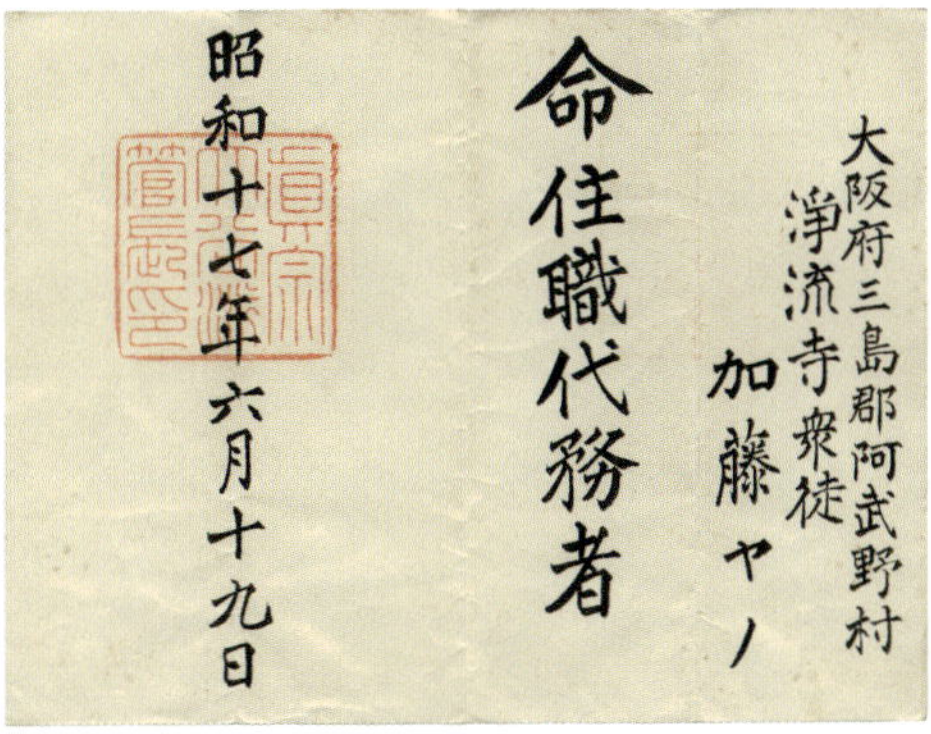
大阪府三島郡阿武野村
淨流寺衆徒
加藤ヤノ
命住職代務者
昭和十七年六月十九日

⑨ 住職代務者任命辞令
大阪教区 浄流寺 所蔵

⑩ 愛国婦人会創立者の奥村五百子
『奥村五百子』（１９１９年 霞亭会）

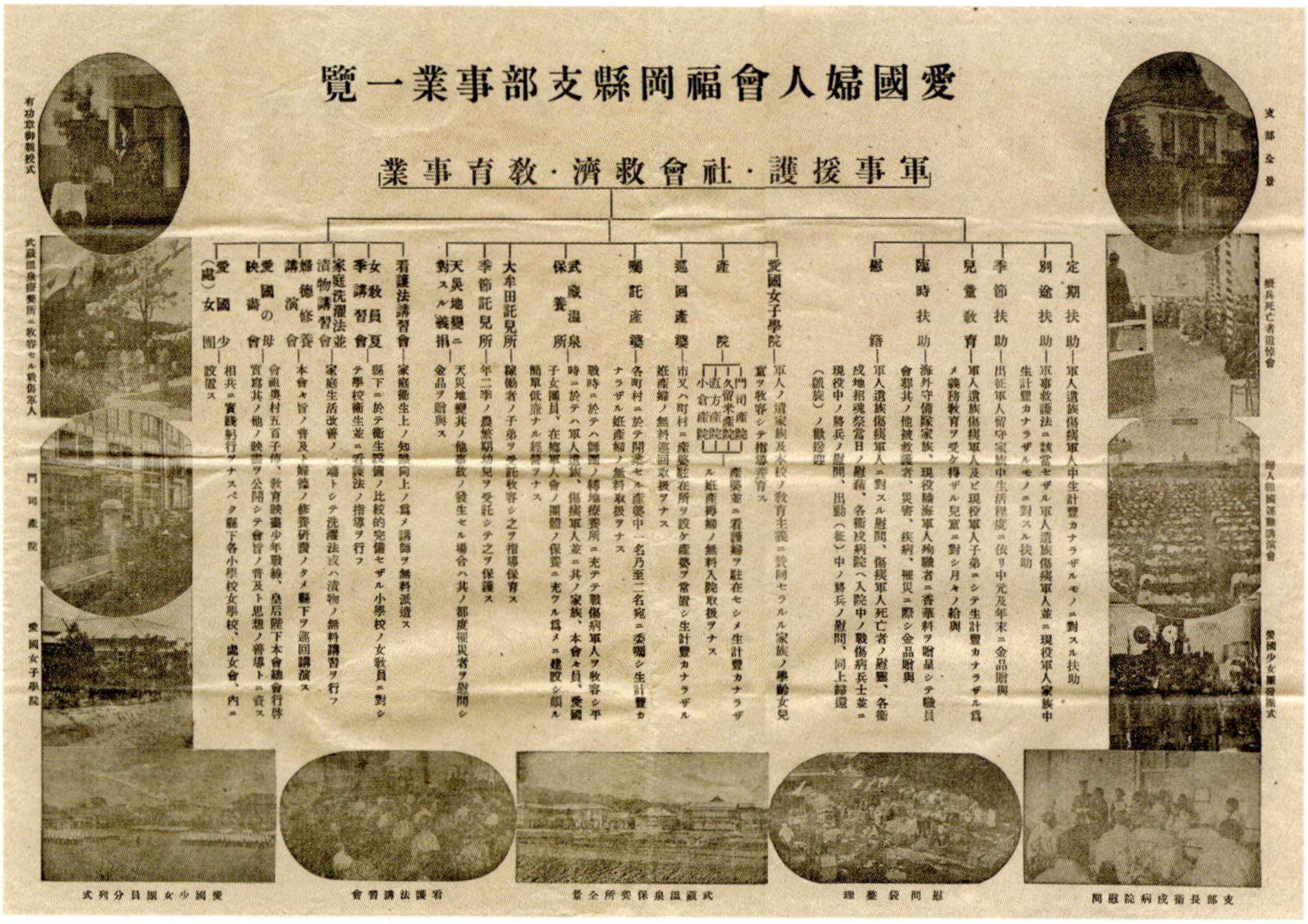

⑪ 愛国婦人会福岡県支部事業一覧　久留米教区 覚了寺 所蔵

⑫ 大谷派婦人法話会　明治４２年春季大会記念写真
『婦徳』第１５号　１９０９年5月10日 大谷派婦人法話会

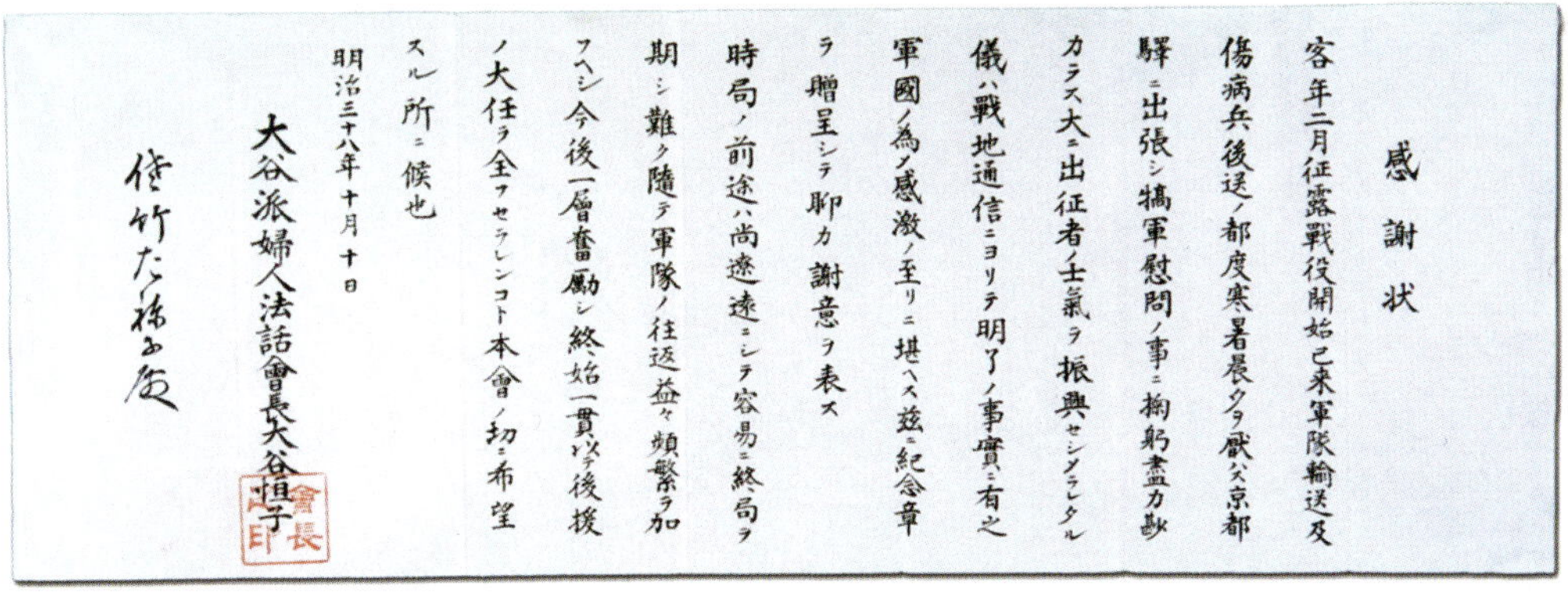

感謝狀

客年二月征露戰役開始已来軍隊輸送及
傷病兵後送ノ都度寒暑晨夕ヲ厭ハス京都
驛ニ出張シ犒軍慰問ノ事ニ掬躬盡力尠
カラス大ニ出征者ノ士氣ヲ振興セシメラレタル
儀ハ戰地通信ニヨリテ明了ノ事實ニ有之
軍國ノ為メ感激ノ至リニ堪ヘス茲ニ紀念章
ヲ贈呈シテ聊カ謝意ヲ表ス
時局ノ前途ハ尚遼遠ニシテ容易ニ終局ヲ
期シ難ク隨テ軍隊ノ往返益々頻繁ヲ加
フヘシ今後一層奮勵シ終始一貫以テ後援
ノ大任ヲ全フセラレンコト本會ノ切ニ希望
スル所ニ候也

明治三十八年十月十日

大谷派婦人法話會長大谷恒子

佐竹たね子殿

⑬ 日露戦争時の銃後活動への感謝状
大谷派婦人法話会

⑯ 大谷婦人法話会、愛国救急車３台を陸軍に献納
『真宗』１９３８年3月

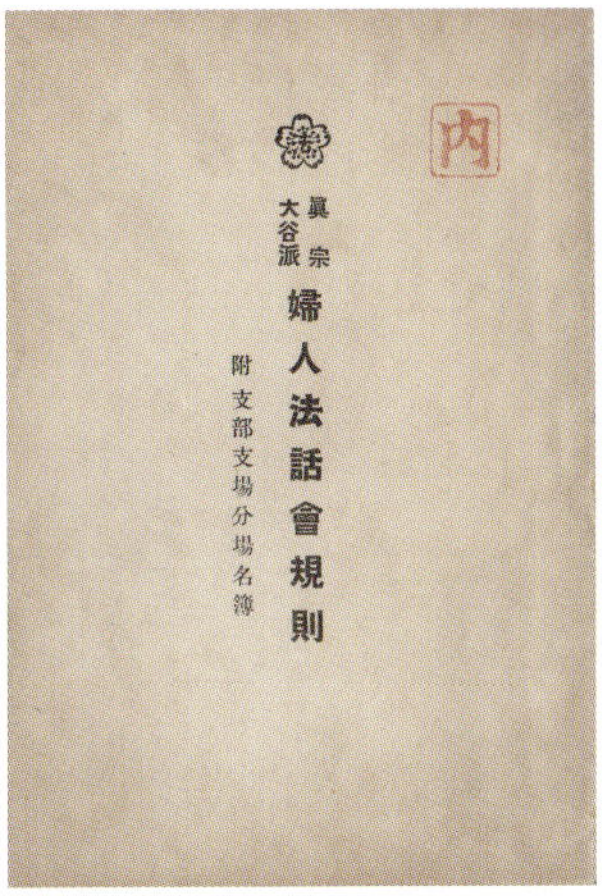

⑭ 真宗大谷派婦人法話会規則

⑰ 大谷婦人法話会　裏方を中心に慰問袋作成
『真宗大谷派婦人法話会五十年史要』１９４１年１１月発行

⑮ 大谷派婦人法話会正会員章
教学研究所　所蔵

⑱ 大谷婦人法話会　名古屋教区で慰問袋作成１
名古屋教区 所蔵

⑲ 大谷婦人法話会　名古屋教区で慰問袋作成２
名古屋教区 所蔵

⑳ 大谷派婦人聯盟結成　全国婦人大会
『真宗』１９３３年5月

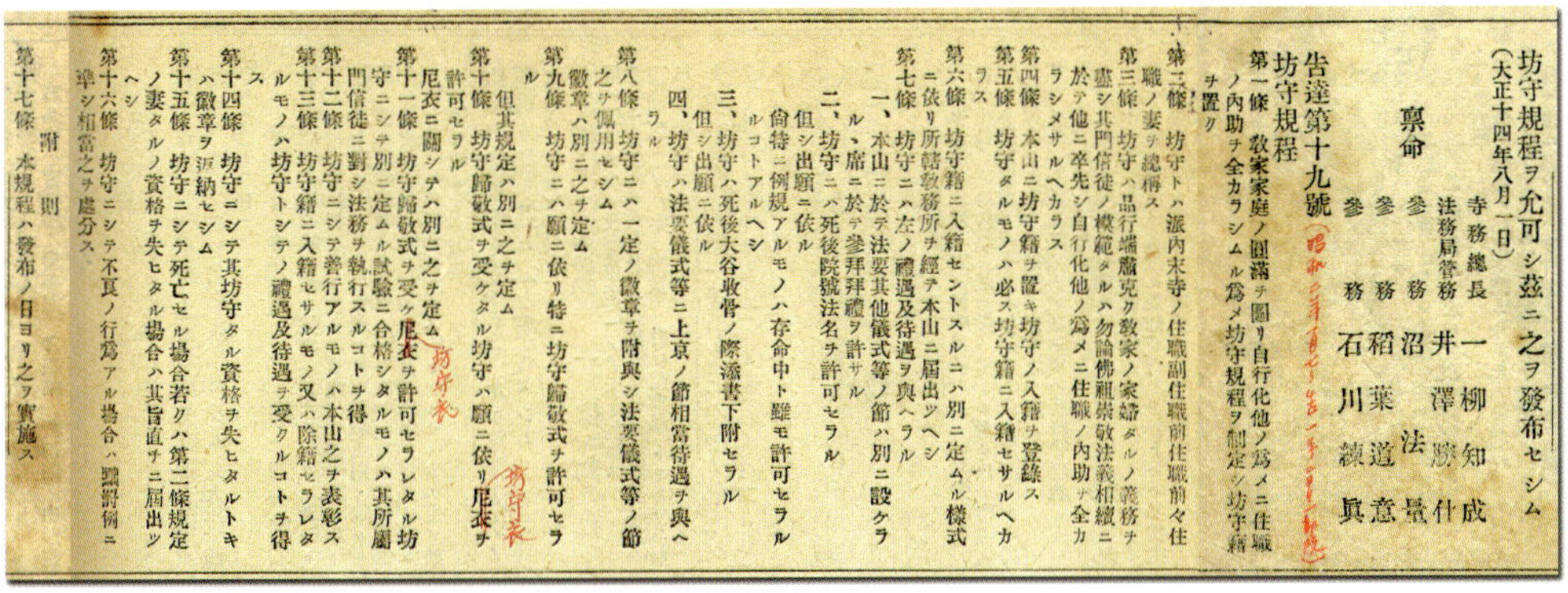

坊守規程ヲ允可シ茲ニ之ヲ發布セシム

（大正十四年八月一日）

稟命

寺務總長 一柳知成

法務局管務 井澤勝什

参務 沼法量

参務 稻葉道意

参務 石川漣眞

告達第十九號

坊守規程

第一條 教家家庭ノ圓滿ヲ圖リ自行化他ノ爲メニ住職ノ内助ヲ全カラシムル爲メ坊守規程ヲ制定シ坊守籍ヲ置ク

第二條 坊守トハ派内末寺ノ住職副住職前住職前々住職ノ妻ヲ總稱ス

第三條 坊守ハ品行端嚴克ク教家ノ家婦タルノ義務ヲ盡シ其門信徒ノ模範タルハ勿論佛祖崇敬法義相續ニ於テ他ニ卒先シ自行化他ノ爲メニ住職ノ内助ヲ全カラシメサルヘカラス

第四條 本山ニ坊守籍ヲ置キ坊守ノ入籍ヲ登錄ス

第五條 坊守タルモノハ必ス坊守籍ニ入籍セサルヘカラス

第六條 坊守籍ニ入籍セントスルニハ別ニ定ムル樣式ニ依リ所轄教務所ヲ經テ本山ニ屆出ツヘシ

第七條 坊守ニハ左ノ禮遇及待遇ヲ與ヘラル

一、本山ニ於テ法要其他儀式等ノ節ハ別ニ設ケラル、席ニ於テ参拜拜禮ヲ許サル

二、坊守ニハ死後院號法名ヲ許可セラル

但シ出願ニ依ル

尙特ニ例規アルモノハ存命中ト雖モ許可セラルルコトアルヘシ

三、坊守ハ死後大谷收骨ノ際添書下附セラル

但シ出願ニ依ル

四、坊守ハ法要儀式等ニ上京ノ節相當待遇ヲ與ヘラル

第八條 坊守ニハ一定ノ徽章ヲ附與シ法要儀式等ノ節之ヲ佩用セシム

徽章ハ別ニ之ヲ定ム

第九條 坊守ニハ願ニ依リ特ニ坊守歸敬式ヲ許可セラル

但其規定ハ別ニ之ヲ定ム

第十條 坊守歸敬式ヲ受ケタル坊守ハ願ニ依リ尼衣ヲ許可セラル

尼衣ニ關シテハ別ニ之ヲ定ム

第十一條 坊守歸敬式ヲ受ケ尼衣ヲ許可セラレタル坊守ニシテ別ニ定ムル試驗ニ合格シタルモノハ其所屬門信徒ニ對シ法務ヲ執行スルコトヲ得

第十二條 坊守ニシテ善行アルモノハ本山之ヲ表彰ス

第十三條 坊守籍ニ入籍セサルモノ又ハ除籍セラレタルモノハ坊守トシテノ禮遇及待遇ヲ受クルコトヲ得ス

第十四條 坊守ニシテ其坊守タル資格ヲ失ヒタルトキハ徽章ヲ返納セシム

第十五條 坊守ニシテ死亡セル場合若クハ第二條規定ノ妻タルノ資格ヲ失ヒタル場合ハ其旨直チニ屆出ツヘシ

第十六條 坊守ニシテ不貞ノ行爲アル場合ハ黜罰例ニ準シ相當之ヲ處分ス

附則

第十七條 本規程ハ發布ノ日ヨリ之ヲ實施ス

㉑ 坊守規程の制定　　『真宗』１９２５年８月

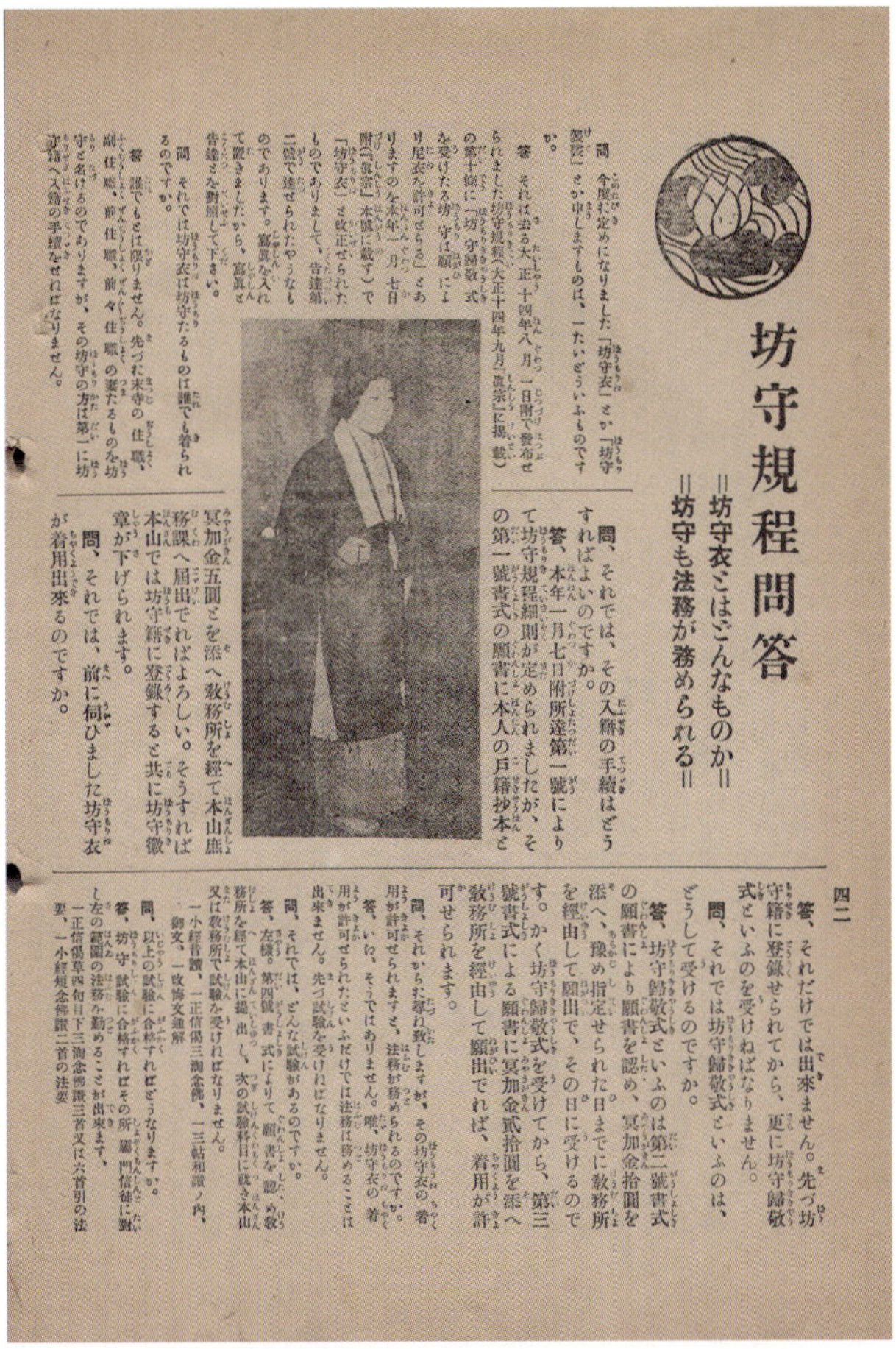

坊守規程問答

＝坊守衣とはどんなものか＝

＝坊守も法務が務められる＝

問 今度《このたび》お定めになりました「坊守衣」とか「坊守袈裟」とか申しますものは、一たいどういふものですか。

答 それは去る大正十四年八月一日附で發布せられました坊守規程（大正十四年九月「眞宗」に掲載）の第十條に「坊守歸敬式を受けたる坊守は願により尼衣を許可せらる」とありますのを本年一月七日附（「眞宗」本號に載す）で「坊守衣」と改正せられたものでありまして、告達第二號で達せられたやうなものであります。寫眞を入れて置きましたから、寫眞と告達とを對照して下さい。

問 それでは坊守衣は坊守たるものは誰でも着られるのですか。

答 誰でもとは限りません。先づ末寺の住職、副住職、前住職、前々住職の妻たるものを坊守と名けるのでありますが、その坊守の方は第一に坊守籍へ入籍の手續をせねばなりません。

問、それでは、その入籍の手續《てつゞき》はどうすればよいのですか。

答、本年一月七日附所達第一號によりて坊守規程細則が定められましたが、その第一號書式の願書に本人の戸籍抄本と冥加金《みやうがきん》五圓とを添へ教務所を經て本山《ほんざん》庶務課へ屆出でればよろしい。そうすれば本山では坊守籍に登錄すると共に坊守徽章が下げられます。

問、それでは、前に伺ひました坊守衣が着用出來るのですか。

四二

答、それだけでは出來ません。先づ坊守籍に登錄せられてから、更に坊守歸敬式といふのを受けねばなりません。

問、それでは坊守歸敬式といふのは、どうして受けるのですか。

答、坊守歸敬式といふのは第二號書式の願書により願書を認め、冥加金拾圓を添へ、豫め指定せられた日までに教務所を經由して願出で、その日に受けるのです。かく坊守歸敬式を受けてから、第三號書式による願書に冥加金貳拾圓を添へ教務所を經由して願出でれば、着用が許可せられます。

問、それからお尋ね致しますが、その坊守衣の着用が許可せられますと、法務が務められるのですか。

答、いゝえ、そうではありません。唯、坊守衣の着用が許可せられたといふだけでは法務は務めることは出來ません。先づ試驗を受けねばなりません。

問、それでは、どんな試驗があるのですか。

答、左樣。第四號書式によりて願書を認め教務所を經て本山に提出し、次の試驗科目に就き本山又は教務所で試驗を受けねばなりません。

一小經音讀、一正信偈三淘念佛、一三帖和讃ノ内、御文、一改悔文通解

問、以上の試驗に合格すればどうなりますか。

答、坊守試驗に合格すればその所屬門信徒に對し左の範圍の法務が勤めることが出來ます、

一正信偈草四句目下三淘念佛讃三首又は六首引の法要、一小經短念佛讃二首の法要

㉒ 坊守規程問答　　『真宗』１９２７年２月

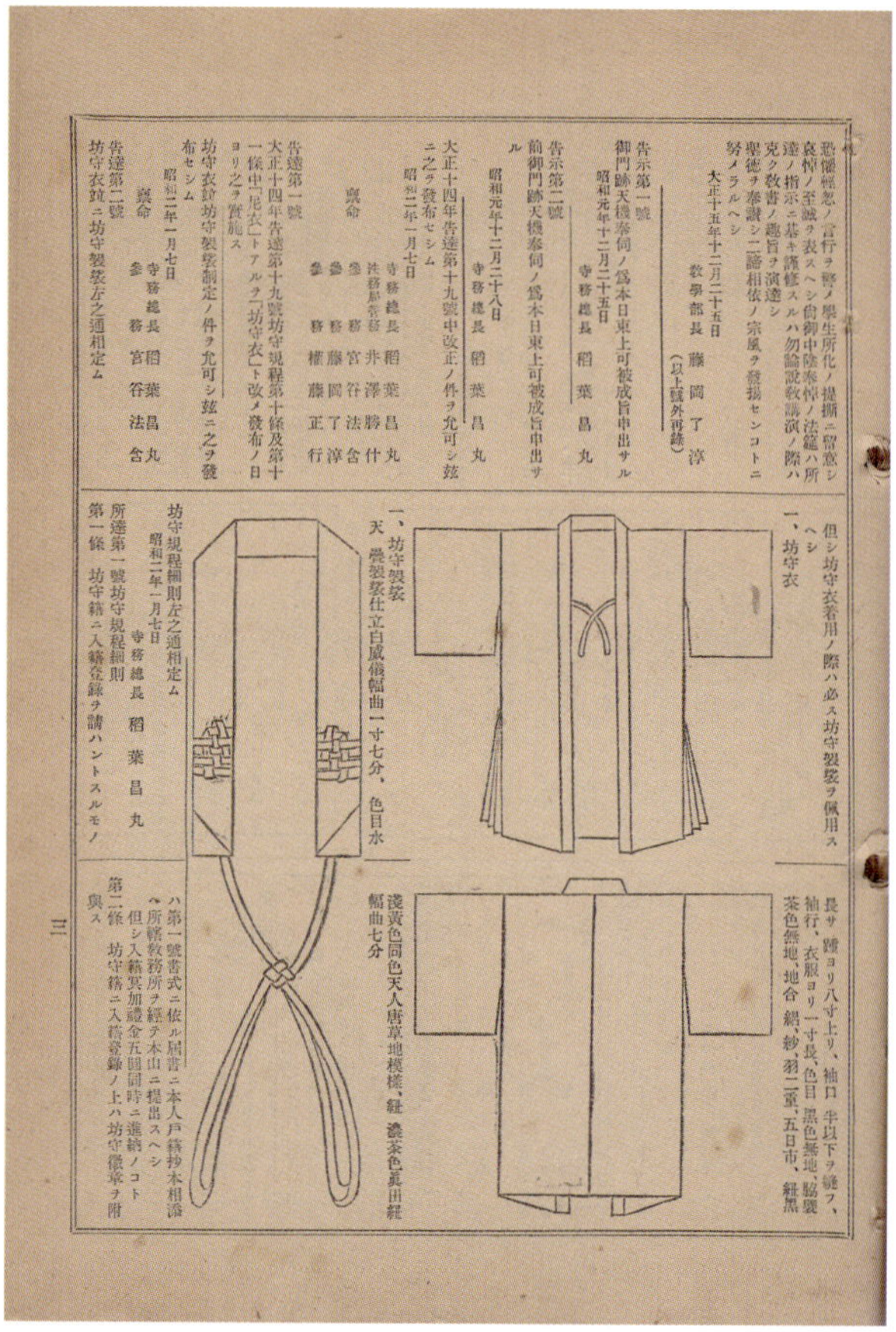

悲懺悔怨ノ言行ヲ警メ學生所化ノ提撕ニ留意シ哀悼ノ至誠ヲ表スヘシ尚御中陰奉悼ノ法筵ハ所達ノ指示ニ基キ謹修スルハ勿論説教講演ノ際ハ克ク教書ノ趣旨ヲ演達シ聖徳ヲ奉讃シ二諦相依ノ宗風ヲ發揚センコトニ努メラルヘシ

大正十五年十二月二十五日
教學部長 藤岡了淳

（以上號外再錄）

告示第一號

御門跡天機奉伺ノ爲本日東上可被成旨申出サル

昭和元年十二月二十五日
寺務總長 稻葉昌丸

告示第二號

新御門跡天機奉伺ノ爲本日東上可被成旨申出サル

昭和元年十二月二十八日
寺務總長 稻葉昌丸

大正十四年告達第十九號中改正ノ件ヲ允可シ茲ニ之ヲ發布セシム

昭和二年一月七日
寺務總長 稻葉昌丸
法務局參務 井澤勝什
參務 宮谷法含
參務 藤岡了淳
參務 權藤正行
奉命

告達第一號

大正十四年告達第十九號坊守規程第十條及第十一條中「尼衣」トアルヲ「坊守衣」ト改メ發布ノ日ヨリ之ヲ實施ス

坊守衣並坊守袈裟制定ノ件ヲ允可シ茲ニ之ヲ發布セシム

昭和二年一月七日
寺務總長 稻葉昌丸
參務 宮谷法含
奉命

告達第二號

坊守衣竝ニ坊守袈裟左之通相定ム

一、坊守衣

但シ坊守衣着用ノ際ハ必ス坊守袈裟ヲ佩用スヘシ

長サ 踵ヨリ八寸上リ、袖口 半以下ヲ縫フ、袖行、衣服ヨリ一寸長、色目 黒色無地、脇襞茶色無地、地合 絹、紗、羽二重、五日市、紺黒

一、坊守袈裟

天 疊袈裟仕立白威儀幅曲一寸七分、色目水淺黄色同色天人唐草地模樣、紐 濃茶色眞田紐幅曲七分

坊守規程細則左之通相定ム

昭和二年一月七日
寺務總長 稻葉昌丸

所達第一號坊守規程細則

第一條 坊守籍ニ入籍登錄ヲ請ハントスルモノハ第一號書式ニ依ル屆書ニ本人戸籍抄本相添ヘ所轄教務所ヲ經テ本山ニ提出スヘシ
但シ入籍其加禮金五圓同時ニ進納ノコト

第二條 坊守籍ニ入籍登錄ノ上ハ坊守徽章ヲ附與ス

三

㉓ 坊守衣、坊守袈裟を制定 『真宗』１９２７年2月

諭達第二號

寺院ハ佛祖崇敬布教傳道ノ道場ニシテ殊ニ在家宗風血統相續ノ眞宗ニ在ツテハ之カ坊守タルモノ大悲傳普化ノ大任ヲ負ヘル住職ノ内助者トシテ其責務亦最モ重大ナルヲ覺悟セサル可ラス抑現代文化ノ興隆ハ益社會生活ノ煩激ヲ加ヘ共存共榮ノ實現却テ容易ナラサルモノアリ社會完成ノ雄圖ハ啻ニ男子ノ責務タルノミナラス其一半ハ懸リテ婦人ノ双肩ニ在リ現代ノ婦人宜シク嚴粛ナル覺醒ヲ以テ着實ナル活動ニ邁進セサル可ラス今春四月厳修アラセラル丶覺信尼公六百五十回忌御法要モ本廟創立ノ鴻恩ヲ報謝スルト共ニ眞宗婦人ノ精神ヲ顯彰シ以テ昭和御消息ノ御趣意ヲ徹底セシメラル丶ニ外ナラス乃チ此機會ヲ以テ總御門末ノ婦人ヲ糾合シテ婦人聯盟ヲ結成シ婦人運動ノ第一線ニ進出シテ社會淨化ニ奉仕シ聊カ以テ報國ノ一助タラシメントス惟フニ婦人ノ念力能ク大事ヲ成セシコト史上其例ニ乏シカラスサレハ寺院ノ坊守タルモノ範ヲ覺信尼公ニ偲ヒテ深ク此趣意ヲ體認シ愈金剛ノ眞心ニ徹到シテ住職ノ職分ヲ助ケ門末婦人ニ率先シテ擧ツテコノ運動ニ參加シ感謝報恩ノ赤誠ヨリ益渾身ノ努力ヲ捧ケラルヘシ

和七年一月二十七日
宗務總長 阿部惠水

告示第十三號

御門跡名古屋別院ヘ御下向中ノ處昨十八日御歸山相成リタリ

昭和六年十二月十九日
宗務總長 阿部惠水

㉔「坊守諭達」『真宗』１９３２年2月

㉖ 中国南京における「裏方」の
皇軍慰問活動

㉕ 中国慰問の際、上海の戦地に立つ「裏方」
『光華抄』１９４０年2月7日発行

㉗ 毛綱　『東本願寺』１９３８年7月1日

㉘ 寺族婦人中央錬成講習会に於ける救急法の実習
『真宗』１９４１年１２月

㉙『真宗同朋聖典・坊守教本 』

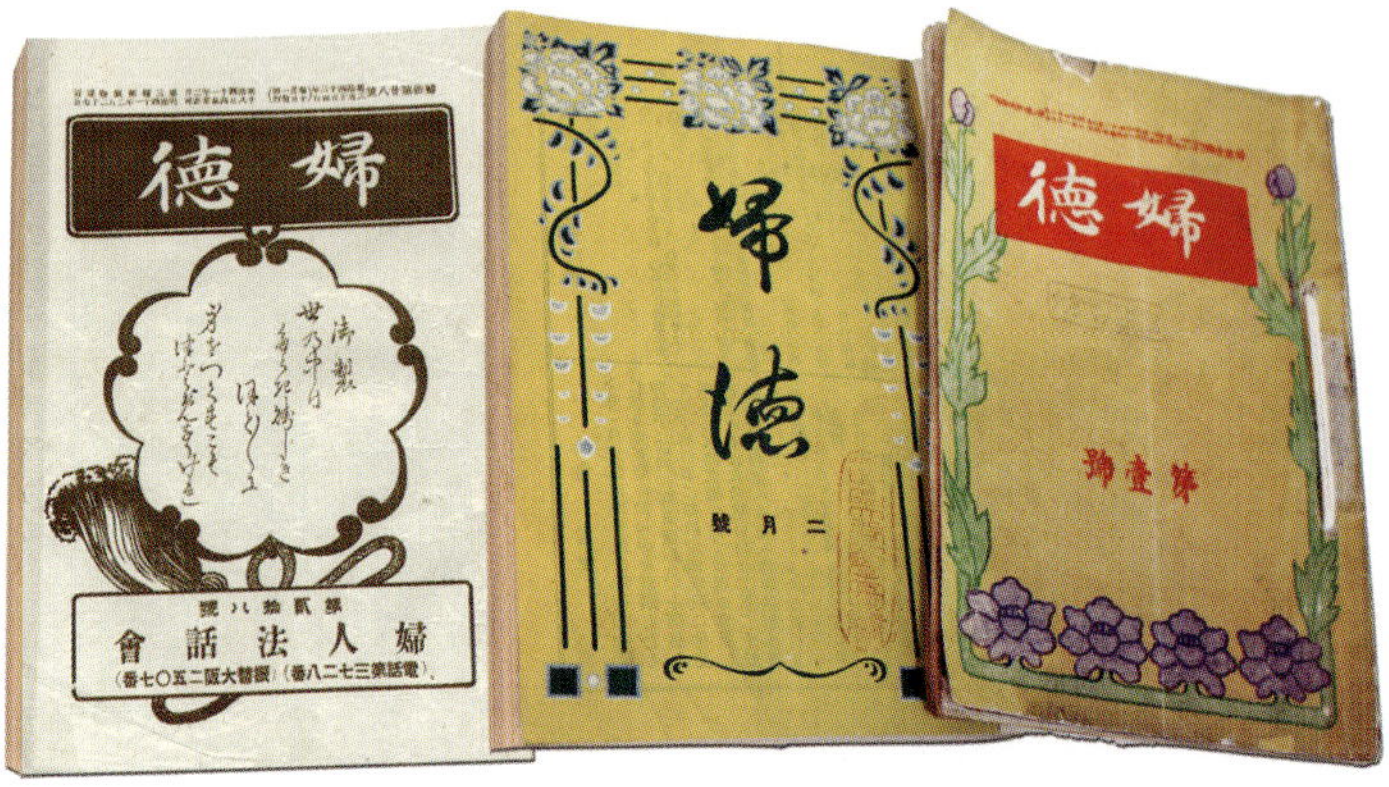

㉚『婦徳』　　大谷大学図書館　所蔵

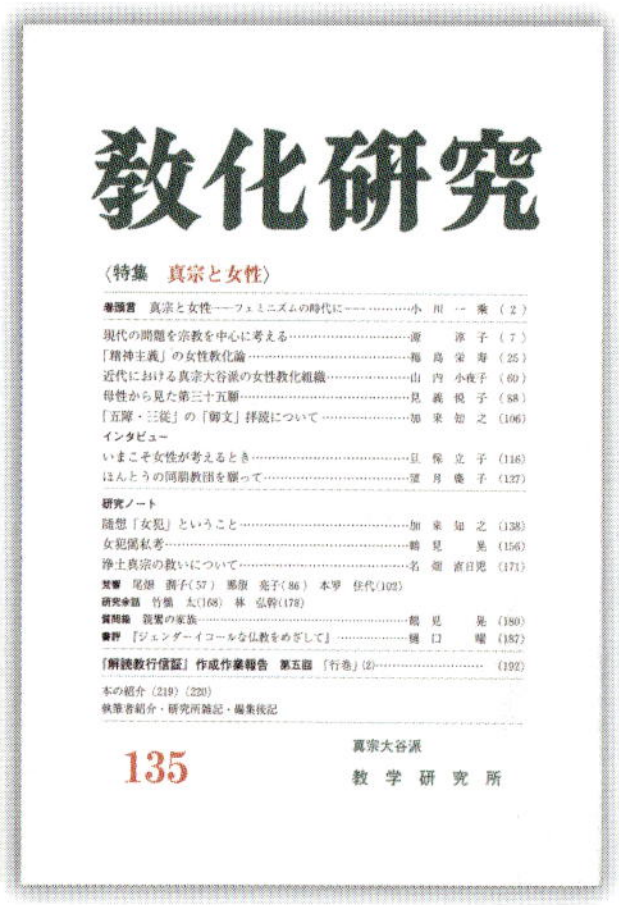

㉜『教化研究』１３５号　〈特集　真宗と女性〉

㉛『家庭』　１９０１年から５年間発行
大谷大学図書館　所蔵

㉝ 女性室の開設　１９９６年１２月

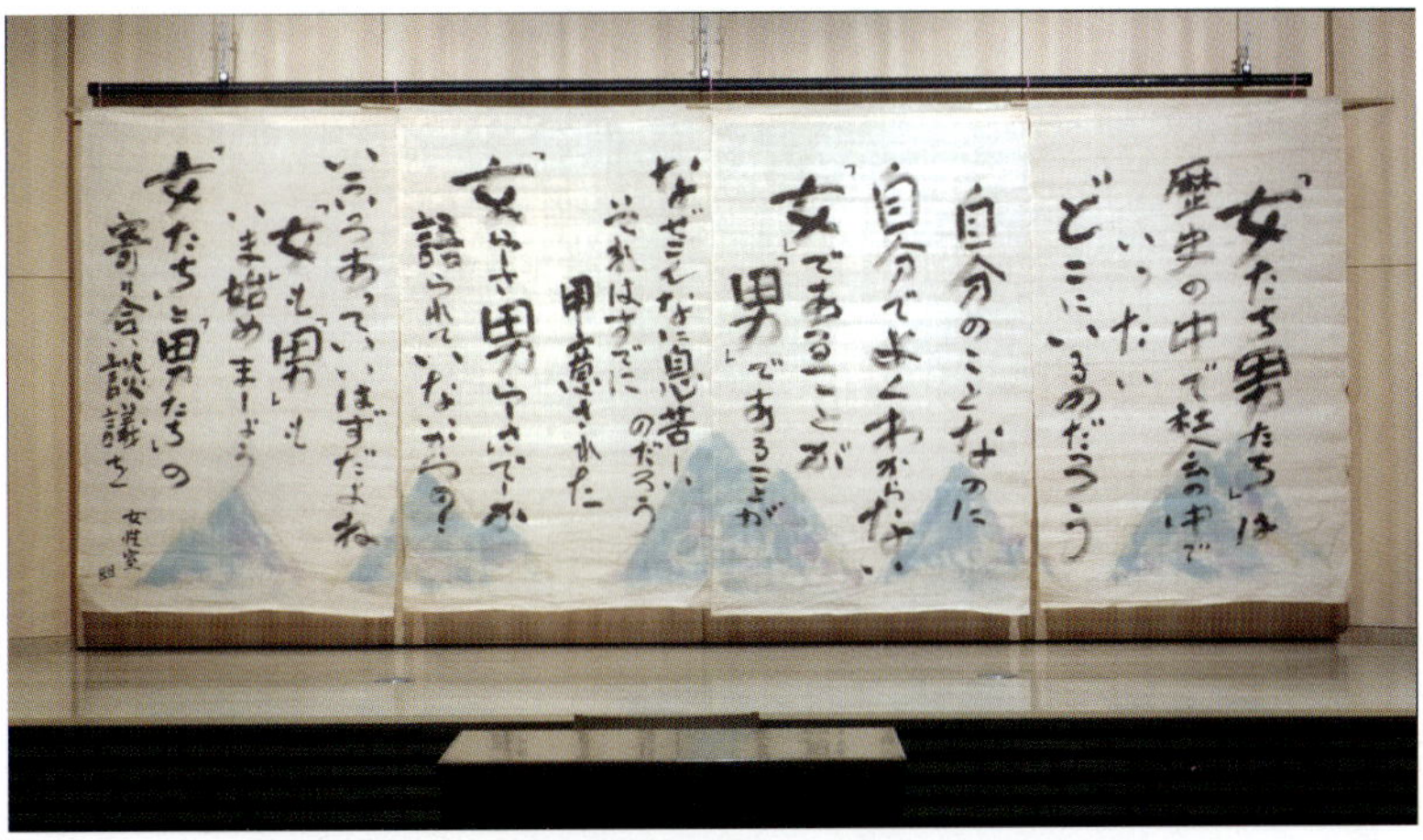

㉞ タペストリー

㉟ 得度受式記念写真

㊱「女性住職の集い」　第１回　２０１０年2月2日〜3日

㊲「女《ひと》と男《ひと》のあいあうカルタ」ことば集

発刊にあたって

今日、性差別撤廃という課題が、国際的な共通課題として問題提起され、その課題への取り組みが始まっています。一方、私たちの宗門においてはどうでしょうか。いのちの平等性に基づく性差別撤廃の問題は、私たち一人ひとりの具体的な信心の課題としては、いまだ受けとめられていないように思われます。時には、性差別問題は、個人の内面的問題として、矮小化されてしまうきらいすらあります。

私たち宗門は、宗門のいのちである同朋会運動を推進する歩みの中で、部落差別や女性差別について、その当事者自身から厳しく問い質されてきました。とりわけ、一九八六年の全推協叢書『同朋社会の顕現』差別事件では、部落差別と障害者差別に加えて、女性差別の問題について糾弾を受けました。

こうした歩みのなかで、宗門は、宗門内外からの厳しい問いかけの声を受けて、宗務総長の諮問機関として「女性の宗門活動に関する委員会」（一九九四年）を設置し、女性の住職就任に関する問題や、宗門各所における女性の活動分野の促進や、女性の教化組織について諮問し、「答申」（一九九六年五月）を公表されました。

「答申」には、「女性も一人の聞法者として自立し、宗門の構成員として責任を持つような積極的姿勢を生んでこなかった。教学上の問題としては、女性教化の根本が「三十五願」と「五障三従」と「女人不浄」を根底においての女性観を男性が説いてきた」と指摘しています。この年、この課題を受けとめ、具体的な取り組みとするために女性室を開設しました。以降、宗門は、現在にかけて、男女両性で形づくる教団に向けての様々な取り組みを継続しているところです。

このたび、二十数年にわたる女性室の活動の中で蓄積してきた資料を、概説を付して、『女性史に学ぶ学習資料集』としてまとめることにいたしました。本資料集は、四章から構成されています。

「第一章　大谷派の制度機構における女性の位置とその変遷」では、明治期以降の宗門の制度・機構の中で、特に女性の「得度」や「住職就任」、「坊守制度」がどのよう変遷してきたかの歴史をたどりました。

「第二章　教化の対象としての女性」では、女性を対象にした教化団体、特に「大谷派貴婦人会」「大谷派婦人法話会」「大谷派婦人聯盟」の歴史を訪ねました。

「第三章　真宗教学・教化の中の女性」では、近代以降、宗門が行った女性を対象にした教化がいかになされていたのか。特に教学・教化の場で説かれた「真宗の女性観」にはどのような特徴があったのか、明治期から同朋会運動の時期、さらに二〇〇〇年代までを考察しています。

「第四章　女性室開設への願い」では、女性室が開室されるまでの、宗門の動きや、女性たちの取り組みや、開設の願い、その後二十数年の歩みと、その中で見えてきた課題について資料をまとめています。

巻末には「近現代女性史略年表」を収録しました。

宗門が、女性差別問題や男女平等参画の課題に取り組む目的は、これらの課題を、社会問題として捉える社会状況の動きに追随するためではありません。何よりも、私たち一人ひとりが、「独立者たらん」（唯我独尊）という呼びかけをいかに受け止めてきたのかが問われている取り組みであります。同時に、私たちがこれまでに相互にいかなる関係を築き、歩んできたのかが問われる課題でもあります。まさに「同朋公議」をもって、同朋会運動の推進をいのちとする私たちの宗門の名のりの意味が、根本から問われている課題だと受けとめるからです。

「女性室」開設一〇年の年に発行された『あいあう』一七号には、次のような言葉があります。

この課題が明らかになってきた背景には、宗門に身を置く女性たちが永きにわたり勇気と忍耐をもって表現しつづけてきた歎異の精神があったことはいうまでもない。これはまさに「願をもって力《りき》を成ず、力もって願に就《っ》く」（真宗聖典一九九頁）というように、『仏説無量寿経』の第三十五願が力となって歩みを生み出し、それがいよいよ願いを明らかにしてきたという本願の歩みである。

本書に収載した諸資料は、学習を進めていくうえでの基本となるものであります。一人ひとりの歩みが相互につながり、積極的な学習の場となり広がることを念願いたします。

二〇一九年八月

宗務総長　但　馬　　弘

目次

第四章　女性室開設の願い

〈凡　例〉

一、資料の収録にあたっては、すべて原文にしたがったが、漢字の旧字体、俗字・略字などは原則として現行の新字体にあらためた。但し、人名、地名については慣例にしたがったものもある。

一、破損その他で判読不明の箇所は□で示した。漢字の送りがなについては、原文にしたがった。明らかな誤植、仮名遣い・句読点等で補足・訂正が必要と思われる箇所については適宜あらためた。改行を省略した部分は、／で表記している。

一、原文中の傍点（圏点）、傍線、ルビは原則として省略した。必要と判断される箇所に限って、ルビを付けた。

一、概説論文においては、敬称は一部を除き省略した。また諸般の事情を考慮し、個人名を表記しなかった箇所もある。

一、収録した資料には、それぞれ資料名を付けて掲載した。なお、原文の標題と同じものについては、「　」を付けて記すことを原則とした。

一、年号の表記は西暦とし、原則として元号を付記した。

一、資料の中で、女性差別、障害者差別やその他の差別問題に関する差別的名称や呼称・表現等をそのまま記している箇所がある。資料集という性格上、歴史事実を表す用語としてそのまま掲載した。もとよりいかなる差別も許されることはなく、それらの根絶が本書の願いでもある。

第一章　大谷派の制度機構における女性の位置とその変遷

はじめに

本章では、教団の機構制度という視点から近代の大谷派教団における女性の歴史をまとめた。

宗祖親鸞聖人によって開顕された本願念仏の道を、今日社会の中で顕現することが教団の使命である。教団の機構制度はその重要な要素の一つであろう。男女平等が当然の理念となり、さらに人間を男女二元論で語ることの危うさが認識されつつある今日、明治以降大谷派教団は女性たちをどのように位置づけ処遇してきたのか、そして女性たちは何を願いどのような態度を表明してきたのかを問う中から、私たちの今日的課題を確認する。

第1節　女性の住職就任への経緯

1　女性の得度を認めず

明治以降大谷派教団では、女性の住職就任はもとより長く女性の得度も認めてこなかった。明治期に本山職員の庶務課七級出仕三那三能宣から、一人の女子が宗門に帰依し尼僧となって小教校への入学を希望しており、その是非を尋ねる旨の伺が出されている。これに対し「書面による伺《うかがい》の趣《おもむき》、当分指揮および難く候こと」と、得度や学問所への入学はもちろん、将来住職となることも許可しないとの指令が一八七九（明治一二）年四月一一日付に出された記録が残っている。大谷派教団が女性の得度を認めなかったことを確認できる最初の資料はこれである（資料1）【グラビア①】。

なお、男子の得度は、『宗規綱領』（**注1**）では得度許可の年齢を定めておらず、一八九三（明治二六）年には得度の年齢を六歳以上と定めた。さらに、一九四八（昭和二三）年七月五日公布の「僧侶条例」では九歳以上とされた。

2　住職の世襲制と法主の三位一体

『宗規綱領』には住職に関して、大谷派の寺院は風習として世襲であると示されている（資料2）。

一八八三（明治一六）年「大谷派寺法」一四カ条が制定され、翌一八八四（明治一七）年八月住職の任免や教師（**注2**）の等級進退などの権限が国から宗派の管長（法主）に委任された。そして、一八八六（明治一九）年内務大臣の認可を受け「真宗大谷派宗制寺法」が制定される。そこには宗派の組織形態や本願寺による「末寺」の統括など、その根幹が定められた（資料3）。

また、一八九三（明治二六）年には、「自今教師ニ非レハ一般末寺ノ住職タルヲ許サス」（住職は有教師資格者に限る）とした

（『本山報告』第九二号）。

　一九二九（昭和四）年には「真宗大谷派宗憲」が発布された。ここでも改めて「管長ハ法主ト称シ本山本願寺住職之ニ当ル」（第十四条）と、法灯伝持者としての「法主」、教団の代表である「管長」、本山である「本願寺住職」と、いわゆる法主の三身一体による宗門運営が示され、「末寺」の世襲による住職継承や兼務住職（**注3**）についても定めている（資料4）。

　国では一九三九（昭和一四）年に初めての宗教法である「宗教団体法」（**注4**）が公布され、住職を欠いた場合などには、代務者（**注5**）を置くよう定められた（資料5）。

3　女性の得度許可と住職代務者就任へ

「真宗大谷派宗制」が一九四一（昭和一六）年四月一日施行された。これにより近代以降の教団で初めて、教師試験検定（**注6**）合格者に限って女子の得度を許可した（資料6）。これは、住職や住職後継者の男性が徴兵によって寺院に不在になったことから、寺院の運営上やむを得ず女性に住職代務者を認めたものだった【グラビア②】。

「教師試験検定宗則」（資料7）が同年六月一二日制定された。八月一二日から一七日教師検定試験が施行され、続いて一八日から五日間「婦人法話会館」にて錬成が実施された。九四人の参加者のうち女性四名が受験している【グラビア④】。昭和一七年二月一六日女子得度に関する告示（資料8）【グラビア③】により、同三月三日得度式が行われている。翌日四日検定試験合格者の教師補任式が行われ、実に七〇人の女性が教師補任された。以降、女性たちが教師検定試験に参加し、一九四四（昭和一九）年四月二〇日から五月六日には高倉会館にて講習会が開催された後、五月七日から九日にかけ臨時女子教師検定試験が実施されている（資料9）。同年一一月二日から四日まで宗務所にて、また戦時非常措置として、女子臨時教師試験検定が北海道宗務出張所など本山以外でも行われており、『真宗』で告示されると多くの女性たちが得度式を受け僧侶となった【グラビア⑤】。そして多くの女性が出願し住職代務者に任命されている【グラビア⑥⑦⑧⑨】。当時困難な状況の中で教師検定試験に参加し、はじめて教習所・検定試験・錬成を受けた女性たちの文章が指導員として関わっていた本山職員により『涙痕抄《るいこんしょう》』として纏められている（資料10）。

　戦時体制の中で女性の得度が認められたが、その装束は男性とは異なり着座も男性得度者の末席とされた（資料8）。なおここに平僧《ひらそう》得度とあるのは、当時は一定の寺格にある住職候補者の余間立《よまだて》得度と、それ以外の者の平僧得度と得度式の場所も異なっていた。戦後、男性僧侶が復員し寺院に戻ると同時に女性の代務者からは辞任届が相当数提出されている。

「真宗大谷派宗憲」（一九四六（昭和二一）年九月二四日）が発布され、その直後、女性の得度は教師試験検定合格者に限定している。一九四八（昭和二三）年「第二回宗門世論調査」の報告によると、一二月三一日現在全国の女性僧侶の総数は、一、六七一人で全僧侶の六・八％に当たり、その中女性の有教師九九九人、非教師の僧侶は六七二人と有教師の数が上回っている（資料11）。

さらに一九五一（昭和二六）年七月二五日、それまでの女性の得度を教師試験検定合格者に限定していたのを廃止し、女性の得度は成年以上とした。その理由として「女子は男子に較べて年少にして法要其他の執行を行うことは稀少である」ためとしている。その後長く女性の得度について改正されることはなく、一九九一（平成三）年の「僧侶条例」改正によりようやく得度については男女ともに九歳からとなり、得度年齢について男女間の格差は是正された。

一九四五（昭和二〇）年一二月に「宗教団体法」に代わって「宗教法人令」が公布され、その後一九五一（昭和二六）年四月三日「宗教法人法」が公布される。

宗派では一九四六（昭和二一）年一〇月新たに「真宗大谷派宗憲」（以下「宗憲」と表記）が発布された。そこには「寺院又は教会に、主管者各一名を置く。寺院の主管者を住職と称し、教会の主管者を教会主管者と称する。」（第七二条）とある。なお、この時「宗憲」に初めて門徒評議員会を規定し、その選出母体として教区・組に門徒会制度を設け、「宗派の財務に関して」門徒の宗政参加を認めている。

この「宗憲」に基づき一九四八（昭和二三）年「寺院教会条例」が公布され、「普通寺院の住職、又は一般教会の教会主管者は、先代住職又は教会主管者の卑属系統（**注7**）であって、男子である教師がこれを継承するものとする。」（第一五条）とされた。同時に兼務住職の制度を廃止し、以降は住職代務者とした。

4　法主制廃止から問われた住職のあり方

一九六九（昭和四四）年四月二四日法主から宗務総長に対し、法嗣《ほうし》（**注8**）を管長に推戴《すいたい》するよう指示がなされるという「開申《かいしん》事件」（**注9**）に端を発し、本願寺や別院の宗派離脱が企てられるなど、教団を大きく揺るがせた所謂「教団問題」が起こる。これを決着させるべく、一九八一（昭和五六）年六月新たに「真宗大谷派宗憲」（以下、新「宗憲」とする）が公布施行された。この新「宗憲」では、「法主」を廃止して新たに「門首」とした。

第十五条　門首は、本派の僧侶及び門徒を代表して、真宗本廟の宗祖聖人真影の給仕並びに佛祖の崇敬に任ずる。

2　門首は、僧侶及び門徒の首位にあって、同朋とともに真宗の教法を聞信する。

これは、宗祖の教えを正しく受け継ぎ人に伝えることのできる唯一の能化者から、門徒の先頭に立って教えを聞く者となったことを意味する。

また、「管長」を廃止して宗派の代表役員を宗務総長に移行するとともに、宗教法人本願寺を宗教法人真宗大谷派へ吸収合併（**注10**）することで本願寺住職の存在もなくなった。ここで三位一体の法主による教団の運営に終止符が打たれることとなり、これまで教団で普通寺院の住職の模範的位置にあった法主の存在が無くなったことで、同時に普通寺院の住職の在り方も問われることとなったといえる。

そして、新「宗憲」制定により、その趣旨に沿って全ての宗門法規を改正することとなり、それまでの条例の効力期限を五年間とした。しかし、合併手続きや教団問題に関連する事案の手続きなどに時間を要したこともあり、さらに五年間延長され、一九九一年に諸条例の改正がなされた。

5　女性住職の実現に向けた取り組みと残された課題

一九七九（昭和五四）年国連総会で「女子に対するあらゆる形態の差別の撤廃に関する条約」（ＣＥＤＡＷ）が採択された。日本も「国籍法」の改正（一九八四〈昭和五九〉年五月）や「男女雇用機会均等法」の制定（一九八五〈昭和六〇〉年五月）など、いくつかの法改正を行い、同年六月「女性差別撤廃条約」に批准している。

教団では、新「宗憲」制定をめぐる宗会で、女性の住職任命や同朋会館の教導補導への登用などについて複数の議員から「女性を住職としない今の制度は、宗会議員、教区会議員、組長、副組長への登用を閉ざしており、宗門が男性中心の体制を堅持しつつある今日の状況は、在家教団のありようとしてありえない状況であります」（一九八〇〈昭和五五〉年六月　宗会議事録から）などの質問がなされている。これに対して嶺藤亮宗務総長からは、「宗憲」改正に伴う諸条例の改正の中で十分検討していくとする旨の答弁がされた。

そして、性差別撤廃にむけた国際社会の取り組みと時期を同じくして、教団の女性たちの中から、女性に対し差別的な制度の改善を宗務当局や宗会に求める動きが広がりをみせる。

一九八三（昭和五八）年には坊守会連盟から「女性の住職就任」「宗議会・教区会への女性の参加」「女性寺族の九歳得度」「女性の堂班・衣体の制限撤廃」についての要望書が提出される（資料108）。また、一九八六（昭和六一）年一二月女性僧侶・坊守・女性宗務役員・学生・門徒らによる「真宗大谷派における女性差別を考えるおんなたちの会」（以下、「おんなたちの会」）が結成され、「女性住職の実現」「宗門内での待遇の平等化」「選挙制度の公平化」「得度年齢の男女格差の是正」「衣体・堂班・寺格等の差別構造の全廃」について要望書（資料109）が提出されている。さらに、一九八七（昭和六二）年七月一〇日付で名古屋教区坊守会からも同様の要望書が提出されるなど、女性の住職就任を求める声が各方面からあがっている。

そんな中、一九八七（昭和六二）年、全推協叢書『同朋社会の顕現』差別事件が惹起する。本山同朋会館において全国推進員協議会が「真宗同朋の会推進全国集会」を開催し、講師の訓覇信雄元宗務総長が「同朋社会の顕現」の講題により講演した。その内容が、全推協叢書『同朋社会の顕現』として収録され発行されたところ、教団内からその講演の中にいくつかの差別発言があるとの指摘がなされ、さらに部落解放同盟中央本部より糾弾を受けることとなった。

この差別事件は、訓覇氏個人の問題にとどまらず、同朋教団を標榜し同朋会運動を進めてきた教団の制度機構自体が有する女性に対する差別性を露呈し、その根底にある教学についても「自己を明らかにする」ことに集中するあまり、現実の問題に目を閉ざして社会性を欠いた教学になってしまっているという極めて深刻な問題を内包していることが明らかになったと言える。

一九八九（平成元）年八月教団は、『同朋社会の顕現』差別事件をめぐる部落解放同盟への回答書（資料12）の中で、女性住職をはじめ女性の資格について五年以内の改正に向けて作業に入る旨を回答した。これまで坊守会など宗門に関わる女性たちからの粘り強い要求が、なかなか議論の俎上に上げられなかったが、結果的に教団外からの指摘によって動き出すことになったと言える。

そして、一九九〇（平成二）年宗務総長が宗議会で女性の住職就任を一年以内に実現することを表明し、翌一九九一（平成三）年六月「寺院教会条例」の改正により教団は、初めて女性の住職就任を認めた。これにより、一九九二（平成四）年四月の住職任命で初めて女性の住職が誕生した（**注11**）。

この一九九一年改正された「寺院教会条例」は、「住職又は教会主管者は、先代住職又は教会主管者の卑属系統であって、男子である教師がこれを継承するものとする」という従来の規定を残し、「住職又は教会主管者を欠く寺院又は教会であって、その卑属系統に属する男子である教師がいないときは、次の各号の一に該当する教師がこれを継承する」とし、その選定については「一　当該寺院又は教会の坊守の経歴を有する教師　二　当該寺院又は教会の住職又は教会主管者の卑属系統に属する女子の教師」という内容だった。

この「住職を欠」き「男子である教師がいないとき」に限るという、いわゆる条件付きで女性の住職就任を認めたことに対し、一九九二（平成四）年五月には坊守会連盟研修会参加者から「平等な立場での女性住職の実現」「坊守を正式な教団の一員と位置づけること」「連区一名ずつ坊守の宗政参加」について要望書が提出された。

一九九三（平成五）年一〇月と一九九四（平成六）年三月には、「おんなたちの会北陸有志」から「制度・教学の見直しのための女性委員会の設置」「女性が教団の構成員であることを認めること」「蓮如上人五百回御遠忌にあたり、『御文』における女人の果たしてきた役割を問う全国集会の開催」「障害者との出会いのための手話通訳の担当部署の設置」について要望書（資料110②）が提出された。また、坊守会連盟からは、坊守の位置づけに関し「坊守基礎講座」「坊守の宗政参加」についても要望書が提出されるなど、さらなる改正を求める声が上がった。

これらを受けて、同年九月能邨内局は宗務総長の諮問機関として、宗務審議会「女性の宗門活動に関する委員会」［女性委員一五名・男性委員四名］を設置し、（1）住職就任とそれに関する問題について（2）教導職等、女性の活動分野の促進について（3）女性の教化組織についての三項目を諮問した。この宗務審議会は、以後一九九六（平成八）年一月まで一年五カ月かけ一四回の回を重ね、一月二五日付にて「答申」（資料111）が宗務総長あてに提出された。答申を受け、同年六月の宗会を経て住職について現行の

「寺院教会条例」の内容に変更した（資料13）。これにより、住職の後継者について「男子である教師が継承する」という前提をなくし、「当該寺院又は教会に所属する教師がこれを継承する」として性別や出生順による優先順位をなくした。

但し、「卑属系統」の文言を残したことは、大谷派の寺院住職継承が世襲によることを示し、また、配偶者（坊守）よりも卑属が優先するものとなっている。寺院の維持継承という視点からは、住職の世襲制は後継者の安定的確保という点においては有効な面があると考えられるが、そこには排除される存在があったり、関わる個々人の立場にも様々な問題がはらまれている。宗祖親鸞聖人が善鸞を義絶したことは、血脈を捨て法脈を護ったという理解もこれまでなされており、世襲制の問題は、教団問題をも踏まえて制定された新「宗憲」の精神に沿って、寺院の公共性やさらには家族形態の多様化という観点からも議論されるべき課題であろう。

第2節　坊守制度の変遷

1　「坊守規程」―期待される坊守像―

一九一一（明治四四）年四月宗祖の第六五〇回大遠忌を勤修し、六月二八日付で彰如法主から僧侶と坊守に向けてそれぞれ『御垂示』の文章（資料14）が発せられた。その中で坊守について、「僧分の内方《ないほう》」として「住持の僧分をたすけて」「たどり来れる門葉は、聖人の客人なれば、聊爾《りゅうじ》の扱い」なく接し、「寺の跡を紹ぎ御法を弘むべき」「子弟の教育をおろそかに」せぬよう「柔和を貴ぶべき」と示した。つまりそこには、坊守の役目は、住職をたすけて後継ぎの男子を産み育てることであるとしている。そして、同年七月には第一回坊守教誨が行われた。

近代以降、最初に教団の法規の上に「坊守」について定めたものとして「坊守規程」（一九二五〈大正一四〉年八月一日発布。以下「規程」とする）がある（資料15）。これは、この前年五月大谷光暢法嗣が久邇宮智子裏方と結婚したことも「坊守規程」制定の要因になったとも推測される【グラビア㉑】。

規程では「坊守とは派内末寺の住職副住職前住職前前住職の妻を総称す」とし、「坊守は品行端粛克く教家の家婦たるの義務を尽し其の門信徒の模範たるは勿論仏祖崇敬法義相続に於て他に率先し自行化他の為に住職の内助を全からしめざるべからず」（第三条）と、坊守は、門信徒の模範たるべき住職の内助者であるとしている。

また、「坊守には願に依り特に坊守帰敬式を許可せらる」と新たに「坊守帰敬式」を設け、「坊守帰敬式を受けたる坊守は願に依り坊守衣を許可せらる」としている。そして、「坊守帰敬式を受け坊守衣を許可せられたる坊守にして別に定むる試験に合格したる者は其の所属檀信徒に対し法務を執行することを得」と、得度ではなく帰敬式で坊守衣（資料16）【グラビア㉓】を着用して、自坊檀信徒に限り法務の執行を認めた。なおその他、坊守には徽章《きしょう》を付与すること、死後に院号法名を授与すること、本山の法要儀式等には席を定めて参拝拝礼することなども定めた。

一九二七（昭和二）年一月七日発布施行の「坊守規程細則」には、坊守衣を着用する場合は、事前に冥加金を添えて許可を願い出ること、坊守が勤めることのできる法要は「正信偈草四句目下　三淘念仏讃三首又は六首引の法要」と「小経短念仏　讃二首の法要」に限定している（資料17）【グラビア㉒】。そして一九二八（昭和三）年に御大典事業（昭和天皇の即位を祝するための事業）の一環として「坊守会」結成が呼びかけられ、順次各教区に坊守会が設けられた。

翌一九二九（昭和四）年一二月一日「真宗大谷派宗憲」が発布される。「宗憲」には、「一般末寺の住職、前住職及び副住職の配偶者を坊守と称し届出に因り其の待遇を享くることを得。坊守は佛祖崇敬及檀家、信徒の教導に助力すべし」と定めた。一九三〇（昭和五）年一月一三日さらに「准坊守条規」を制定し「一、候補衆徒の母又は配偶者　二、単身の者　三、前各号の外当該寺院維持の必要上正当なる事由ありと認めたる者」を「准坊守」と称することとし、坊守と分けて准坊守という称号が現われる。

一九四六（昭和二一）年には「宗憲」改正に伴い、「寺院教会条例」（一九四八〈昭和二三〉年七月五日）に「一般寺院住職又は教会主管者の妻を坊守と称する。」とした。

一九五八（昭和三三）年一二月一日「寺院教会条例施行条規」の発布施行により先の「坊守規程」は廃止されるが、「現に坊守試験合格証を有する者は、得度考査に合格したものとみなす」との経過措置がとられている。一九六三（昭和三八）年には「住職又は教会主管者の配偶者を坊守、前住職又は前教会主管者の配偶者を前坊守と称する」と条例を改正している。ただし、ここで「配偶者」としたのは男性坊守を想定したものではない。

2　女性住職の実現から坊守問題へ

女性の住職就任が教団の課題となり、一九九一（平成三）年から一九九六（平成八）年へと女性の住職就任に関する規則の改正が行われた。

一九九一（平成三）年の「寺院教会条例」の改正には「坊守は、住職の職務の本義を領解して、住職とともに教法を聞信し、所属門徒との交流を緊密にして、寺院又は教会の興隆発展に努めなければならない」と坊守の任務が謳われた。また、この時に従来の「坊守衣」を廃止し「坊守袈裟」は「坊守章」として存続することとなった。

女性住職の実現と同時に課題として浮かび上がったのが、坊守の資格や位置づけに関する問題だった。具体的には既婚の女性が住職に就いた場合に、あるいは住職である女性が結婚した時、その配偶者である夫は「坊守」になるかどうかということが議論になった。これについては、男女平等の視点から当然夫も坊守になるべきという意見や、坊守は従来男性住職の妻に対する呼称であるから違和感があるという意見、さらには他宗と異なり、坊守という名で真宗寺院には女性の存在を認めてきたものであって男性が坊守になるべきではない等々、様々な意見が教団内にはあった。そして「坊守問題」は、その位置づけや任務にとどまらず、住職さらには真宗寺院の在り方という根本的な問いを呼び起こした。

一九九六年六月の宗会においてこのことが議論され、この時改正された「寺院教会条例」には配偶者関係をいったん外して考え、「称する」という呼称としての位置づけを見直すため「寺院又は教会は、坊守を置くものとする」（第二十条）とし、住職との関係や性別は明記しないまま一年以内に「寺院教会条例施行条規」（注12）を施行し、その中で宗務総長の責任において方向性を示すこととした。

3　坊守をめぐる議論

しかし、翌一九九七（平成九）年に宗務当局は「寺院教会条例」の施行条規を施行せず、「寺院教会条例施行に関する臨時措置条例」（以下、「臨時措置条例」）を二年間の期限付きで宗会に提案し施行した（資料18）。これにより、一九九六年六月の宗会で可決された「寺院又は教会は、坊守を置くものとする」とする「寺院教会条例」は施行されなかった。「臨時措置条例」は、従来の「寺院教会条例」にあった坊守の規定に「女子である住職の配偶者については、坊守に関する規定は適用しない」との条項を加えた内容だった。そうして、男性の坊守就任の是非を一旦保留し、教団全体に「坊守問題」についての議論を喚起した。

これを受けて各教区では「坊守問題」について議論の場がもたれたほか、坊守会連盟、教区坊守会・教区検討委員会などからも多種多様な要望書や意見書が提出された（資料19）。そこには「臨時措置条例」の期限延長や、「坊守」を存続させるとともに、一定の資格要件を付けて「役職」として位置づけ、宗政参加への門戸を広げるべきという要望、さらには女性の宗政参加の問題と「坊守」の位置づけの問題が区別されていないという問題点の指摘などもあった。

これらの意見を受けて宗務当局は「臨時措置条例」を、さらに一年期限を延長した。そして、一九九九（平成一一）年八月に宗務審議会「坊守の規定に関する委員会」［女性委員一〇名・男性委員一〇名］を設置した。審議会は、二〇〇〇（平成一二）年三月三一日まで六回審議会が開催され、二〇〇〇年四月二七日「答申」が提出された（『真宗』二〇〇〇〈平成一二〉年七月号）。

その結果、「臨時措置条例」の内容のままとする「寺院教会条例の一部を改正する条例」が同年六月成立し、施行した。坊守問題は、突き詰めれば現在の住職や寺院教会の在り方、さらには宗門の諸制度全般に関わるものであり、「寺院教会条例」の抜本的改正が必要となる。今回の改正は、そこに向けての経過措置として位置づけるという理由だった。

審議会からは、「これまで坊守を住職の配偶者として、制度的に従属的な関係においてきたことを確認し、宗門の構成員として平等に位置づけること」、「単なる呼称ではなく真宗寺院における職分として認識すること」という観点が示されており、早急に検討委員会を立ち上げ、1「門徒・同朋に開かれた聞法の道場としての寺院運営をめざして」、2「男女両性で形づくる教団をめざして」という二つの指針をもって協議をし、三年を目途として法制化すべきとされていた。

その後、二つの指針については、指針1に関する会議が教務部に設置され数回の会議が開催されたが、宗務機構改革により教務部が組織部に統合廃止されたことを機に審議が中断され、また指針2の担当とされた女性室は二〇〇五年七月組織部から解放運動推進本部へと所管が移行され、協議は立ち消えの状態となった。

4　坊守制度の改正と課題

二〇〇七（平成一九）年五月一一日に、宗務審議会「坊守の位置づけに関する委員会」が設置され、「坊守の定義について」「坊守の任務について」の二点が諮問された。以降九回の審議を経て二〇〇八（平成二〇）年三月三一日答申が提出された。これを受け「寺院教会条例の一部を改正する条例」（同年七月一日施行）が成立し、坊守に関する規定が変更された。

ここでは、それまでの坊守について①性別による制限をなくし、男性の坊守（女性住職の配偶者）を認める。②それまで住職が退任もしくは死亡しても、次の住職が任命されるまでは坊守とする。③住職の配偶者がいない場合で必要があるときは、満二十歳以上の寺族の中から坊守を選定できる。④坊守は教化に携わるため得度式を受けるという四点が改められた。

ただし、得度については、坊守の資格要件ではない。既に坊守であって僧籍を有していない者も多く、また得度は個々人の自覚に委ねるべきものであり、強制されるべきものではないからである。

この規則改正は、「寺院教会条例施行に関する臨時措置条例」以降の議論や、「坊守の規定に関する委員会」答申（『真宗』二〇〇〇〈平成一二〉年七月号）において指摘されてきた根本的な寺院や教団の課題とは切り離して、男性の坊守や坊守の退任規定などの問題に限定して結論を導き出すことを目的として段階的に行われたものである。これからも坊守制度については、継続的に検討の機会が設けられなければならない課題である。

同朋会運動に示されたスローガン「家の宗教から個の自覚の宗教へ」は門徒に向けて発せられたものと受け取られがちであるが、実は戦前の「家制度」の上に成り立っている寺院・教団そのものが問われているのが坊守制度の課題である。

坊守についての規定の変遷については（資料20）のとおりである。

第3節　寺格・堂班・教師資格における女性への制約とその撤廃

1　寺格・堂班における制約とその撤廃

寺格及び堂班は、教師資格や功章旌賞などと複雑に関連して僧侶の序列を作っていた。

「大谷派宗制寺法」（一八八六〈明治一九〉年発布）には、「寺格ハ堂班ト称シ派内本末間法会式ノ席順ニシテ一ハ以テ寺格トナシ一ハ以テ僧侶ノ身附トナス」とあり、一等院家《いんげ》から五等外陣《げじん》まで五種とし、また院家を分けて第一、五箇寺《ごかじ》から第五、素絹《そけん》までの五種となっていた。そして「格式ナキ寺院及ビ僧侶ハ平僧地及ビ平僧ト称ス」（第五十三条）としていた。

つまり、寺格は文字通り普通寺院における格付けであり、寺格にはそれぞれ堂班及び例格を定め、寺院に所属する僧侶の法要（特に本山や別院等での）における出仕の場所と順位、法衣の種類その他の資格を詳細に定めていた。そしてこれらは各寺院の、特に経常費等の経済的な貢献により法主の許可により昇格するもので、これに対し部落解放同盟は結成当初から、募財の在り方を通して、差別を拡大・再生産しているとその問題性を指摘し、募財拒否を表明することとなった。

一九二九（昭和四）年に発布された「真宗大谷派宗憲」では「一般末寺ノ格式ヲ寺格ト謂ヒ左ノ十四等トス」となり、変遷を経ながら一九九一（平成三）年に至る。

一九四一（昭和一六）年はじめて女性の得度が認められた当時は、「着座　男子平僧の末席」とあったが、一九五三（昭和二八）年施行された「堂班法衣条例」では「女子僧侶の堂班は、准本座までとする」とされている。「堂班」は僧侶の法会における序列で、「第一級上座（一等乃至四等）、第二級准上座（一等乃至四等）、第三級本座（一等乃至十等）、第四級准本座、第五級平座」とあって、本座以上は出仕席が内陣に、准本座は余間に、平座は外陣へとされている。つまり、法要において女性は余間出仕までとし、内陣出仕をすることを認めないことを意味している。さらに同じ堂班の者の中での序列を「座次」といい、「1男子である教師　2女子である教師　3教師でない男子　4教師でない女子」の順と決められていた。

制度が差別的であるということから一九八一（昭和五六）年公布の「宗憲」では寺格制度については条文上省かれた。そして一九九一（平成三）年に寺格堂班は廃止され、新たに「法臈法衣条例」が施行された（資料21）。しかし、教区や組によっては経常費の割当に寺格を点数に置き換えて利用している場合もある。また「堂班」が撤廃され、「法要座次」として新たに制度化されたが、本人の申請により法臈年数（得度からの年数）と本山経常費の納付額等に応じて法要座次が可能な限り進席できるようになった（それまでは「内願」として教務所長の権限で申請されていた）ことで差別が解消されたと言えるのかは疑問である。

2 教師資格の制約とその撤廃

また、教師資格についても一九六七（昭和四二）年公布の「教師条例」によると「女子の教師は入位とする。」との条項があった。教師資格には、学歴による陞補の制度があって、例えば大谷大学真宗学科又は仏教学科の課程を修了したものは、教師資格が僧都に陞補《しょうほ》するため、教師修練を経て入位に補任された者は六ヵ月後には僧都となる。そして、「教師対配堂班」として、教師資格に対して堂班が定められており、僧都は本座五等となるため、僧都であれば内陣出仕が許されるというものである。しかし、女性については教師資格は入位、堂班は准本座までとして、明確に性による差別が制度として設けられていた。この女性に対する制約についても一九九一（平成三）年の制度改正により寺格の撤廃に合わせて廃止され、改正時以前の該当者に対しても教師陞補の措置が取られた（資料22）。

3 儀式声明の課題

女性が儀式声明に関わる機会が増えることで、これまでの儀式声明の担い手が男性のみを想定したものであるとの指摘が女性たちからなされている。声明の音程についても、男女の声域には異なりがあることや、現実的には出仕順等で男性優先の意識がまだ払拭されていない場合もある。

また、親鸞聖人御誕生八百年・立教開宗七百五十年を翌年に控えた一九七二（昭和四七）年、二種の葬儀式並びに葬儀前後の行事について本山で決定し、『真宗』六月号に掲載した。そこには、葬儀の勤行に男女で和讃の読み分けが示されている。男性には①「本願力にあいぬれば」（『高僧和讃』天親菩薩）②「至心信楽欲生と」（『浄土和讃』大経意）③「十方諸有の衆生は」（『浄土和讃』讃阿弥陀仏和讃）にそれぞれ添え和讃をつけた三種類、女性には「真実信心うるひとは」（『浄土和讃』大経意）と「弥陀の名願によらざれば」（『高僧和讃』善導大師）の二種類が示されている。しかし、葬儀で性別によって和讃の読み替えをし、特に女性には「変成男子」や「五障」を謳った和讃を読むことに疑問を感じる声も上がっている。また、本山など晨朝の勤行において『御文』が繰り読みされるが、「五障三従」や「女人」についての文言は差別的に聞こえ痛みを感じるとして対応を求める声が女性の中から上がっている。

特に『御文』の問題は、『大経』の第三十五願の解釈などと合わせて教学・教化の問題としても早急に検討し、方向性を見出さなければならない課題である。

第4節　宗会・教区・組での女性の参画

1　宗議会議員への女性の参画

二〇〇四（平成一六）年「宗議会議員選挙条例」が改められ、それまでは被選挙資格が二五歳以上の住職・教会主管者に限られていたものが、この他に「自らが所属する寺院又は教会の住職又は教会主管者若しくはそれらの代務者の同意を得た教師」にまで広げられた（資料23）。この事により二〇〇五年九月の選挙で二人の女性が宗議会議員に選出された。さらに二〇一三年の改選には四人の女性が選出されている。

この条例改正の提案趣旨には、「『真宗大谷派宗憲』に謳う『同朋の公議公論』による宗門運営の内実化と宗門の活性化を図るには、宗門世論に基づいて宗門の最高議決機関の議員資格を可能な限り開き、広く人物を求めることができるよう被選挙資格の拡大を図らねばなりません」とあり、「女性、青壮年等をはじめより多くの宗門構成員が宗門活動、宗政に参画できるよう方途を講ずる必要があります」と述べられている。しかし、条例の中の「所属寺院・教会の住職・教会主管者若しくは代務者の同意」を要する点については、住職の主観によって左右されたり、女性や寺族でない有教師者の積極的参画を疎外する恐れがあるという点から批判の声もある。「住職の同意」を必要としていることは、現在の教団が「寺院」を単位として募財や教化活動を行っていることや、反社会的団体や他の宗教の介入を防ぐためとの意見もある。しかし、一人ひとりがより主体的に寺院及び教団の活動に参画することで、教団が社会に開かれた教団として活性化していくためには、新「宗憲」前文の「何人の専横専断をも許さず、あまねく同朋の公議公論に基づいて行う」という趣旨に照らし、権限と責務が集中している「住職」の職務をあらためて問いなおす必要があるのではないか。

2　教区会・組会への女性の参画

先述の「宗議会議員選挙条例」の改正に際しての提案趣旨には「今後、当然、教区会、組会の組織構成及び選挙制度の見直しと改正にも取り組んでいかなければならない」とも述べられている（資料24）。

教区会の構成は「教区制」に「教区会議員は、教区内における組長（以下「組長議員」という。）及び選挙による者（以下「選出議員」という。）の二つとする」となっている。選出議員の選挙資格は「教区会議員選挙条例」には「住職・教会主管者及びその代務者は、選挙資格を有する」（第二条）とあり、被選挙資格は「選挙資格を有する住職及び教会主管者は、被選挙資格を有する」（第三条）とある。女性住職が組長に選出される例も出てきているが、女性の住職代務者は選挙資格はあるが被選挙資格はなく、住職以外の僧侶は有教師であっても教区会に参加することはできない。女性の参画には、企画段階からの参画が必要であり、また「宗議会議員選挙条例」改正の提案趣旨からも見直されなければならない課題である。

次に、組会については「組制」に「組内の住職、教会主管者及びその代務者でこれを構成する」（第十条）とある。二〇〇九（平成二一）年六月「組制」の改正により代理出席に関する規定が明確にされた。そこには「組会員が出席できないときは、代理人を選定し出席させることができる」（第十四条の二）とあり、組会員が同じ組に複数の寺院の住職代務者を兼ねている場合には、代務者を置いている寺院は代理人を選定するとなっている（同条第三項）。そして、代理人については「一、当該寺院又は教会に所属する教師　二、当該寺院又は教会に僧籍を有する成年以上の寺族　三、当該寺院又は教会の成年以上の寺族」の順に選定し、それでも選定できない場合は責任役員又は総代の中から選定するとした。代理人は、組長選挙以外の事項について議決に加わることができることも明記されている。

組の区域の広さや寺院数などは様々で、組会が組門徒会等と合同で開催されたり、坊守会の役員が参加するなど地域の事情に応じて開催されているが、基本的には住職及び住職代務者によって構成されている。坊守をめぐる議論の中では、坊守を住職と対等な位置づけとして組会に参画できることを望む意見も多くみられた。各寺の所属門徒の代表により組会と対等な関係として組門徒会が組織されている一方で、組会がいかなる位置づけなのかが問われる時期に来ているのではないか。

3　参議会・門徒会への女性の参画

参議会は成立当初から参議会議員の選出について性を根拠にした規定はない。参議会が発足した一九八二（昭和五七）年五月一〇日大阪教区から浅田おみや議員が一人女性で選出された。その後女性が選出されず、二〇〇三年に大阪教区から二人女性の参議会議員が選出された。しかし、女性議員の選定が積極的に進められることはなかった。

二〇一四年の宗会において「男女共同参画推進に向けた組門徒会員選定に関する特別措置条例」が二〇二四年三月九日までの期限付きの形で成立した。そこでは、組門徒会員の定数は、各組の寺院数の二倍以内としていたものを寺院数の三倍以内とすることができるとし、各寺において一人以上は女性を選定することとした（資料25）。これによって、二〇一五年五月二〇日現在において全門徒会員一六、七七〇人中四、七一一人の女性門徒会員が選出され、二八・一％を女性の組門徒会員が占め、さらに二〇一八年三月の改選では女性が三二・五％となっている。

今後この動きが、教区門徒会さらに参議会議員へとつながることが望まれる。

第5節　内事章範

大谷派で門首の継承等を定めたものが「内事章範」である。そこには、門首は、世襲により宗祖の血統にある男性によって継承するとしている（資料26）。これは、現行の宗門法規の中で唯一性別を根拠として定められている規定である。

また、門首及び門首後継者である新門、並びに連枝（注13）の僧籍は、普通寺院の僧侶と分けて「内事僧籍簿」に登載される。一方、門首の配偶者や血族にある女性に関して得度式の受式についての規定がないため、これらの女性は僧侶にはなれない。さらに、普通寺院の坊守は、申請により宗務所の「坊守籍簿」にその存在を記載されるが、門首の配偶者の位置づけについては宗門法規には何ら規定されていない。

ちなみに、興正派は二〇〇一（平成一三）年に女性の門主継承を可能にする条例改正を行った。仏光寺派では、渋谷暁真第三一代門主が辞任し、現在その母である恵照門主が就任している。本願寺派では本願寺住職の配偶者（坊守）を「裏方」として法規に規定し、得度も可能としている。

大谷派では、長く法主と裏方が普通寺院住職と坊守の模範的存在とされていた。今後の門首の継承の在り方や、門首夫人及びその血族にある女性たちの位置づけ及び処遇についても検討を要する課題であろう。

以上、女性をめぐる教団の制度機構についての経緯と課題を概略まとめた。教団の形とあるべき方向性を示すものが宗門法規であるが、現在、教団が差別問題に取り組むことの法的根拠は「教化基本条例」の「僧侶、寺族及び門徒は、部落差別問題をはじめとする様々な差別問題に関する正しい認識に基づき、その解決を自らの課題とし、もって同信同朋の実を挙げなければならない」（第五条第二項）の規定によるのみである。

これまで個々の不平等な事象についての対策として、女性に不利益となる法規はかなり改正された。しかし、これで教団の性差別が解消されたわけではない。そもそも現在の宗門法規には、「性差別とは何か」という明確な定義はなく、教団がその克服に向けて取り組むとの表明など、根本的な取り組みは未だなされていない。

今後さらに、教団内の問題にとどまらず、差別を超えて一人ひとりが平等な関係を生きたいという、言い換えれば願生浄土の具体的な姿を広く社会に向けて示していくためにも、教団が差別問題に取り組むことの意義やその克服に向けた基本理念、そしてそこに向けた活動の枠組み等を教団の機構制度上に具体化していくための法制度の整備が求められる。

（注1） 一八七二（明治五）年六月、明治政府からの通達（教部省達書第四号）に基づき、専修寺派（高田派）、錦織寺派（木辺派）、東本願寺派（大谷派）、西本願寺派（本願寺派）の四派で共通の管長を置くこととし、一八七六（明治九）年に真宗四派共同の宗法として定めたもの。

（注2） 教師は「教法をひろめ、儀式を執行する資格を有する者」であり、その称号として現在は十三等級ある。

（注3） 当時は、住職を欠いた場合、寺院に女性がいても他寺の男性が住職を兼務した。この当時は複数の寺院の住職を兼ねることが許されていた。

（注4） 国家が宗教団体を管理統制するために定められたもの

（注5） 住職ではなく臨時的な意味合いの「住職代務者」という表現が用いられる。

（注6） 試験科目は、真宗学、仏教学、布教、声明及び作法、国語、国史、数学。大谷専修学院にて3日間で行われた。

（注7） 住職を基準に親族関係において後世代にあたる血族。尊属に対する。

（注8） 法主の後継者で、法灯を継ぐ者という意味。

（注9） 大谷光暢法主から自ら管長の職のみを離れ、新たに新門大谷光紹をこれに推挙するので、直ちに新門の管長就任の手続きを実施せよとの指示（開申）が一方的に出された。訓覇内局は「管長は宗議会と門徒評議員会で推戴する」との宗規によりこれを拒否した。

（注10） 「宗教法人法」第二条には寺院・教会などの被包括法人と宗派・教団等の包括法人の二種の宗教法人が規定されており、寺院などがその意思により被包括関係を解消し宗派から離脱することが可能である。教団問題では本山である本願寺が宗派から離脱をしようとしたもので、その対応策として宗教法人本願寺を宗教法人真宗大谷派に吸収合併して本願寺の法人格をなくした。これを「宗本一体」という。

（注11） 本願寺派では一九四六（昭和二一）年『浄土真宗本願寺派宗制・宗法』を改正し、既に女性の住職を認めている。

（注12） 条例は、宗会（宗議会と参議会）において決議する規則で、施行条規（達令）は条例の範疇で宗務総長がその職責において発布する規則。

（注13） 門首及び新門又は前門の子であって得度式を受けた男子を連枝という。

資料1

女子の得度及び小教校への入学を認めず（一八七九（明治一二）年）

庶務課七級出仕三那三能宣伺

爰ニ一女子アリ我宗教ニ歸依シ尼僧トナリテ小教校ヘ入学シ終身教義ニ従事致シ度旨申立候者有之節ハ得度御許可相成追テ布教堪任ノ見込有之節ハ試補以上ノ教職及正副住職薦挙為致不苦哉将女子ニシテ僧業の儀御許可無之儀ニ候哉

（指令）書面伺之趣当分難及指揮事

明治十二年四月十一日

（『配紙』一八七九〈明治一二〉年五月）

資料2

「宗規綱領」（一八七六（明治九）年）

宗規綱領（第四編法式・第三款得度式）

得度ノ制タル部門諸宗ノ通規ニシテ出俗入真ノ法式ナリ然ルニ本宗ニ在テハ寺院ノ住職世襲ノ風習ヲ成スヲ以テ其寺格ニ随ヒ住職ノ長男以下得度ノ法式具略同シカラス而テ前住ノ没スルヤ長男幼ナリト雖モ必ズ継続スベキヲ以テ得度ノ初年齢学術ヲ問フニ遑アラス其法緩慢大ニ其宜キテ失セリ而今日僧侶皆民籍ニ編ス但其僧タル所属ノ寺院ナカルヘカラス故ヲ以テ名ヲ各寺ニ掛クト雖モ猶一般ノ通式ヲ行ヒ年齢学術等亦其制ヲ立テ以テ一定ノ式デ行ントス其僧ヲ度スルノ権必ス本山ノ法主ニ在ルカ如キ古ヨリ改ムルナシ

（『宗規綱領』教学研究所蔵）

資料3

「真宗大谷派宗制寺法」にみられる本願寺住職（一八八六（明治一九）年）

「真宗大谷派宗制寺法」

第三条　大谷派ノ伝統ハ開宗以来ノ例ニ由リ宗祖ノ血統ヲ以テ本山本願寺ノ住職世々之ヲ相承スルモノトス（略）

第五条　本山本願寺ハ世々ノ住職伝灯相承シテ之ヲ専領シ一派ノ末寺門徒ヲ統括ス

（略）

第六条　管長ハ一派ノ師長タル本山本願寺ノ住職世々之ヲ相承ス

（「宗制寺法」一八八六〈明治一九〉年）

資料4

「真宗大谷派宗憲」（一九二九（昭和四）年）

「真宗大谷派宗憲」

第二款　住職

第九十三条　一般末寺ハ世襲ノ僧侶ヲシテ住職セシム（略）

第九十七条　一般末寺ニシテ住職ヲ闕キタルトキハ三箇月以内ニ後任住職ヲ出願スヘシ

住職ヲ置クコト能ハサルトキハ前項ノ期限内ニ前住職又ハ親類及法類ノ住職ヨリ檀家総代又ハ信徒総代ノ連署ヲ以テ兼務住職ヲ出願スヘシ

（『真宗』一九二九〈昭和四〉年二月号）

資料5　「宗教団体法」第七条三項

〔一九三九年（昭和一四）年〕

「宗教団体法」第七条三項

3　住職又ハ教会主管者欠ケタルトキ、未成年ナルトキ又ハ久シキニ亘リ職務ヲ行フコト能ハザルトキハ代務者ヲ置キ其ノ職務ヲ行ハシムベシ

（『官報』三六七五号　一九三九〈昭和一四〉年）

資料6　「真宗大谷派宗制」第四〇三条

〔一九四一年（昭和一六）年〕

「真宗大谷派宗制」第四〇三条

女子ニシテ教師検定ヲ経タルモノハ其ノ得度ヲ許可シ之ヲ教師ニ任命シ入位ニ補スルコトヲ得女子タル僧侶ハ入位、平座ニ等限トシ住職代務者又ハ教会主管者ノ代務者以外ノ役職務ニ之ヲ補任スルコトヲ得ズ

（「真宗大谷派宗制」一九四一〈昭和一六〉年）

資料7　女子に教師試験検定の受検を認める

〔一九四一（昭和一六）年〕

告達第三号　教師試験検定宗則ヲ左ノ通定ム

昭和十六年六月十二日

稟命　宗務総長　大谷瑩潤

教師試験検定宗則

第一条　教師試験検定ハ毎年二月及八月ノ二回之ヲ施行ス

第二条　受験出願ノ期限並ニ試験施行ノ期日ハ其ノ都度之ヲ公告ス

第三条　試験検定委員長ハ審査ノ結果ヲ教師審査会長ニ報告スヘシ

第四条　受験出願者ハ受験願書（書式第一号）ニ左ノ書類ヲ添ヘ教学局長宛ニ出願スヘシ

一、履歴書（書式第三号）

二、身元証明書

三、写真（手札形半身単身脱帽出願前三ケ月以内ニ撮影ノモノ）

第五条　宗制第四百八条第一項但書ノ中学校若ハ高等女学校卒業者ト同等以上ノ学力ヲ有スル者ト認メラル、者左ノ如シ

一、官公立中学校高等女学校及師範学校卒業者

二、兵役法施行令第百一条ニ依リ認定ヲ受ケタル私立中学校ノ卒業者

三、専門学校入学者検定規程第八条ニ依リ指定ヲ受ケタル他宗派ノ学校卒業者

四、兵役法施行令第百一条ニ依リ中学校ノ学科程度同等以上ト認定ヲ受ケタル公私立学校卒業者

五、専門学校入学試験検定規程ニ依ル試験検定合格者

前記各号ノ一ニ該当スルモノハ受験願書ニ其ノ証明書ヲ添付スヘシ
第六条　宗制第四百八条第二項該当者ハ毎年六月十二月末日迄ニ検定論文、論文審査願（第二号書式）履歴書、身元証明書、修了証明書ヲ添付シ教学局長宛提出スヘシ、検定論文ハ二百字詰百枚以内トス
第七条　試験検定並ニ論文検定ヲ受ケントスル者ハ検定料金拾円ヲ願書提出ト同時ニ納付スヘシ
一旦納付セル検定料ハ之ヲ返戻セス
第八条　試験検定手続キ完了セル者ニハ受験票ヲ交付ス、受験票ハ受験ノ際必ス携帯スヘシ
第九条　試験採点法及合格不合格判定法ハ大谷専修学院試験規定ニ準ス
第十条　試験合格者ニハ合格証ヲ交付ス
試験ヲ受ケタル者ニシテ之ニ合格セサルモ受験科目中合格点ヲ得タルモノアルトキハ其ノ科目ニ付証明書ヲ交付ス
前項ノ証明書ヲ有スル者ニシテ更ニ受験ヲ出願シタルトキハ其ノ証明書交付ノ月ヨリ三年間当該科目ノ試験ヲ免除ス
第十一条　教師検定場ニ於ケル試験監督ハ総テ宗務員ヲ以テス

（『真宗』一九四一〈昭和一六〉年七月号）

資料8　女子得度に関する告示〔一九四二（昭和一七）年〕

告示第七号

宗制四百三条ニヨル女子得度左之通リ許可ナサレ候ニ付平僧得度ニ準ジ出願スベシ
一、着座　男子平僧ノ末席／一、頭髪　下ゲ髪来結／一、水干　着用セズ／一、衣類　皆白、白丸帯又ハ白角帯／一、其ノ他　平僧得度同様

昭和十七年二月十六日　宗務総長　大谷瑩潤

（『真宗』一九四二〈昭和一七〉年三月号）

資料9　戦時における臨時女子教師試験検定の告示〔一九四四（昭和）一九年〕

戦時における臨時女子教師試験検定の告示

教学局告示第八号

臨時女子教師試験検定左記ノ通リ施行ス　受験志願者ハ来ル三月二十日ヨリ四月十日迄ニ出願スベシ

昭和十九年三月一日

教学局長　朧　含雄

記

一、試験検定日　五月七日ヨリ九日迄
一、検定科目　真宗学、仏教学、布教、声明及作法、国語、国史、数学
一、検定場　大谷専修学院

（『真宗』一九四四〈昭和一九〉年四月号）

資料10

「涙痕抄《るいこんしょう》」女子教師検定試験参加者の手記

〔一九四二（昭和一七）年〕

「涙痕抄」

鷲司すゝむ

　其の後は久しく御無沙汰ばかり申上げましてほんとうに相すみません。先日は御なつかしき御玉章に接し、まことに有難く嬉しく拝見いたしました。

　御なつかしき諸先生方にも益々御無事で御宗門の爲に御尽力下さいます事と有難く厚く御礼申上ます。時に野間部長殿には此の度大谷中学校々長へ御栄転の由、ほんとに驚きました。さぞ御心中には種々の御事が含まれて居られた事と思ひます。ほんとに牧先生は御心配で御座居ました事と思ひます。御心中お察し申上げます。その反面学校の生徒方は幸福の事と思ひます。過ぎし二月の最も寒い時を御利用下さいまして寺族修錬を御開き下さいまして私共を御指導下さいました。今は只々有難いばかりか、肩幅も広い様な気持が致します。

　朝早くより夜遅くまで、老たる人生を過ごせし者、まだ十八九の花盛り者を相手に本当に御苦労をおかけ致して相すみません。先生方もさぞおつらい事でありました事と思ひます。私共はほんとに、寺の立つ立たんの境に合ひまして、止むを得ず、進められて上京致しましたが何分御恥かしながら、主人を失ひ、又杖柱と頼む新発意を失ひましたので、上京致しましたが最初の頃は、とても之では自分も駄目だと思ひ、引き返さんと企てました処、野間先生の御優しき御話に預りまして、之では無き主人、新発意、門徒に対して申訳ないと胸をおさへて足を止めました。

　最も苦しかつたのは仏教学、真宗学の御講義をお聞きして之が如何にして自分が聞知する事が出来得るかと思つた時は、ほんとに何とも云へませんでした。御恥しながら家に帰つて一人泣きに泣きましたが、今は笑草となりました。ほんとにあの時の苦は今は楽です。只々有難いばかりです。まだ〳〵困るのは、御経を覚えないのが一番こまります。たまたま講習がありましても遠方には行けないし、只親子三人暮しで困ります。時に来年は新発意を中学に入学させたいと思ひますが、大谷なら野間先生が居られますから宜敷いと思ひます。けれど何分遠方の事にて致し方ありません。つまらん取り止めも無い事を書きまして御退屈様で御座ゐましたでせう。

　先づ師の君の御壮健を御祈り申上ます。

不破美子

　全国からお集りになつた皆様方と机を並べて宗学を学ばせていたゞいた当時を回想しますと、一ヶ月の間のことゞもが走馬燈の様に次から次へと繰り出されてまゐります。

　全く未知の世界の扉が開かれる様な、大きな希望と憧憬とをもつて、先生方の講義を懸命に筆記を致しましたが、正直な所予備知識のない私には始めの間は六ヶ敷しい教理が容易に理解出来ないで随分困らされました。

　京都特有の底冷えには如何にも往生しました。平素から余り頑健でない私はとう〳〵風邪に侵されて幾度か中途で倒れさうでしたが、幸にも最後まで押し通す事が出来ました事を、今更ながら不思議に思はれてなりません。教習所から試験へ、そして錬成へと実に慌しい日々でした。錬成を受ける頃には流石に疲労の爲か、講話の時間などについうつとりとして睡魔に襲はれたことも一度ならずでした。思ひ出すだに冷汗が出ます。

一ヶ月間に学ばせていたゞいた事は、ほんの佛教の極く一小部分に過ぎないでせう。しかしこれによつて全然手にすら出来なかつた仏教の典籍を折ふし繙くことが出来るやうになりましたことは、私の生涯にとつて何物にも代へ難い恩恵と感謝して居ります。

加藤ヤノ

花の春も何時しか過ぎて新緑した丶る初夏の候となつて参りました。

御懐しい先生方には御変りもなく渡らせられます由、何より結構に存じます。

平素は意外の御無音に打過ぎお許し下さいませ。

承りますれば野間先生には大谷中学校長として御栄転遊ばされました由、御目出度う御座ゐます。

扨、過日は何か感想をとの御玉章を頂き早速御返事致す所、次々と他用に取紛れ延引致し何うか御許し下さいませ。

想起致しますれば昨年十一月中頃、大阪難波別院内にて教学指導所開設せられ、教師希望者入学許可すとの報に接し、「日頃の念願成就した」と如何ばかり嬉しう御座ゐましたでせう。

しかし時期が十一月、一月、二月、と多忙なその上寒い時期。七年前院主死亡後親子二人の生活、私は別に厭ひませんが、七才になつた子供が学校から帰つて母の姿を見なかつたら如何に淋しく思ふだろうし、又寒い時に衣服の増減を怠つて、病気になつてはと種々雑多と悩みましたが、何事も御佛様にお願ひして、万難を排して、入所の決心を致しました。

一週二回のお休み、毎朝四時起床帰宅は大抵四時半か五時頃になります。早い時には帰途お逮夜参りをすまして帰りますと、時には人様のお顔も判らぬ位な時が往々御座ゐました。

子供が一人淋しく待つてゐるかと思ふと可哀想でなりません。でも御蔭様で御近所のお子達がおそくまで遊んで下さいますので、感謝致して居ります。

一月の月より生家の父に留守をたのみまして家の事、子供の事は安心して、学ばして頂けました。

しかし、好事魔多で生後一回も病はぬ子供が風邪を引き診察の結果、扁桃腺との事、昼は父に看護を頼み出席致しました。月末になりますと、京都の講習に出席すべく皆様は準備してゐらつしやいますが、私は子供の病気のため、切角《ママ》寒い二ヶ月苦労致しましたのに目的を達する事が出来ぬかと思ふと本当に悲しう御座居ました。でも上京三日前お医者様より「心配せず安心しておいでなさい」と云はれました時、夢かとばかり嬉びました。

やはり佛様はお見捨て下さいませんでした。

感謝の合掌をして留守を七十四才になった父に頼み未だ全快せぬ子供を残して……後髪引かる丶思ひをして上京致しました。

第一夜寝に就きましたが、とても眠れません。

父の事、病児の事、本日入所式に先生よりの御注意等、行末の事共、走馬燈の様に不安が次ぎ〳〵においかぶさつて、一夜十分睡眠も出来ませんでした。第二日より自分の健康を考へ稍々心も落ちつき、しつかり勉強して彼岸に達せねばと、一生懸命に励みました。

十一日紀元節に先生にお願ひして帰宅致しました。御蔭様で十分とは申されませぬが、元気で居りましたので、安心致しました。

けれど「お母ちゃん、僕夜になると一人涙が出るんだよ」と申しますと、とても可愛想でしたが、心を鬼にして、御聖人様の事、蓮如上人様の事共云ひ聞かせ京都へ帰って参りました。

この寒中、年取った父が生家では何も致しませぬのに台所で食事のこしらへをして下さるかと思ふとお気の毒で、一時も安閑としてゐる事は出来ません。高倉会館で諸先生がとても御熱心に御親切に御講義下さいますその時は、成程と聴聞させて頂いて居りますが、詰所へ帰つて同室の方々とノートの整理を、十一時頃迄か丶りますのでなか〳〵暗記する時間も御座居ません。

日数が立つにつれていよ〳〵むつかしい。これでは合格出来るであらうかと云う不安が起り、皆様が休んでゐらつしゃいましても、朝に夕に勉強致しました。試験前日、高倉会館へ時間割を見に行き四時頃、詰所へ帰りますと、速達が来てゐました。「お坊ちゃんがとても悪いからすぐ帰宅して下さい」との事、私は奈落の底へつき落された感じが致しました。

本當に不運な私として、暫し呆然としてしまひました。

万事休すとはこの事か、三ヶ月間の心身を労して明日の日を待機して居りましたが、心の懊悩、心中お察し下さいませ。

でも徒らに思案致しましても妙案はなく、同室の人々のおす丶めにより、すぐ明日の試験の書物をか丶へて、我家へと急ぎました。

帰宅致しました所、天祐で御座居ませうか、途々想像致して居りましたより子供の元気がよろしう御座ゐますので、その時のうれしさ思はず感謝の合掌をせずには居られませんでした。

皆様に看護を頼み、そのま丶詰所へ帰り、お蔭様で修練もすみ、試験も無事終り、発表合格、本当にこれまで漕ぎつけるまでの苦労は、自分一人の力ではなく、野間先生、牧先生、服部先生が父母の如く蔭に陽に私達の鈍る心をば鞭打つて下され、又ともに泣きしての御力添へ下さいました賜物、又は講師の諸先生方が御丁寧に御親切なる御教授、並に同室の方々が親身になつて姉の如く慰め励まして下さいました結果今日の良い結果が得られましたので御座ゐます。

幾重にも厚く御礼申し上げます。

とても私如き拙い文では心中の万分の一も現はす事は出来ません。

お得度の折には法主台下様、御裏方様よりの有難い御訓示を頂き又その間、名高き諸先生方より種々御法話に預り、逆境に落ち入ればこそ、この様な結構なお話し、見学等させて頂けます事を深く〳〵感謝致して居ります。

今は只一意専心御法のため、且つ又戦時下銃後の婦人として活動致して居りますから御休心下さいませ。

誠に拙き文にて長らく書き連ねまして御判読下さいませ。

終りに望み時節柄何とぞ御自愛遊ばして下さいませ、末筆ながら諸先生によろしく。

かしこ

※八行目の「昨年」……一九四一（昭和一六）年

（『涙痕抄　寺族教習修練所終了感想録』　一九四二〈昭和一七〉年　企画室・大阪教区浄流寺所蔵）

コラム1　教師検定試験問題

一九四一（昭和一六）年、「宗制」改正により女性の得度への道がひらかれた。女性得度は事前に教師検定試験に合格することが条件であったが、当時の教師検定試験問題はどのような内容であったのだろうか。

同年八月の教師検定試験は、真宗学、仏教学、布教、声明、作法、国語、漢文、歴史、地理、数学、理科及び公民科の十一科の中から実施されている。特に公民科や布教に関する出題は、戦時下という時局に呼応した内容の問題となっている。教師検定試験問題は『真宗』誌に報告されていた。当時の女性たちが受験した試験問題の一部を抄録する。

教師検定試験問題（抄録）

・一九四一（昭和一六）年八月施行　『真宗』一九四一年九月号

真宗学　一、仏凡一体と擬法一体を説明し、その区別を明らかにせよ

仏教学　一、四天王寺並びに法隆寺御建立について聖徳太子の御理想を述べよ

布　教　約十五分間に口述し得る程度に於て当派の教義及宗風につきて記述せよ

声明作法　一、合掌の心得について

公民　一、肇国の精神に就いて
　　　二、帝国憲法の特色を記せ

・一九四二（昭和一七）年二月施行　『真宗』一九四二年四月号

布教（筆答）　時局下に於ける真宗僧侶の心構えに就いて

公民　一、国体の精華に就いて
　　　二、大東亜戦争の意義

数学　（1）隊列の長さ250ｍの軍隊が一分間120ｍの速さにて進軍するとき長さ350ｍの橋を通過するに要する時間は幾分なるか

・一九四二（昭和一七）年八月施行　『真宗』一九四二年一〇月号

公民　一、大東亜共栄圏の根本理念を述べよ
　　　二、わが国の芸術の特質をあげよ

歴史　一、建武中興の精神に就いて。
　　　二、日本人の海外進出に就いて。

物理・化学
　　　一、アルキメデスの定理と物体の浮沈につきて述べよ。

・一九四三（昭和一八）二月施行　『真宗』一九四三年四月号

布教　「護国の英霊を弔ふ」
　　　大東亜戦々病死者追弔会に於ける講演の原稿として約二十分程度にして之を書け。

公民　一、決戦下に於ける教家の使命
　　　二、戦陣訓に就き知る所を記せ

三、我が国戦時下の財政はどうなっているか

国語科　一、左の文を平易に解釈せよ

海ゆかばみづくかばね、山ゆかば草むすかばね、大君のへにこそ死なめ、かへりみはせじ

三、左の短語《ママ》の意味を問ふ

（1）八紘一宇／（2）従容／（3）不屈／（4）未曾有／（5）諸行無常

歴史　一、我が国体の世界無比なる所以を説明せよ

二、尊王攘夷論発生の事情に就て述べよ

三、東洋と欧米との文明につきその長所を述べよ

・一九四四（昭和一九）二月施行　『真宗』一九四四年三月号

布教科の問題

一、筆答　戦時宗教教化運動に就て記せ（一時間）

国語科問題

一、左の新聞の見出しの意味を問ふ。

（イ）敵『鐵量戦法』の繰返すのみ

（ロ）被爆の量に比例して戦意昂る

（ハ）敵窮余の策我が地上銃陣に空し

（略）

四、左の文の□印の中に適当なる語を入れよ

今や皇軍将兵は一身□□を顧みることなくあらゆる困苦□□と戦って敵に当りつゝあり、□□国民もまた悉く戦闘□□に就き一意戦力の□□に邁進しつゝある

地理科問題

一、朝鮮地方の地勢を説明せよ。

二、満洲の地勢について記せ。

資料11

教区別教師・非教師数一覧（一九五〇（昭和二五）年）

教区別教師・非教師数

(1948(昭和23).12.31現在)

種別／教区別	主管者		教師		非教師		総計
	本務	兼務	男	女	男	女	
北海道	460	44	415	77	203	0	1,199
奥羽	147	36	81	8	96	9	377
仙台	94	21	39	3	25	46	228
山形	123	14	44	7	30	3	221
高田	338	64	233	30	185	34	884
三條	431	106	321	45	438	58	1,399
富山	231	28	155	20	187	0	621
高岡	293	3	247	42	295	0	880
七尾	356	41	317	40	387	47	1,188
金沢	311	35	475	68	538	109	1,536
小松	84	21	173	12	165	0	455
大聖寺	35	2	38	5	19	0	99
東京	435	107	271	5	303	42	1,163
岡崎	388	63	345	17	457	2	1,272
名古屋	632	30	699	52	847	53	2,313
桑名	206	21	136	23	111	10	507
大垣	403	32	314	78	297	43	1,167
岐阜	209	24	174	66	203	35	711
高山	89	0	123	23	55	6	296
福井	209	40	213	7	302	40	811
長浜	364	47	218	41	291	4	965
京都	624	78	412	76	533	6	1,729
大阪	545	50	358	44	595	98	1,690
山陽	246	35	0	31	193	13	518
高松	102	0	74	9	136	0	321
久留米	278	34	251	80	147	10	800
四日市	292	8	314	48	7	0	669
長崎	48	2	49	17	26	3	145
熊本	112	27	68	17	40	0	264
鹿児島	43	53	79	8	5	1	189
合計	8,128	1,066	6,636	999	7,116	672	24,617

（『真宗』一九五〇〈昭和二五〉年四月号）

資料12

部落解放同盟中央本部への回答（女性の住職就任に向けて）（一九八九年（平成元）年八月）

部落解放同盟中央本部への回答書

一九八九年八月五日

部落解放同盟中央本部　中央執行委員長　上杉佐一郎殿

真宗大谷派　宗務総長　細川信元

回答

このたび当派元宗務総長訓覇信雄の「真宗同朋の会推進全国集会」における講演と、その講述記録『同朋社会の顕現』の発行にまつわる差別事件（全推協叢書『同朋社会の顕現』差別事件）を契機として、貴部落解放同盟より、去る四月二十日と五月二十二日の二回にわたり厳しい糾弾を受けました。

その後、これを契機として、当派宗会等において、教団全体の部落差別問題に対する認識と部落解放運動に取り組む基本的な姿勢を再構築していくために、点検と学習を重ねてまいりました。

今般、四月二十日に「全推協叢書『同朋社会の顕現』差別事件の背景と今後の課題について」と題してご報告した当派における受け止めの基本的な姿勢、並びに、四月二十日の「真宗大谷派糾弾会」を受けて気づかせていただきましたことをまとめた五月十三日付の報告書の内容を、当派教団の中心課題としてうけとめ、今後、宗門としてどのようにその問題点を克服していくか、協議を重ねた結果を、ここに回答いたします。（略）

Ⅲ、当派の反省と今後の方針

［２］今後の方針

(2)制度・機構に関して

①寺格制度は、既に当派「宗憲」の条文上では除いていることからも、撤廃の方向は明確になっている。しかしながら、廃止後の宗門機構の具体的構想及び廃止へ移行するための具体的諸手続き等、撤廃していくためには実務面の検討が必要であり、五年以内を目途に実現に向けて年次計画を設定し、広く宗門全体で学習を進めつつ、今年度から着実な一歩を踏み出す。

②女性の住職の問題を始めとする、女性の宗派における資格に関する問題も、前項と同様の手順、手続きをふまえて五年以内を目途として改正に向けての作業に入る。（略）

（『部落問題学習資料集［改訂版］』真宗大谷派解放運動推進本部編）

資料13

住職に関する「寺院教会条例」の変遷

（一九四八〈昭和二三〉年七月公布）

第十五条　普通寺院の住職、又は一般教会の教会主管者は、先代住職又は教会主管者の卑属系統であって、男子である教師がこれを継承するものとする。但し、寺院又は教会の規則に別段の定めがあるときはこの限りでない。

【事例】 数字は継承順位

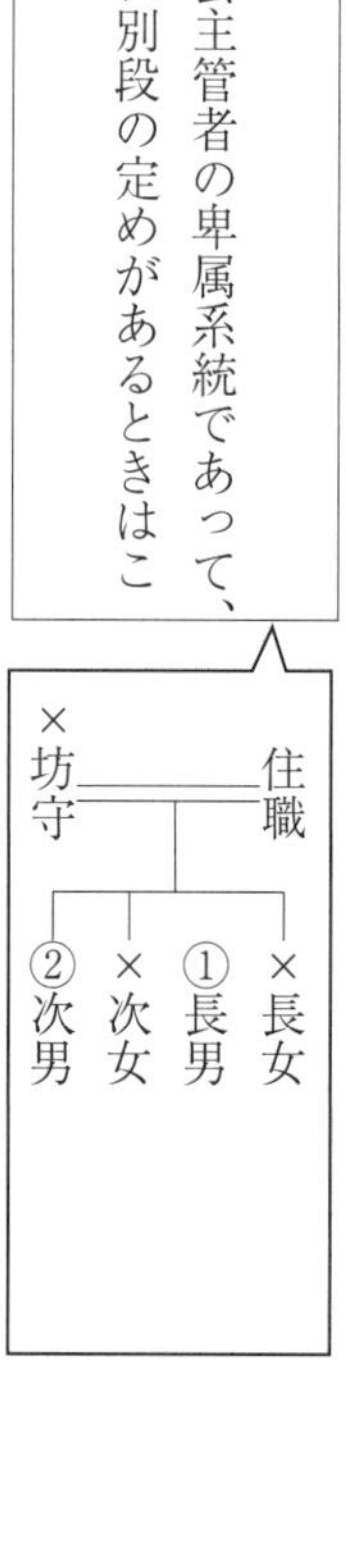

（一九九一〈平成三〉年改正）

（継承）

第九条　住職又は教会主管者は、先代住職又は教会主管者の卑属系統であって、男子である教師がこれを継承するものとする。ただし、寺院又は教会は、その規則に別段の定めを設けたときは、卑属系統によらないことができる。

2　住職又は教会主管者を欠く寺院又は教会であって、その卑属系統に属する男子である教師がいないときは、次の各号の一に該当する教師がこれを継承する。この場合、当該寺院又は教会の住職又は教会主管者の任命申請に先立って、あらかじめ当該寺院又は教会の規則変更を完了しておかなければならない。

一　当該寺院又は教会の坊守の経歴を有する教師

二　当該寺院又は教会の住職又は教会主管者の卑属系統に属する女子の教師

（住職継承者の選定）

第十条　条例第九条に定める寺院の住職継承者の選定は、条例第二十三条第一項各号に掲げる男子たる寺族についての順位を基準とするものとする。

（女子住職該当者の順位）

第十一条　条例第九条第二項各号に定める該当者が二人以上あるときは、坊守の経験を有する教師を優先する。

（一九九六〈平成八〉年改正）

（継承）

第九条　住職又は教会主管者は、先代住職又は教会主管者の卑属系統であって、当該寺院又は教会に所属する教師がこれを継承するものとする。ただし、寺院又は教会は、特別の事情により卑属系統の中から継承者を選定できないときは、宗務総長の承認を得て、卑属系統によらないことができる。

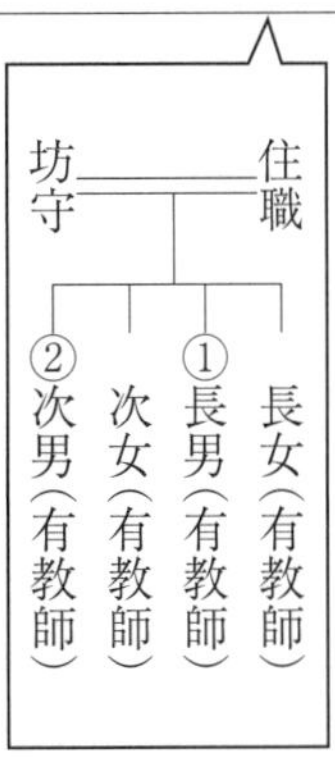

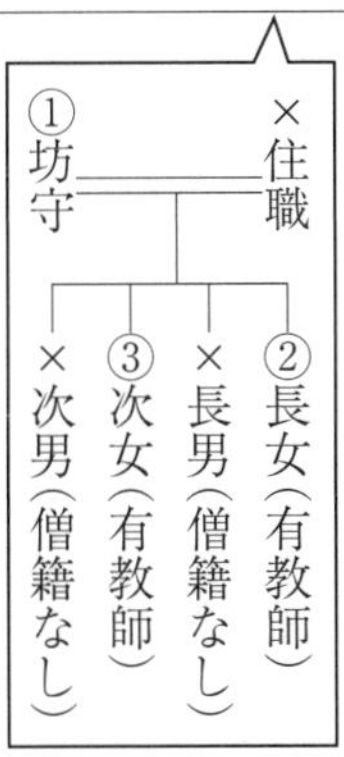

※男性の後継者が成立するまでの経過措置としての意味合いが読み取れる。

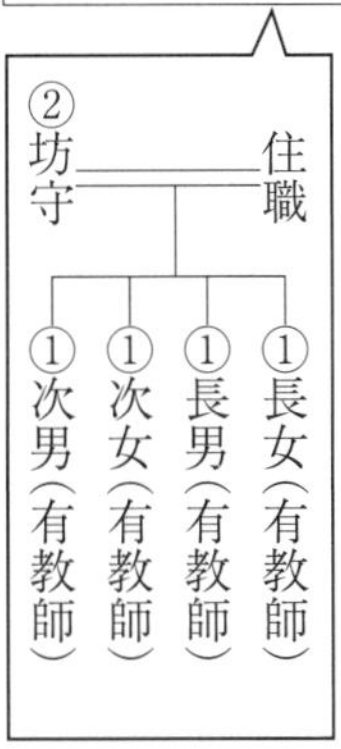

資料14　宗祖六百五十回大遠忌に際し坊守の心得を説く〔一九一一（明治四四）年〕

御垂示

凡そ寺院は御佛ケの浄土より影向ましませる御法の庭に候へはたとひ僧分に非すともその中に住むべき身となれることはおほろけの因縁にあらすとこゝろ得第一に佛祖を大切に敬ひ奉つりたとり來れる門葉は聖人の客人なれは聊爾の扱ひあるへからす住持の僧分をたすけて御法の弘まらむやうこゝろさし別して僧分のあらぬ時なと相勤めて共々に法味を愛楽せられなはめてたく候へし

猶子弟の教育もおろそかにするへからすこの子弟こそ寺の跡を紹き御法を弘むへき人にてあるなり又世の有様を眺め候ふ女の心得は智慧の開け往くに伴はさる様に相見え候まゝみつから僧分の内方たるに慚ちさる行のあるへきは勿論友達なとを誘ふと貞しきこゝろになさはやと志し女は柔和を貴ふへく候へは慈悲温順のたしなみ肝要たるへく候設し腹立ち人の悪しきこと申さむとぞんせは如來の慈悲にこゝろを寄せ給はゝめてたく候中興大師は佛法はこゝろのつまるものかとおもへは信心に御なくさみ候と仰せられ候この趣ふかく心得て念佛申さるへく候ことし宗祖大師の御遠忌うるはしく済ませられ候ことは佛祖の御冥加とは申し乍ら諸国の門葉なとの懇志のいたすところと悦び思ふまゝいよ〳〵御法の弘まりまさむれう望ましけれは斯く申し聞かしむることに候

明治四十四年六月二十八日

彰　如　御印

（『宗報』第一一八号一九一一〈明治四四〉年七月二五日）

資料15　「坊守規程」〔一九二五（大正一四）年〕

告達第一九号

坊守規程

第一条　教家家庭ノ円満ヲ図リ自行化他ノ為メニ住職ノ内助ヲ全カラシムル為メ坊守規程ヲ制定シ坊守籍ヲ置ク

第二条　坊守トハ派内末寺ノ住職副住職前住職前々住職ノ妻ヲ総称ス

第三条　坊守ハ品行端粛克ク教家ノ家婦タルノ義務ヲ尽シ其門信徒ノ模範タルハ勿論仏祖崇敬法義相続ニ於テ他ニ率先シ自行化他ノ為ニ住職ノ内助ヲ全カラシメサルヘカラス

第四条　宗務所ニ坊守籍簿ヲ置キ坊守ノ入籍ヲ登録ス

第五条　坊守タルモノハ必ス坊守籍ニ入籍セサルヘカラス

第六条　坊守籍ニ入籍セントスルニハ別ニ定ムル様式ニ依リ所轄教務所ヲ経テ本山ニ届出ツヘシ

第七条　坊守ニハ左ノ礼遇及待遇ヲ与ヘラル

一、本山ニ於テ法要其他儀式等ノ節ハ別ニ設ケラル、席ニ於テ参拝拝礼ヲ許サル

二、坊守ニハ死後院号法名ヲ許可セラル　但シ出願ニ依ル尚特ニ例規アルモノハ存命中ト雖モ許可セラルルコトアルヘシ

三、坊守ハ死後大谷収骨ノ際添書下付セラル但シ出願ニ依ル

四、坊守ハ法要儀式等ニ上京ノ節相当待遇ヲ与ヘラル

第八条　坊守ニハ一定ノ徽章ヲ付与シ法要儀式等ノ節之ヲ佩用セシム

徽章ハ別ニ之ヲ定ム

第九条　坊守ニハ願ニ依リ特ニ坊守帰敬式ヲ許可セラル

但其規程ハ別ニ之ヲ定ム

第十条　坊守帰敬式ヲ受ケタル坊守ハ願ニ依リ尼衣*ヲ許可セラル

尼衣ニ関シテハ別ニ之ヲ定ム

第十一条　坊守帰敬式ヲ受ケ尼衣ヲ許可セラレタル坊守ニシテ別ニ定ムル試験ニ合格シタルモノハ其所属檀信徒ニ対シ法務ヲ執行スルコトヲ得

第十二条　坊守ニシテ善行アルモノハ宗務所之ヲ表彰ス

第十三条　坊守籍ニ入籍セサルモノ又ハ除籍セラレタルモノハ坊守トシテノ礼遇及待遇ヲ享クルコトヲ得ス

第十四条　坊守ニシテ其坊守タル資格ヲ失ヒタルトキハ徽章ヲ返納セシム

第十五条　坊守ニシテ死亡セル場合若クハ第二条規定ノ妻タルノ資格ヲ失ヒタル場合ハ其旨直チニ届出ツヘシ

第十六条　坊守ニシテ不良ノ行為アル場合ハ黜罰例ニ準ジ相当之ヲ処分ス

附則

第十七条　本規程ハ発布ノ日ヨリ之ヲ実施ス

（『真宗』一九二五〈大正一四〉年九月号）

（＊一九二七(昭和二)年告達第一号により「尼衣」を「坊守衣」に改めた）

資料16　坊守衣並びに坊守袈裟を制定

〔一九二七〈昭和二〉年〕

坊守衣並坊守袈裟制定ノ件ヲ允可シ茲ニ之ヲ発布セシム

昭和二年一月七日

寺務総長　稲葉昌丸

稟命　参務　宮谷法含

告達第二号

坊守衣並坊守袈裟左之通相定ム

但シ坊守衣着用ノ際ハ必ス坊守袈裟ヲ佩用スヘシ

一、坊守衣

長サ踵ヨリ八寸上リ、袖口　半以下縫フ、袖行、衣服ヨリ一寸長、色目　黒色無地、脇襞　茶色無地、地合　絽、紗、羽二重、五日市、紐黒

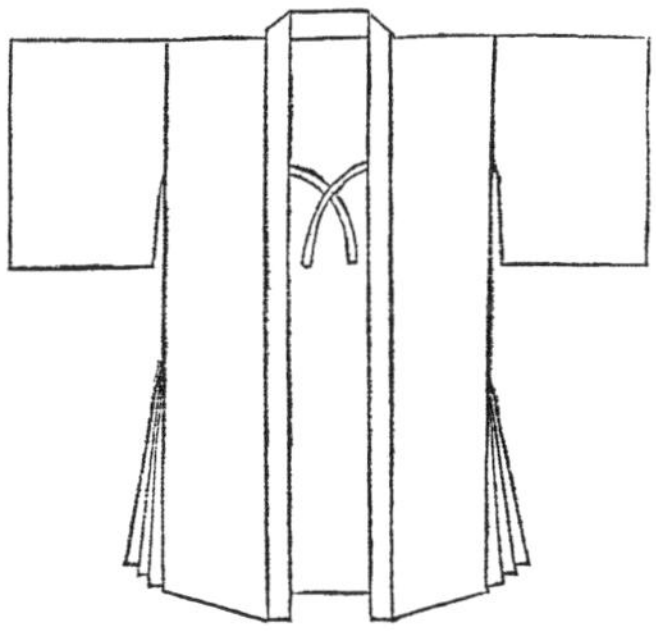

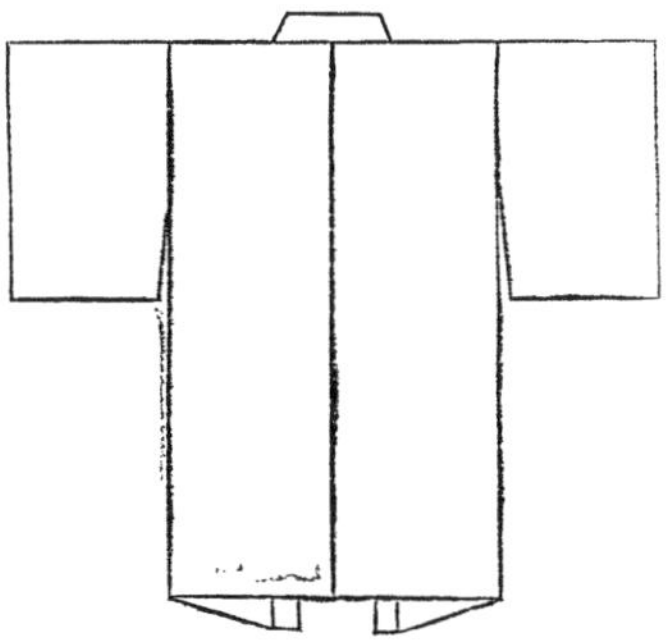

一、坊守袈裟

天　畳袈裟仕立白威儀幅曲一寸七分、色目水浅黄色同天人唐草地模様、紐　濃茶色眞田紐幅曲七分

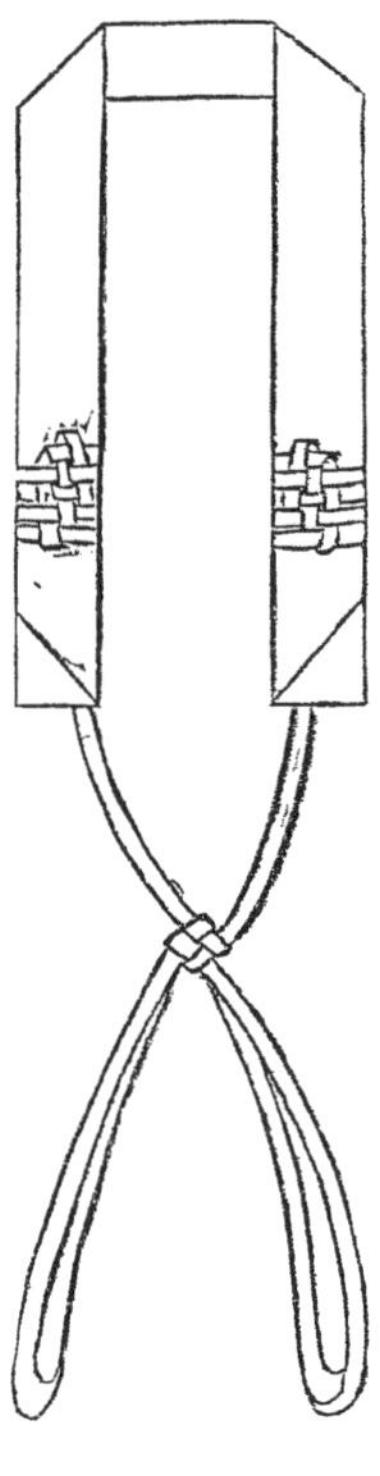

（『真宗』一九二七〈昭和二〉年二月号）

資料17 「坊守規程細則」〔一九二七（昭和二）年〕

坊守規程細則

（略）

第八条　平素晨昏ノ勤行年忌月忌等儀式ノ軽重アリト雖モ坊守ノ勤ムルモノハ左ノ範囲ニ限ルモノトシ専ラ仏徳ヲ讃嘆シ報恩ノ誠ヲ尽スニアリ

一、正信偈草四句目下　三淘念仏讃三首又ハ六首引ノ法要

一、小経短念仏　讃二首ノ法要

第九条　坊守試験科目ハ左之通トシ所轄教務所又ハ本山ニ於テ之ヲ行ウ

一、小経音読　一、正信偈三淘念仏　一、三帖和讃ノ内　一、御文　一、改悔文通解

（『真宗』一九二七〈昭和二〉年二月号）

資料18 「寺院教会条例施行に関する臨時措置条例」〔一九九七（平成九）年〕

寺院教会条例施行に関する臨時措置条例

第一条　この条例は、寺院教会条例の一部を改正する条例（平成八年条例公示第一号。以下「新条例」という。）第三章に規定する坊守制度の施行について、寺院及び教会の円滑な運営を確保するため、その必要な臨時措置を定める。

第二条　新条例第二十条から第二十二条までを次のように改める。

第二十条　住職又は教会主管者の配偶者を坊守、前住職又は前教会主管者の配偶者を前坊守と称する。

2　女子である住職の配偶者については、坊守に関する規定は適用しない。

第二十一条　坊守及び前坊守は、申請により宗務所の坊守籍簿に登録されるものとする。

2　坊守籍簿に登録されない者は、坊守の待遇を受けることができない。

第二十二条　坊守は、住職の職務の本義を領解して、住職とともに教法を聞信し、所属門徒との交流を緊密にして、寺院又は教会の興隆発展に努めなければならない。

第三条　前条による新条例の各改正規定は、平成十一年六月三十日をもって失効する。

附則

1　この条例は、新条例施行の日に施行する。

2　この条例施行の際、現に坊守または前坊守である者は、この条

例による坊守または前坊守とそれぞれみなす。

（『真宗』一九九七〈平成九〉年七月号）

資料19　「坊守制度」に関し各所から要望書を提出

提出団体別統計（組織部まとめ）

団体名	提出数	備考
真宗大谷派坊守会連盟	要望書1	
教区坊守会	要望書15 意見書14	要望書（奥羽・富山・高岡・金沢・小松・大聖寺・高山・岐阜・岡崎・名古屋・京都・大阪・四国・熊本・鹿児島） 意見書（北海道・奥羽・山形・仙台・東京・三条・高田・能登・大聖寺・福井・大垣・山陽・日豊・久留米）
教区検討機関等	7	①能登教区宗門女性問題協議会「意見具申」 ②高田教区有志「要望書」 ③三条教区坊守制度検討委員会「意見書」 ④東京教区「坊守制度に関する研修の結果」 ⑤大阪教区女性の宗門活動推進検討委員会「報告」 ⑥高岡教区女性の宗門活動に関する協議会「要望書」 ⑦久留米教区坊守制度を考える検討委員会「意見書」
その他の団体	3	①近畿連区坊守会「要望書」 ②真宗大谷派における女性差別を考える女たちの会「要望書」 ③東京教区第7組「坊守の規定に関する提言」
合計	40	

各教区坊守会からの要望書・意見書の内容一覧

※27教区から宗務総長等に宛てて提出された要望書・意見書の内訳

	内容	提出教区数
1	臨時措置条例の延長を	9
2	坊守制度の存続を望む	9
3	坊守の宗政参加を（選挙制度改革も）	11
4	坊守の組会への参加を	7
5	「坊守を置くものとする」とする（坊守を置かなければならない）	7
6	帰敬式又は得度を条件とすべき	13

7	坊守の性別撤廃を	10
8	住職の配偶者が原則（妥当）	5
9	配偶者に限定すべきでない（特例も）	8
10	坊守を役職（職分）とする	4
11	坊守に資格は不要	2
12	本人の意思を尊重すべき	2
13	住職に従属的な表現を排除する	1
14	坊守選定に総代の同意が必要	4
15	坊守も宗費の賦課が必要	2
16	坊守を置かない選択も可能に	2
17	坊守の位置づけ・責務を明確に	3
18	第二十二条（任務）の改正を	9
19	教師資格取得の方途確立を	4
20	坊守の呼称は必要	1
21	坊守に規程の研修を	1
22	男女両性の協力・参加が必要	4
23	坊守会を存続させ相互の向上を	1
24	坊守でなく「寺族」でよい	1
25	坊守手帳の発行を	1
26	信心により制度や権利が開かれる	1

27	坊守の資質向上が第一	1
28	意見集約方途の確立を	1
29	公開審議の必要性	1
教務所長からの報告書	**13**	**北海道・奥羽・三条・富山・大聖寺・大垣・岐阜・京都・大阪・山陽・四国・日豊・鹿児島** ※以上の教区から、坊守問題に関して教務所長名で報告書が出された。

資料20 「寺院教会条例」坊守の規定の変遷

一九四八年（昭和二三）	第二十六条　一般寺院住職又は教会主管者の妻を坊守と称する。
一九六三年（昭和三八）	第二十六条　住職又は教会主管者の配偶者を坊守、前住職又は前教会主管者の配偶者を前坊守と称する
一九九一年（平成三）	第二十条　住職又は教会主管者の配偶者を坊守、前住職又は前教会主管者の配偶者を前坊守と称する。 第二十二条　坊守は、住職の職務の本義を領解して、住職とともに教法を聞信し、所属門徒との交流を緊密にして、寺院又は教会の興隆発展に努めなければならない。

一九九六年（平成八）	第二十条　寺院又は教会は、坊守を置くものとする。 （翌年の臨時措置条例設置のため施行されず）
一九九七年（平成九）	「寺院教会条例施行に関する臨時措置条例」として施行
二〇〇〇年（平成一二）	第二十条　住職又は教会主管者の配偶者を坊守、前住職又は前教会主管者の配偶者を前坊守と称する。
二〇〇八年（平成二〇）	第二十条　住職又は教会主管者の配偶者を、坊守と称する。 2　住職又は教会主管者が欠けた場合であっても、その配偶者であった者は、新たに住職又は教会主管者が就任するまでの間、坊守と称する。 3　住職又は教会主管者に配偶者がいない場合であって、特に必要があるときは、満二十歳以上の寺族の中から選定した者を坊守と称することができる。 4　前任の坊守は前坊守と称する。 第二十一条　坊守及び前坊守は、申請により宗務所の坊守籍簿に登録されるものとする。 2　坊守籍簿に登録されない者は、坊守の待遇を受けることができない。 第二十二条　坊守は、住職又は教会主管者とともに門徒の教化に携わるため得度式を受けるものとし、教法を聞信し、門徒との交流を緊密にして、寺院又は教会の興隆発展に努めなければならない。

（『法規総覧』）

資料21　堂班から法要座次へ（性による制限を廃す）

堂班法衣条例 一九五四（昭和二九）年施行	第二条　堂班を分って、左の五級二十等とする。 （略） 2　女子僧侶の堂班は、准本座までとする。
法臈法衣条例 一九九一（平成三）年施行	第二条　前条の序列を法要座次といい、その基準は法臈とする。 2　法臈は、得度式を受けた日から起算した年数をいう。ただし、転属した者の法臈は、既度牒を授与された日から起算した年数をいう。 3　法要座次の等級は、別に定める。

（『法規総覧』）

資料22　教師条例の変更（性による制限を廃す）

一九六七年（昭和四二）	第八条　教師であって、その功績顕著なる者は、これを陞補することができる。 2　女子の教師は入位とする。

一九九一年（平成三）	第八条　宗務総長は、教師であって、その功績顕著な者を陞補することができる。 附則 5　第九条の規定にかかわらず、女子の教師の陞補については、一九九二年七月一日からこの条例を適用する。

（『法規総覧』）

資料23　「宗議会議員選挙条例」の変更

一九九一（平成三）年施行	第一条　教師は、選挙資格を有する。 第二条　選挙資格を有する住職及び教会主管者で、年齢二十五歳以上の者は、被選挙資格を有する。 ただし、住職代務者又は教会主管者代務者を置いている寺院又は教会の住職又は教会主管者は、被選挙資格を有しない。

二〇〇四（平成一六）年改正	第一条　教師は、選挙資格を有する。 第二条　選挙資格を有する年齢二十五歳以上の者であって、次の各号の一に該当する者は、被選挙資格を有する。 一　住職及び教会主管者 二　自らが所属する寺院又は教会の住職又は教会主管者の代務者 三　自らが所属する寺院又は教会の住職又は教会主管者若しくはそれらの代務者の同意を得た教師

（『法規総覧』）

資料24　「宗議会議員選挙条例の一部を改正する条例」提案趣旨（抄録）〔二〇〇四（平成一六）年〕

宗議会議員選挙条例の一部を改正する条例

宗門は、二〇一一年にお迎えする宗祖の御遠忌、そしてその後に向けて「どのような教団を作り上げていくのか」という重要な課題を抱えているのであります。しかし、そのような重要な課題を抱えた宗門の現状は安閑としておれないものがあります。僧侶・門徒共に「宗門・寺院を荷負う使命と責任」「宗門活動・寺院活動を支える意欲」が衰退しつつある感が拭い切れません。このような閉塞感を破り宗門の活性化を促すためにより充実した教化施策、組織拡充施策を図らねばならないのであります。同時にまた女性、青壮年などをはじめより多くの宗門構成員が宗門活動、宗政に参画できるよう方途を講ずる必要があります。

宗門は、一九八一年「真宗大谷派宗憲」公布以来今日まで、宗憲に謳う「同朋の公議公論による」宗門運営の内実化を目指しさまざまな課題に取り組んできたのであり、その取り組みのひとつとして宗議会においては、宗議会議員被選挙資格の教師への拡大を課題にして論議を尽くしてきたのであります。

宗議会は、長年にわたって被包括法人の代表役員である寺院住職または教会主管者に限って被選挙資格を有することになっていますが、宗憲に謳う「同朋の公議公論」による宗門運営の内実化、同時に宗門の活性化を図るには、宗門世論に基づいて宗門の最高議決機関の議員資格を可能な限り開き、広く人物を求めることができるよう被選挙資格の拡大を図らなければなりません。

但し、現行制度上、宗門は包括法人真宗大谷派と被包括法人である寺院、教会で組織され、宗議会は被包括法人の代表役員である寺院住職、教会主管者に限定して被選挙資格が有り、教区会も被包括法人の代表役員である寺院住職、教会主管者に選挙資格、被選挙資格が有ります。また、組会は被包括法人の代表役員である寺院住職、教会主管者及びその代務者によって構成されています。

このような現行制度がある中で「同朋の公議公論による宗門運営」「宗門の活性化」を図るため、宗議会の被選挙資格を教師に拡大するのであります。今後、当然、教区会、組会の組織構成及び選挙制度の見直しと改正にも取り組んでいかなければならないのであります。また、現行制度においては、宗門・寺院の運営の責務は住職、教会主管者に重く規定されています。しかし一方、住職、教会主管者以外の教師に対して、宗門の諸条例は「僧侶であって、教法をひろめ、儀式を執行する」教師の資格規定はあっても、責務規定が未整備であります。このような現状の中での「住職、教会主管者以外の教師に被選挙資格を拡大する」改正でありますから、この改正によって著しく法体系のバランスを崩すことは避けなければなりません。また、今後は、教師資格取得者の育成、活動の場を開くために、その研修体系を充分に整備していかねばなりません。

このような宗門の現状を鑑み、このたびの宗議会議員選挙条例の改正は、現行法制上に規定されている寺院、教会の代表役員である住職、教会主管者が担っていて下さる職責の重さを踏まえた上、より多くの宗門構成員の宗政への参画を促し、同朋公議による宗門運営の内実化を図るため住職、教会主管者以外の教師に被選挙資格を拡大しようとするものであります。（略）

（『真宗』二〇〇四〈平成一六〉年七月号）

資料25

「男女共同参画推進に向けた組門徒会員選定に関する特別措置条例」

〔二〇一四（平成二六）年〕

男女共同参画推進に向けた組門徒会員選定に関する特別措置条例

（趣旨）

第一条　この条例は、女性門徒の積極的な宗政参加による宗門活動の活性化をはかり、もって宗門における男女共同参画を推進するため、普通寺院（以下「寺院」という。）及び教会における女性の組門徒会員の選定促進に係る必要な特別措置について定める。

（女性組門徒会員の選定）

第二条　寺院又は教会は、組制（一九九一年条例公示第九号。以下同じ。）第十八条による組門徒会員の選定において、一人以上の女性を選定するものとする。この場合、組制第二十一条及び当該組門徒会規約の規定に関わらず、組門徒会員の定数を組内の寺院及び教会の三倍以内とすることができる。（略）

（『法規総覧』）

資料26　「内事章範」（門首の継承）〔一九八一（昭和五六）年〕

内事章範

第一章　門首の継承

（門首継承の順序）

第一条　門首は、世襲により宗祖の血統に属する嫡出の男系の男子が次の順序により継承する。

一　門首の長子

二　門首の長子の長子

三　門首の長子の子孫

四　門首の次子及びその子孫

五　前各号以外の門首の子孫

2　前項各号に該当する者がないときは、門首は、最近親の血統の男子がこれを継承する。

（『法規総覧』）

第二章　教化の対象としての女性

はじめに

近代以降の真宗大谷派教団が行った、女性を対象とした教化は、どのような組織や団体を通して行われていたのだろうか。それまでの尼講や女房講などの集まりは、近代化の中でどのような変化を経験してきたのだろうか。また、女性たちは組織や団体を通して、どのような教化を受け、それを日々の生活の中で証してきたのであろうか。本章では、このような関心に焦点をあてて、明治以降から敗戦までを時代区分として概観する。

第1節　二つの婦人法話会

1　講と結社

蓮如の時代、傘下の門徒は講組織で把握されていた。北陸の四講、六日講、河原講等が良く知られているが、女人講、女房講、尼講など女性門徒による講が結成された。それらは、単立にそれぞれ聞法の場としてあり、相互に連携する統一組織ではなかった。講は近代に入るまで、地域社会の中で受け継がれてきた。

明治期に入ると、神仏分離・廃仏毀釈後の、仏教各宗派による復興に向けた取り組みとして、教会・結社結成がなされた。それは、仏教が近代社会に対応して、檀信徒への教化方法を樹立し信仰復活への組織的な営みでもあった。真宗四派で「真宗教会結社規約」(一八七六年〈明治九〉)を公布、大谷派は独自に「教会結社条目」(一八七七〈明治一〇〉年)を制定し(資料27)、僧侶・門徒による結社の結成を呼びかけた。

これらに基づいて、女性を対象とする教化組織が創設された。真宗大谷派では、一八八六(明治一九)年に渥美契縁《かいえん》、小栗栖香頂らにより「大谷派貴婦人会」が東京浅草別院に、浄土真宗本願寺では、島地黙雷、赤松連城らにより「令如教会」が東京築地別院に設置された。

明治期の真宗大谷派には、二つの「婦人法話会」が存在した。「大谷派貴婦人会」(東京)と「大谷派婦人法話会」(京都)である。さらに、宗派の設立ではないが大谷派寺院出身の奥村五百子により「愛国婦人会」が設立された。

2　東京貴婦人会

大谷派では、一八七九（明治一二）年に女性の得度を認めず（資料1）、その後アジア・太平洋戦争勃発後の一九四一（昭和一六）年まで許可しなかった（資料7・8）。女性は教法宣布や儀式執行する僧侶（専門的宗教者）になれなかったが、一方で女性を対象にした教化組織は早い時期から設立された。「東京貴婦人会」はその最初の組織である。

一八八六（明治一九）年一二月六日に矢島楫子《かじこ》、佐々城《ささき》豊城らにより創立された「東京婦人矯風会」は、日本の婦人団体の先駆とされる。後の一八九三（明治二六）年には「日本基督教婦人矯風会」として、「世界平和、純潔教育、酒害防止」を三大目標に掲げ、廃娼運動、売春防止法制定運動、母性保護運動に精力的な活動をしてきた。

しかし、それより半年前の一八八六年七月に真宗大谷派の法主・現如を発起者として「東京貴婦人会」が結成されている。当時、大谷派の東京駐在であった小栗栖香頂や、寺田福寿、平松理英、中山理賢らがいわゆる「上流婦人」を対象とした婦人教化組織である。

後に、法主・現如は創設の趣旨を次のように語っている。

世ハ文明ニ進メシカモ道徳ハ何トナク衰頽致シタ様ニ存セラレ何卒世ノ分化ト共ニ道徳モ進ミ真ノ文明世界ト相成ル様希望致シマス　コトニ夫ニ付テハ宗教ニ依テ道徳ノ増進ヲ図ラ子ハナリマセヌ依テ第一教育ノ母タル婦人就中貴婦人ノ方々ニ於テ宗教ニ依リ徳義ヲ進メ和気藹藹ノ中ニ能ク家政ヲ治メ遂ニハ一国ニ及ボサル、様致シ度ト存シ発起イタシマシタ（中略）上タル貴婦人ノ方々カ婦徳ヲ養成シテ行状カ正シクナリマスレハ自ラ下等ノ人民マテカ之ニ見習ヒマシテ風俗正シクナル道理（資料28）

西洋文明の影響とする道徳の衰頽を、「上流婦人」への「婦徳」育成によって、それ見習う「下等の人民」への教化が増進される、という内容であった。

会長には、三條實美《さねとみ》夫人をたて、「副会長土方宮内大臣夫人を始め、当代に於ける名門、高官（九條・岩倉・毛利公爵。徳川・菊亭侯爵。山縣伯爵。岩倉・榎本・難波・曾我・裏松・萬里小路・竹屋子爵・辻・櫻井・岩佐・高木・大倉・安田等）の夫人、後室、令嬢など百五十余名」を会員として、一八八六（明治一九）年七月、浅草本願寺で発会式が挙行された。

東京貴婦人会の活動は、毎月二八日を定例日とし、南条文雄、小栗栖香頂、吉谷覚寿等が法話を担当した。「上流婦人」が一堂に会して法話を聴く団体はそれまでなく、その父親や夫などの高官も同席することがあった。三條實美が妻と参加し、小栗栖香頂の法話に感銘を受け自筆の十字名号を贈呈したという逸話が残されている。

一八九〇（明治二三）年一月二八日、貴婦人会設立五周年を記念して小栗栖香頂が講話をしているが、貴婦人会へ何が期待されていたかを知ることができる。

近年は、学問はやりますけれど、道徳は日に日に衰へる様にあります、男女同権と云うは、よいことなれども、一歩でもあやまるときは、君民同権と云様になります。君民同権と申しましては、君臣倫の大義名分が、地に落ちまして、万世一系の御国体を、一変するやも、計りがたく思います（資料29）。

小栗栖は「男女同権」に対して善いことだが、誤って理解されると、天皇と臣民の倫理の秩序を壊すものとなる。西洋での帝政から共和制への国家変革を例に出しながら、万世一系の国体を維持するよう子どもたちを教育するようにと女性たちに説諭している。

一九〇〇（明治三三）年二月の例会で、清澤満之の法話の「覚悟之必要」では、この頃の女性は、日本形、西洋形、半日本半西洋の定まらない女性像であるとし、「ウッカリ男女同権や女尊男卑等の主義が流行しては日本の国家は実に大変であります。今日高貴の御婦人方には別して此等の点に御注意を願わねばなりません」（資料30）と諭している。このように、貴婦人法話会の例会において、女性に対し「男女同権」思想への警戒を促し、国家を支える女性像を中心とした法話がなされていた。

東京貴婦人会は一九〇一（明治三四）年二月一四日、「婦人法話会」に改称。一九二三（大正一二）年に「東京大谷婦人会」と改称している。

3　真宗大谷派婦人法話会

「東京貴婦人会」の設立から四年後の一八九〇（明治二三）年九月二〇日、「大谷派婦人法話会」が発足した。

東京貴婦人会は、政府高官の関係者や、新たに勧誘した「上流婦人」による法話会であったが、京都の大谷派婦人法話会は、東本願寺の寄講や女房講や、本山役員や旧家臣の家族などで構成された。寄講、女房講というのは、「達如上人の御書に、萬延元年五月二〇日釋達如　城州愛宕郡洛陽　本山　寄講　女房講中。といふのがあるから既に徳川時代から存していたことが明らか」（『真宗大谷派婦人法話会五十年史要』）な組織であり、単なる法義相続の講ではなく、東本願寺の財政維持機関として重要な地位を占めていた。このような由来のある講を、新しい意味をもって再組織したのが、真宗大谷派婦人法話会であった。

この会の設立趣旨として、

大谷派の婦人教化運動が、一八八六（明治一九）年七月、東京浅草本願寺における貴婦人法話会の創立に濫觴《はじまる》ことは既に述べた通りであるが、かゝる情勢のもとにこれと同様の趣旨を以て同二十三年九月二十日、京都本山内に創設されたものが即ち大谷派真宗大谷派婦人法話会である。共に現如上人の思召により、真宗二諦相依の教義に基き、上流婦人の淑徳を養成せんがために創立された（前掲書）

とある。

さらに裏方・大谷恒子《あつこ》の「示諭」が表明され、設立当初の会員数は三百余名、会費は月一円、毎月十日の例会では、午後二時から本山大寝殿で裏方同席のもとに、識者・学師の説教を聴聞する法筵がひらかれた。

婦人法話会の開会式については、

婦人法話会　這回　御裏方ノ示諭ニヨリ婦人法話会ヲ組織シ去ル二十日午後二時ヨリ寝殿ニ於テ開会式ヲ挙行セリ其次第ハ会員等列席ノ上御裏方出席四等勧令使宮部圓成開口次ニ　御裏方御挨拶上ノ録事金松空賢御告辞ヲ朗読シ引続テ細川嗣講ノ法話アリ其来会者ハ北垣、富永、尾越、大坪、財部緒夫人以下無慮三百余名ナリ　　　　（『本山報告』一八九〇〈明治二三〉年九月二五日）

と報告されている。

大谷派真宗大谷派婦人法話会は、裏方（法主の妻）を中心に据えて、法話を聴聞する会であったが、会員の多数が、本山直属の人たちであったため、「会員の間には一種独特の気分と観念が存在した」と言われた（前掲書）。特権的で閉鎖的な会の性格により、その後も会としての広範な広がりをもつことがなかった。

4　日清戦争における婦人法話会の活動

一八九四（明治二七）年二月、日本と清国の間で朝鮮半島の権益を巡って日清戦争が勃発した。

明治政府は、維新以降、富国強兵・殖産興業を目標とし、国内においては民衆運動を押さえつつ軍備を拡張し、国外に対しては対外拡張政策をとった。一八七五（明治八）年九月に江華島事件を起こして江華条約を締結し、海外拡張政策は継続され、その延長に日清戦争があった。

日清戦争が勃発すると、真宗大谷派においては、奨義事務局を設置し、朝鮮に駐屯する在韓皇軍将士慰問として、清酒や精米、金銭等を陸軍恤兵部に献納した。

同年八月一〇日の定例会にて、大谷恒子会長は、この戦争に対して「お言葉」を示した。

いづれも暑中にようこそ此度清国との戦について男女にかゝわらず御国のためまことをつくさねばならぬこと殊に真宗の御門徒はかねぐ〜王法為本の御化導を聴聞することゆへ互いに申し合はせひときはまことをつくされるやうなほ此の御時節についても愈々後生に驚きをたて、御法義を大切に致されるやう（日清交戦法の光）　　　　（『真宗大谷派婦人法話会五十年史要』）

「王法為本」の教化を受けた者は、男女関わらず御国のためにまことを尽くすよう諭した。また、女性は女性として国に報いる道（方法）があるとし（前掲書）、木綿四百匹を包帯にして、陸軍病院に寄付する等の銃後支援活動を行った。

また、婦人法話会として京都周辺の一般寺院の坊守に呼びかけ、皇軍慰問活動を行った。「聞法会」から社会に一歩出る活動を行ったが、この会が、全国の宗門に関わる女性たち全体の婦人教化団体として組織を拡張し活動を始めるのは、一九〇四（明治三七）年の日露戦争時であった。この時期に大谷派の女性たちによる戦時銃後支援体制が確立した。

5　日露戦争における真宗大谷派婦人法話会の活動

一九〇四（明治三七）年二月に日露戦争が始まると、大谷派は臨時奨義事務局を設置し、「国家未曾有の難局」に一派挙げて取り組むこととした。大谷瑩温《えいおん》連枝による「満州軍隊慰問使」、音羽玄哲ら十余名の従軍布教使を派遣した。

この時期、真宗大谷派婦人法話会は「天恩」に奉ずる活動を推進するために、会務の拡張と会則の制定を行った（資料31）。会の目的として、「天災地変若くは国家の事変に際しては同胞の困苦を慰藉し奉公の実意を表彰す」との一文が加わっている。「国家の事変」に対する女性の関わり方を会の目的として示した。また、京都を本部に、各地に支部・支場を設置することとし、会の趣旨に賛同する人を募って、全国的な組織とするために会則を改定した**【グラビア⑫】**。

また同（明治三七）年夏には、あらためて真宗大谷派婦人法話会への入会を勧める「趣意書」も発表した（資料32）。そこでは「今や吾国家の現状は、益々婦人の奮い起たざるを得ざらしめ、時局の趨勢愈々女子の内助に須《ま》つこと多きは誰の心にも既に深く感じつゝ、ある所ならむ。」とし、戦時における女性の働き（内助）に期待するとの趣旨が示されている。

日露戦争に際して、真宗大谷派婦人法話会では次の活動を行った。

① 恤兵《じっぺい》（出征兵士の苦労をねぎらい物品を贈ること）包帯を調整して、陸軍恤兵部に寄付。戦地における将兵の慰問に巻煙草を寄付。内地の各病院の傷病兵士に慰問使を派遣して菓子・書籍を寄贈。

② 犒軍《こうぐん》（飲食物を贈って軍士の労苦をねぎらいなぐさめること）

京都駅頭において、真宗大谷派婦人法話会員で出征兵士の歓迎慰問を昼夜を問わず行った。茶・氷・果物の接待。紙・手拭い・シャツ・靴下など日用品の寄付など出征兵士に行った。一九〇四（明治三七）年七月七日、満州軍総司令官大山元帥、総参謀長児玉大将、参謀福島少将らが乗車する軍用列車通過の際には、慧日院連枝（法主代理）が出迎え、真宗大谷派婦人法話会の大谷参子会長代理ら会員八〇名が駅頭にて歓迎。車中で大山元帥に慰問品を贈呈した。

一九〇五（明治三八）年六月の例会では、犒軍に尽力した会員百四〇名に対し、「出征者ノ士気ヲ振興」したことに対する「感謝状」と「記念章（五環桜形七宝製襟止）」を法話会会長より贈呈している（資料33）（**注**）**【グラビア⑬】**。

このような実績が国に評価されて、一九〇九（明治四二）年春、天皇より金杯が下賜され、同年四月、宮御殿において拝受披露の会が挙行された。

6　婦徳の涵養と報恩の生活

一九二三（大正一二）年九月一日、関東大震災により首都東京は壊滅的な被害を受けた。

この震災は、ぜいたくと放縦に慣れ、危険思想に染まる国民に対する天罰だとする「天譴論《てんけんろん》」が唱えられ、同年一一月一〇日に「国民精神作興ニ関スル詔書」が発布された。これは第一次大戦後の個人主義や民主主義の風潮や、社会主義の台頭に対処し、さらに関東大震災後の社会的混乱鎮静のため出されたものである。これを受け大谷派は、直後の同月一二日に「国体ヲ尊ヒ淵源ヲ重シ忠孝信義ノ大道ヲ昭ニシ」、「聖旨ヲ奉戴シテ其ノ実践ヲ期」すとの「垂示」を出した。

また、一九二五（大正一四）年四月二二日、思想・結社取締法である治安維持法が制定された。

このような世情の中、真宗大谷派婦人法話会の創立から三〇余年を経た一九二六（大正一五）年一〇月一〇日、大寝殿にて大谷智子会長より「お示し」が披露された（資料34）。先の「国民精神作興ニ関スル詔書」に応答して出されたものであり、五つの「婦徳の徳目」が示されている。

一番目に、「他力の信心を決定して女人成仏の素懐を遂ぐべき事」と信心を勧め成仏を願う徳目が示されるが、二つ目には「報謝の称名怠りなく常に皇恩師恩を忽諸にすべからざる事」とあり、仏法報謝とあわせて皇国への報恩を重ねておろそかにしてはならないと誡められている。この「婦人の徳目」に、三〇有余年に亘る真宗大谷派婦人法話会の活動の中で培われた「真宗の女性像」ともいうべきものが端的に示されている。

「婦徳」として示される「女性像」とは、二諦相依の宗風により養われるものであり、報謝の称名と皇恩、師恩をおろそかにしないことが大切であり、それは「子女の教養に心を用ひ」たり「勤倹家を治めまめやかに内助の務を全くす」ことによって実現されるという徳目である。そして「皇恩師恩をおろそかにしない」ことが、婦徳の涵養《かんよう》へとつながり、報恩の生活へとつながっていくという信仰の構造となっている。

明治期の真宗大谷派の女性組織の歴史を辿るとき、期待される女性像の提示はされても、実際の生活の中で、女性として苦悩する女性たちの姿が見えてこない。

日露戦争期の真宗大谷派婦人法話会の活動は、皇軍慰問、包帯の寄贈、出征兵士の送迎、遺家族への援助、倹約運動などというような、「私」の事を後回しにした「公」のための善意ある活動である。それは、真宗大谷派婦人法話会に限らず、当時の婦人団体の活動の多くがそのような活動を担った。

それは、戦争を遂行しようとする国家の活動と共にある活動でもあった。日々の暮らしに密着した活動であるために、その全体像がとらえにくいという一面がある。そういった女性の真面目な活動が、実は戦争を後方から支え、時には政策を補強した。私たち後の世代のものは、戦争を体験していないからこそ、歴史を知り、その時代を生きられた女性たちから学ばなくてはならない。当時、戦争に向かう人に「君、死にたまうことなかれ」と叫んだ女たちもいたが、真宗大谷派婦人法話会においては、その逆の道を辿ることになった。

第2節　愛国婦人会の創立

一九〇一（明治三四）年に「愛国婦人会」は兵士の慰問、遺族救護の目的で創立された。北清事変の際、慰問使として従軍した奥村五百子が主唱し、皇妃を総裁に、軍部や内務省の後押しを得て上流婦人を組織した。この婦人会は大谷派が創立した会ではないが、奥村五百子が肥前唐津の真宗大谷派高徳寺の出身であり、兄の円心が大谷派海外開教に従事しており、設立に際しても大谷章子裏方が発起人であり、大谷光演法主が協力をするなど宗門とも関係が深かった【グラビア⑩】。

奥村五百子は、勤皇派の父母の影響を受け、一八六三（文久三）年一九歳の時に萩藩の使者となったり、野村望東尼や西郷隆盛の征韓論に共感したという。一八九四（明治二七）年韓国に渡り、光州に実業学校を設立。一九〇〇（明治三三）年に大谷派より派遣されて南清を視察、北清事変（義和団事件）が起こると、大谷勝信（慧日院）の皇軍慰問に加わって天津・北京を巡歴した。この時の戦地での悲惨な体験をもとに、軍事援護を目的とする婦人団体の設立を志したという。

愛国婦人会の創立趣意書は下田歌子が起草したが、その全文や設立集会の様子が、宗派の機関誌である『宗報』において報告されている（資料35）。

そこには発会の意図として、

皇国の御楯となれる軍人たち戦場に臨みて或ひは弾丸に砕かれ或ひは瘴気に斃るゝに当り是の国民として其功に報ゆるに自づから種々の方法あるべしと雖も生計困難なる遺族の救助こそ最も先にすべき（中略）遺族救護の良法を講じ軍人達に後顧の憂ひなからしむ愈々皇国の光輝を放たしめんとす

とし、皇国の楯として戦場で斃れた軍人たちに、国民として報いる方法として、その遺族の救済をまず行うべきであり、遺族救護の方途を講じることにより、軍人たちの「後顧の憂い」をぬぐい、戦地において「皇国の光輝」を放つ働きを期待する、というものであった【グラビア⑪】。

愛国婦人会は、機関誌『愛国婦人』を発行、「半衿一かけを節約して愛国婦人に」と呼びかけた。日露戦争の時に、一般女性にまで組織を拡張し、慰問袋の作成や、兵士送迎などに女性を動員した。第一次大戦後には児童健康相談、婦人職業紹介などの社会事業も行い、最盛期の会員数三〇〇万人以上と言われている。一九四二（昭和一七）年に大政翼賛会下の大日本婦人会に統合され、戦後解体した。

第3節　大谷派婦人聯盟の結成

満洲事変勃発に前後して、政府の指導による婦人団体が新たに組織されている。

一九三一（昭和六）年三月に「大日本連合婦人会」が発足した。この婦人会は政府文部省の指導のもとに結成された女性団体で、町村行政単位で家庭婦人を網羅し、家庭教育振興や生活改善を目的とした全国的組織であった。当初は都市の家庭婦人の生活改善に重点をおいていたが、農山漁村の経済厚生運動とともに農村婦人の精神教化運動に重点を置いた婦人運動として展開していた。

また翌一九三二（昭和七）年大阪で「国防婦人会」が結成された。地方の農村から組織化が始まり、同年一〇月に全国組織である「大日本国防婦人会」の発会式をあげた。幹部には陸海軍大臣など現役将官夫人が就任、軍部の勢力を背景として「国防は台所から」のスローガンを掲げ家庭婦人、労働婦人を組織し、結成当時五〇万人の会員は一九四一年度には公称一〇〇〇万人に達した。

国家レベルで女性の組織化が推進される中、大谷派においても覚信尼公六五十回忌を契機として、このような社会の動きに呼応し、それまでの宗門内の女性教化組織や団体を新たに統合する動きが始まった。

一九三二（昭和七）年一月、覚信尼公六五十回忌を機に「坊守諭達（諭達第二号）」（資料36）が出され、婦人運動の趣意を表明した。坊守の責務を「在家宗風血統相続ノ真宗ニ在ツテハ　之カ坊守タルモノ　大悲伝普化ノ大任ヲ負ヘル住職ノ内助者トシテ　其ノ責務亦重大ナルヲ覚悟セサル可カラス」と示し、坊守には住職の内助者としての責務があり、住職の職務を助け、率先して婦人運動に参加することをことさら諭した。そして、さらに婦人を糾合して「大谷派婦人聯盟」を結成し、今ある「婦人運動ノ第一線ニ進出シテ社会浄化ニ奉仕シ聊カ報国ノ一助」とすることをその趣旨とした。

一九三二（昭和七）年春に予定されていた覚信尼公六五十回遠忌法要は「国家非常時」を理由に延期され、一九三三（昭和八）年四月に勤められた。その間に教学課より「大谷派婦人運動に就て」（資料37）が示され、運動の趣旨、方法、順序ならびに法要の位置づけが示されている。

教学課長からは、このたびの運動は「全日本婦人の仏心化運動」であり、「門末婦人の総動員」を期すべき事、特に坊守、各婦人団体幹部は「覚信尼公の御精神を偲び」自ら率先してこの運動に参加するように呼びかけている。

そのために「寺族婦人講習会規則」（一九三二年）を定め（資料38）、各組で宗義や真宗史、声明荘厳、崇敬作法、社会教化や社会事業に必要な学科技芸の講習をし、組長が中心となって開催することが推奨された。

さらに仏心化運動の核となる組織（施設）の枠組みを「婦人教化施設条規」（一九三二年）で定めた（資料39）。教化組織を三種類に分類し、その組織統合を図った。一つは、「直接教化施設」で、従来の聞法会、婦人会、尼講などをさした。二つは、「教育施設」

として、嫁入学校、裁縫塾、生花和歌、編物、料理の講習など。三つに、「社会教化施設」として、修養団や社会運動をする団体で、母の会、処女会、風俗改善運動、工女慰安運動などの団体を包含する、とした。

寺院関係者は、これらの団体をあらためて教務所に届け出をすることになり、年に一回事業報告を提出、適当と認められた団体には「奨励補助金」が出された。本山では、「此の條規によりあらゆる婦人運動を奨励し、我大谷派の婦人団体をして一般社会の婦人運動の第一線に進出せしめ、全日本婦人仏心化の理想を実現せしむる計画」であるとした。その結果「大谷派に属する婦人団体の数は一八〇〇余、会員は五十万人」となり、これら糾合して「大谷派婦人聯盟」を結成した。

結成式は、一九三三（昭和八）年四月覚信尼公六五十回遠忌法要の満座終了後、阿弥陀堂前白洲において「真宗大谷派婦人聯盟結成　全国婦人大会」として挙行された。

総裁の大谷智子裏方の出席のもと、来賓として市内五十有余の婦人団体代表者、各教区選出の代表者、一般婦人女学生その他三千人ほどが参加予定であったが、実際には一万人を超える参加者で立錐の余地もない状態となり、数万の女性の唱和する「君が代」はまさに天を冲するものがあったという【グラビア⑳】。

この結成大会で大谷智子総裁より「内ハ家庭ノ人トシテ婦人ノ本務ニイソシミ外ハ社会ノ人トシテ　女性ノ本領ヲツクスコソ　即チ国家ノ洪恩ニ報ヒ奉ル所以」（資料40）との訓示が示された。同時に大会に参加した女性たちによる「宣言・決議」も出され、「全日本婦人ノ仏心化」に勤めると同時に、「国家非常時ノ時ニ真実ナル東洋平和建設ノ為メ　世ノ中安穏ナレノ祖訓ニ随ヒ　一層奉公ノ誠ヲ尽サムコトヲ期ス」との決意を表明している（資料41）。

同年五月に「真宗大谷派婦人聯盟規則」が定められたが、その目的を「本聯盟は大谷派関係の婦人教化団体の連絡及び其進展を図るを以て目的」とし、事業として、会報又は出版物の刊行、研究会、協議会、其他必要と認めたる事項の三点のみであり、盛大な発会式の後の事業としては形式的な簡素なものとなっている（資料42）。

一方で、聯盟会長の智子裏方の活躍は大いに喧伝され、一九三七（昭和一二）年には、大谷智子裏方が、銃後の決意を「大君に身を捧げんやあひかたき　御法にあひしよろこびをもて」等の詩歌にし、全国の婦人会に下付、その趣旨の徹底を図った（資料43）。

一九三八（昭和一三）年には、陸軍に真宗大谷派婦人法話会より愛国救急車三台を寄贈【グラビア⑯】。一九三九（昭和一四）年婦人法話会全国支部代表者会議で銃後婦人の責務に邁進することを決議した。

一九四三（昭和一八）年には、「大谷派婦人教化委員規程」が定めれた。この委員会の目的は、「寺院隣保ノ精神ヲ昂揚シ教化運動ノ協力互助ニヨリ天業翼賛ノ実ヲ挙グルヲ目的」として、「一、担当地区ニ於ケル教化運動並ニ事業ノ連絡調査、二、銃後後援ニ関スル事項、三、女子教養指導ニ関スル事項」など六項目の事業があげれている（資料44）。

このように、時局により組織の編制を変えながら、銃後奉仕事業は敗戦まで継続して続けられた。女性たちが銃後の守り、戦争の担い手であったことは忘れてはならないことであろう【グラビア⑰⑱⑲】。

当時、女性たちは女性であることを理由に僧侶（専門的宗教者）の位置からは排除されながらも、寺院や教団の経営や護持には「住職の内助者」や「銃後の守り」として組み込まれ、支える位置にあった。戦時下においては、当時宗風とした「真俗二諦」の教えの「俗諦」の担い手として女性の社会活動が期待され、女性を上から統合する組織がつくられることとなった。

それは国の戦争や宗派の遠忌などの行事を機に結成されており、女性が対象であったが、女性が主体としてその組織運営にあたることはなかった。

敗戦後の婦人会の再出発は、一九四九（昭和二四）年一〇月の蓮如上人四百五十回御遠忌を機に「真宗大谷派婦人法話会」を「大谷派婦人会」に改称、「大谷派婦人会規則」を制定したところから始まる。

大谷派における女性を対象とした婦人団体の歴史をたずねるときに、その組織や団体は、女性による女性たち自身のためのものであったのか、あらためて問われよう。教化され救済されていく客体としての女性ではなかったか。これらの歴史が自ら解放の主体として生きようとする女性たちへのエールとなることを祈念する。以後、一九九六年、宗門に女性室が開設されるまでの歩みは、まさに解放の主体となる願いを抱きつつ歩み続けているといえよう。

（注）　当時の真宗大谷派婦人法話会の会計支出は、一九〇四（明治三七）年度の収入総額は二，七一〇円二四銭八厘。総支出額は二，三〇九円六八銭九厘。その内訳は包帯木綿代三五五円、犒軍費五十一円、犒軍用小冊子四〇〇円、病院慰問費一七五円七三銭四厘、餅代三一〇円が支出されている。（総支出二，三〇九円の内、一，七四一円が銃後費）

一九〇五（明治三八）年度の収入総額二，六三一円二銭一厘。総支出額は一，八一四円七六銭。時局費として八一〇円八九銭、義勇艦隊建設費に一，〇五〇円、その他にも扇子六千本、指輪数珠一万個、冊子を軍隊へ寄贈している。（＊総支出一，八一四円のうち八一〇円と一，〇五〇円の一，八六〇円が銃後費）総支出額の大部分が軍隊慰問活動に使われている。

※アンパンが一銭（約二〇〇円）当時の一円は現在の二万円〜二万五千円と予測される。

資料27

真宗大谷派教会結社条目

〔一八七七(明治一〇)年一〇月二七日〕

教会結社条目

第一条　講社ハ本宗ノ教徒連合社会ヲ設ケ教養ヲ講習スルヲ要スレハ毎月定日ニ臨ミ会合講習スルヘキハ論ナク平素真俗ニ付同袍ノ交誼ヲ厚シ社員ヲシテ一宗ノ教徒ニ恥サルノ効験ヲ彰サシムルヲ以テ本旨トスヘキ事

第二条　全国一般本派ノ僧侶並門徒ヲ以テ一社トシ真宗東派教社ト称スヘキ事

第三条　該社ノ内ヲ区分シ従来ノ一組ヲ以テ真宗東派教社何国第何番ト称スヘキ事　但葬儀ノ如キハ寺檀ノ者ニ限ルモノトス

第四条　各社ニ正副幹事ヲ置キ組内信徒ノ取締ヲ担当セシムヘシ事
但正副幹事ハ当分社中ノ投票ヲ以テ之ヲ定ムヘシ

第五条　一組内ノ地方遠隔ニシテ不都合ノ箇所ハ小組ヲ分ツモ妨ケナシトス　但正副幹事ハ大組ニ限リ小組ハ世話掛ヲ置テ取締方ヲ担当セシムモノトス

第六条　入社ノ者アル時ハ教社ノ規則ヲ明知セシメ左ノ誓約文ヲ記シタル社員簿ニ地所姓名ヲ登記シ此誓約ニ背カサルヘキヲ明証シ以テ各自捺印セシムヘキ事

入社誓約状

私儀今般入社候上ハ御教示之趣屹度相守可申ハ勿論御宗門ニ定メ置セラル、安心規則ニ不相悖終身真宗教徒ノ本分ヲ尽シ可申候也

何府県何国何郡何町村何番地

年　月　日

華士族平民　苗字　名　印

第七条　社中篤信ノ門徒ヲ撰ヒ各組ニ世話掛二名或ハ三名ヲ置ヘキ事　但幹事ヨリ依頼スヘシ

第八条　社員ヘハ左ノ表牌ヲ授与スヘキ事（中略）

第九条　各社員ヘ依頼教示章ヲ授与シ終生之ヲ奉持シ以テ宗徒ノ本分ヲ尽サシムル事

第十条　教会ノ日数多少ハ各地ノ便宜ニ従ヒ組内ニ於テ交互説教イタスヘキ事

第十一条　毎月社員ノ増減ヲ取調毎年六月十二月幹事ヨリ本山ヘ届出ヘキ事

第十二条　教社金ノ儀ハ地方ノ適宜ニヨリ一定ナリ難シト雖モ或ハ一場ノ賽物ヲ五分シ其二分ヲ本山ニ納メ其三分ヲ折半シ一半ヲ当番説教者ニ附シ一半ヲ該場ノ予備金トスヘキ事

（『配紙』甲第七〇号　一八七七〈明治一〇〉年一〇月二七日）

資料28

貴婦人法話会での法主の親言

〔一八九〇(明治二三)年三月一五日〕

貴婦人法話会

去月廿八日東京浅草別院ニ於テ貴婦人法話会例会開席ニ付　御門跡御親臨親言アラセラレ引続キ渥美執事小栗栖一等学師補ノ説教アリ当日ハ暁来ノ強雨尚止サルニモ関ラス陸続来集アリ其重ナル人々ハ会長三條公爵夫人、副会長榎本子爵夫人、毛利公爵夫人、徳川、菊亭侯爵夫人、山縣伯爵夫人、難波子爵夫人、及令嬢、曽我子爵後

室及令嬢、裏松子爵後室、竹屋子爵夫人、辻櫻井岩佐高木大倉安田坪井濱市川等ノ夫人或ハ令嬢後室等ニテ会長及ヒ副会長ヘハ各念珠一連小形別仕立御文一部ツ、又幹事菊亭粂子岩倉梭子辻さと子岩崎早苗櫻井満壽子足立小藤大倉とく子諸夫人跡見花渓女史ヘハ念珠一連扇子一対宛ヲ御寄贈相成タリ御親言ノ概略左ノ如シ

今日ハ朝来ノ雨天ニモ拘ハラス方々御来集ノ段辱ナク存シマス扨拙僧儀昨年十月管長交代イタシ不肖ナカラ右ノ職務相勤メマスコト就テハ本年一月ニハ東上イタシ本会ニ臨ミタク存シ居リマシタコトナレトモ何分交代後寺務法務ノ為メツイ延引ニ及ヒマシタカ今後モ引続キ巡化等ヲ致サ子ハナラサル次第ニテ尚更延引イタシマスルユヘ俄ニ出京致シマシタコト抑コノ法話会ヲ開キマシタル趣意ハ追々世ハ文明ニ進メシカモ道徳ハ何トナク衰頽致シタ様ニ存セラレ何卒世ノ文化ト共ニ道徳モ進ミ真ノ文明世界ト相成ル様希望致シマスコト夫ニ付テハ宗教ニ依テ道徳ノ増進ヲ図ラ子ハナリマセヌ依テ第一教育ノ母タル婦人就中貴婦人ノ方々ニ於テ宗教ニ依リ徳義ヲ進メ和気藹々ノ中ニ能ク家政ヲ治メ遂ニハ一国ニ及ボサル、様致シ度ト存シ発起イタシマシタ所方々ノ御賛助ニ依リ開会以来毎月不闕ニ御来聴ノ趣深ク満足ニ存シマス殊ニ旧冬ヨリ会長副会長モ御承知下サレ尚又今度幹事モ御撰定相成リ一層隆盛ニ趣キシコト拙僧ニ於テハ実ニ大慶ニ存シマス　慧燈大師ノ言ニ一宗ノ繁昌ト申スハ人ノ多ク集リ威ノ大ナル事ニテハナク儀一人ナリ□人ノ信ヲ取カ一宗ノ繁昌ニ候ト申サレマシテ折角御参聴ナサレテモ信仰ノ心カ起ラ子ハ何ノ所詮モコサレマセヌユエ俗諦門ノ教導ヲ御聴聞ナサレテハ弥々道徳ノ進ミマス様コ、ロ掛相成リ真諦門ノ法義ヲ御聴聞ナサレテハ速ニ安心決定シテ後生ノ一大事ヲ安堵ナサレ子ハナリマセヌ誠ニ人間ハ老少不定ノサカヒニテ年寄ハ勿論若キ者トイヘトモ油断ハナリマセヌ何時無常ノ風ニサソワレテ死ナ子ハナラヌカ知レヌ浅間敷キ有様ニテ命ノ有ル中トテモ盛者必衰会者定離ト変リ易キ世ノ中ナレハ平生業成ト命アル中ニ未来ノ行先ニ安堵ナル様ナサレタク存シマス斯ノ如ク安心決定シテ念仏モロトモ家政ヲ御取ナサル、様相成ルナレハ実ニ此上モナキ幸福テコサリマス上ノ好ム所下必ス之ニ倣フ道理ナレハ上タル貴婦人ノ方々カ婦徳ヲ養成シテ行状カ正シクナリマスレハ自ラ下等ノ人民マテカ之ニ見習ヒマシテ風俗正シクナル道理テアリマスユヘ御一分ノ御為ノ計リテハナク御自身ノ御心ノ正シクナリマスカ即チ一国ノ御為デゴザリマスレハ益々大切ニ法義ヲ御相続相成ル様致シタク存シマス

（『本山報告』第五七号　一八九〇〈明治二三〉年三月一五日）

資料29

貴婦人会設立五周年例会での小栗栖香頂の講話〔一八九〇（明治二三）年〕

一八九〇（明治二三）年一月二八日例会　貴婦人法話会例会

権少賛教　小栗栖香頂

竹中善丸　筆記

扨て私も、本年六十を越へまして、なんにも、役に立たぬ身となりましたが、命のあらん限りは、朝廷の御為め、仏法の御為め、三千九百万の人民の御為になりたひの、心一つてあります、然に近来は、学問ははやりますれど、道徳は日に日に衰へる様にあります。男女同権と云うは、よいことなれども、一歩でもあやまるときは、君民同権と云様になります。君民同権と申しましては、君臣倫の大義名分が、地に落まして、万世一系の御国体を、一変するやも、計

りがたく思います、晩年に及びましては、箇様なことの、殊の外、気にか、かります、

先年、仏蘭西か革命して、共和政治となりまして、皇族を放逐致しましてより、其飛火が所々に燃付て、昨年十一月十八日には、巴《ぶら》西《じる》と云国は、其君「ペドロ」帝を放逐して、共和国となしたと申します、又近来は、葡萄牙《ぽるとがる》にも、西班牙《すぺいん》も、革命党が起たと申します、有名の英国さへも、これに類似したる議論が起つたと、申すことでありますが、其信偽《ママ》は計り難けれども、人心が浮薄に赴き、我儘になりますれば如何様なる不料簡を、発すまひものでも、ありませぬ。

依て御婦人方よ、願いたひ、何卒、万世一系の御国体を、維持し奉る様に、御子孫を御教育下されたひ、人力の及びぬ所は、神仏の御力を、からねはなりませぬ、浄土真宗に於ては、弥陀を信じて、念仏申せば、天下和順、日月清明、万世一系の御国体は、富士山の安きが如く、ありませふと存じます、

（『貴婦人法話会』明治印刷会社一八九〇〈明治二三〉年三月一四日）

資料30　清澤満之、貴婦人会で男女同権を語る

法話　覚悟之必要　浅草別院内貴婦人会に於て　清澤満之

（略）今日日本の状態を見ますれば婦人の有様に就きては特に未定の事が甚多くあります。日本形の婦人、西洋形の婦人。半日本半西洋形の婦人などさま〴〵なのがあります。これはあながち衣食や礼式抔の外形上のみに於て申すのではありませぬ。其精神上思想上教育上等の内心上の事に於ても現時日本婦人の有様は種々様々であります。されば此が正しく日本婦人の模範である。彼が正しく日本婦人の標準であるというやうなことは未だ確立していない様に存じます。ウッカリ男女同権や女尊男卑等の主義が流行しては日本の国家は実に大変であります。今日高貴の御婦人方には別して此等の点に御注意を願わねばなりません。日本人の教育は今日尚問題で有ますが。日本女子の教育は実に問題中の問題でありて。これには男子が心配するのみにては充分の事は出来ず。是非とも婦人方に於きて御注意を為されねばなりませぬ。（略）

（『宗報』第二〇号　一九〇〇〈明治三三〉年二月二八日）

資料31　「大谷派婦人法話会（本部）規則」（一九〇六〈明治三九〉年一月二五日）

大谷派婦人法話会（本部）規則

国運の隆昌に伴ふて本会活動の必要を認め本部規則を訂正し支部規定を設け全国歩調を一にして仏教婦人の面目を発揮せんとす同感の人は本則に據り入会し進んで支部又は支場を設け益々報恩の誠を尽されたし

大谷派婦人法話会（本部）規則

第一条　本会は大谷派婦人法話会と称す

第二条　本会は本部を大谷派本山内に置く

第三条　本会は二諦相依の教旨に基き専ら婦徳を涵養し来世の得脱を期すを以て目的とす

第四条　本会は前条の目的を達する為め左の事を行ふ

一　毎月一回（十日）本山内に於て法筵を開く
但し布教者の選定は教学部に依願すること
一　便宜の箇所に支部又は支場を設け毎月定例法筵を開く
一　本会の発達に伴ひ慈善的事業を起し若しくは之を補助することあるべし
一　本会は春期に於て総会を開き前年度の会務を報告し秋期には追弔法会を執行す
一　天災地変若くは国家の事変に際しては同胞の困苦を慰藉し奉公の実意を表彰す　（以下略）

（『宗報』第四九号　一九〇六〈明治三九〉年一月二五日）

資料32　大谷派婦人法話会の趣意書〔一九〇四（明治三七）年一月二五日〕

趣意書

国の基は家にあり、家の禍福多く婦人の心による。世の婦人克く其徳を修めて、清き光ある家庭を為さば、国民の心自から高く潔よく、社会の幸福此に現れむ。されど其心常に大悲の光に触れて、外に仁慈清浄の美徳を表すにあらずむば、世の婦人女子、何によつてか其心を修め其家を斉へむや。本会の目的正に此に在り。

顧みるに本会の創立せられてより、茲に既に十有余年の久きを経たり。其間幸に多数会員の熱心と、協賛諸員の援護とに依りて、或は聞法の事に、或は慈善の業に、その自他を教化し利益し来れること、甚だ少からざりしは、本会の深く満足する所也。

今や吾国家の現状は、益々婦人の奮い起たざるを得ざらしめ、時局の趨勢は愈々女子の内助に須《ま》つこと多きは誰の心にも既に深く感じつ、ある所ならむ。本会亦此に看るあり、此際会則を改め、新たに会務を拡張せんとするに当り、本部を京都に置き支部を各地に設け、大挙して本会の面目を発揮し、会員各自から高大の仏恩を仰ぎ法味を愛楽すると共に海岳の　天恩に対し涓埃《すこばかり》の報効を致さむとす。冀くば世の心ある婦人女子、互に相誘ひ相勧めて、倶に本会に来り集まられよ。

明治三十七年　月　日　大谷派本願寺　婦人法話会

『婦人法話会五十年史要』

資料33　真宗大谷派婦人法話会より感謝状〔一九〇五（明治三九）年一〇月〕

感謝状

客年二月征露戦役開始以来軍隊輸送及傷病兵後送ノ都度寒暑晨夕ヲ厭ハス京都駅ニ出張シ犒軍慰問ノ事ニ鞠躬尽力少カラス大ニ出征者ノ士気ヲ振興セシメラレタル儀ハ戦地通信ニヨリテ明了ノ事実ニ有之軍国ノ為メ感謝ノ至リニ堪ヘス茲ニ紀念章ヲ贈呈シテ聊カ謝意ヲ表ス

時局ノ前途ハ尚遼遠ニシテ容易ニ終局ヲ期シ離ク随テ軍隊ノ往返益頻繁ヲ加フヘシ今後一層奮励シ終始一貫持テ後援ノ大任ヲ全ウセラレンコト本会ノ切ニ希望スル所ニ候也

明治三十八年十月十日

大谷派婦人法話会会長　大谷恒子　印

【グラビア⑬】

資料34　婦人法話会会長からの「お示し」〔一九二六（大正一五）年〕

お示し

かねて聴聞いたされし二諦相依の御宗風によりて婦徳を養い現当二世の幸福を期すこそ此会の目的なれ幸に仏祖の御冥祐と会員諸姉の熱心とにより会運ます〱隆盛におもむき支部支場も年を逐うて増加すること誠に喜ばし事なりされどいかに人数おほくあつまりぬるも内に金剛の信心なく外にその功用の見るべきもの無からんにはいかでか御冥加にかなひ又師主知識の恩に報ゆることを得ん　況して今の世のありさまを見るにひとしほ婦人の自覚と奮起にまつこと少なからざるものあり仍て茲に数項の要目を挙げて用心のしをりとなし諸姉と共に相いましめ相すゝめて本会の精神を明らかにせんと欲す諸姉夙夜この旨趣を服膺せられんことを望む

一、他力の信心を決定して女人成仏の素懐を遂ぐべき事
一、報謝の称名怠りなく常に皇恩師恩を忽諸にすべからざる事
一、子女の教養に心を用ひねんごろに仏種を扶植すべし事
一、勤倹家を治めまめやかに内助の務を全うすべき事
一、温良貞淑よく女子の本分を守り社会平和の中心たるやう心がくべき事

（『真宗大谷派婦人法話会五十年史要』）

資料35　愛国婦人会設立趣意書〔一九〇一（明治三四）年〕

愛国婦人会設立

前々号にも掲載したる奥村五百子は親しく北清に於て戦役の実況を視察し帰途韓国釜山港にて軍人遺族扶助の挙を企て次で帰京して一條、岩倉、九條、近衛、島津、大山等を始め朝野貴婦人の間を奔走し大に軍人遺族扶助の急務なるを絶叫し茲に愛国婦人会なるものを設立するに至り去月二日東京九段偕行社にて其発会式を行ひ発起者の一人たる下田歌子先づ同会の趣旨を述べ奥村五百子之に次で北清戦地の惨状を説て軍人の武勇を賞し併せて遺族後顧の憂なからしむを要すると述べ夫より海軍大将伊東子代理小笠原海軍少佐黒川陸軍中将の奨励演説あり来賓島田三郎大内青巒の談話もありて将来の事務を協議し散会せりと設立趣意書并に規則は左の如し

愛国婦人会設立主《ママ》意書

掛巻も畏き吾が皇国の御楯となれる軍人たち戦場に臨みて或ひは弾丸に砕かれ或ひは瘴気に斃るゝに当り是の国民として其功に報ゆるに自づから種々の方法あるべしと雖も生計困難なる遺族の救助こそ最も先にすべきのならめ抑々我が帝国嚮に征清の役あり去夏復た兵を北清に出だしゝに忠勇義烈の軍人は命を鴻毛の軽きに比して雨なす弾丸の下に身を抛ち剣なす氷の床に夜を守り名誉の戦死を遂げ不起の病に罹り異域の鬼となれる者果たしてそれ幾ばくぞされば公けにも深く之を憫みおぼしてつぶさに救手護の道を尽させ給へり然れども公けの救ひのには限りありて救はれ人は数限りも無しあはれ

頭に霜を戴ける翁の子を先立てたる這ひゐざりだにしあへぬ兒の親に後れたるあるは夫に別れ兄に離れて街にさまよへるともがら挙げて枚ふるに遑あらざるべし之を救うの方法将たいかにすべき博愛に富み慈善を体せる巾幗社会の力を協せて以て是等遺族を口恤するにしく者無からん爰に肥前唐津の人奥村五百子齢耳順に達して憂国の鋭気燃るが如く嚮には朝鮮国の衰運を悲みて之を傍観するに忍びず東奔西走してそが教育の道を開き今又奮然起ちて海を渡り血を踏み屍を踰え遠く北清に入りて親しく戦地の実況と軍隊の労苦とを観察し帰るに及びて切に其の遺族救護の良法を講じ軍人達に後顧の憂ひなからしめ愈〳〵皇国の光輝を放たしめんとす女史曰く願くは君達が半襟一掛の用を節し其資を積みて之に充てよと真に適切の言と云ふべしわれら不敏なりと雖も均しくこれ女史が同胞姉妹たりいかでか同感同情の熱涙を濺ぎて以て女子が希望を助けざるべき依りて爰に愛国婦人会なるものを設立し普く有志の諸媛を糾合せんとするに当り畏くも各妃殿下の聞き召す所となりて漸次御賛同の光栄を給はんとす希くはこの世の閨秀たち吾等が微衷を賢察ありて賛成助力せられんことを切望して止まざる所になん

（発起人の重なる人々は左の如し）

公爵夫人　一條悦子　　公爵夫人　岩倉久子
公爵夫人　二條あい子　　公爵世嗣夫人　九條惠子
公爵夫人　近衛貞子　　公爵夫人　島津田鶴子
侯爵夫人　大山捨松　　伯爵世嗣夫人　大谷章子
伯爵夫人　板垣絹子　　伯爵夫人　大隈綾子
伯爵夫人　松平充子　　子爵夫人　伊東みつ子
子爵夫人　岡部をか子　　子爵夫人　小笠原秀子
子爵夫人　谷　くま子　　子爵夫人　松前藤子
男爵夫人　花房千鶴子　　男爵夫人　千家とし子（以下略）

愛国婦人会規則

第一条　本会は戦死及準（戦・欠）死者の遺族を救護するを以て目的とす
第二条　本会は愛国婦人会と称し事務所を東京に置く
第三条　本会々員たる者左の如し
　一　毎年会費として金二円を納るもの
　一　一時金五十円以上を寄附するもの
第四条　本会は多少に係らず有志者の寄附金を希望す
第五条　本会の目的を賛成し寄附せられたる金員は確実なる銀行に保管せしむるものとす
第六条　本会へ収入したる金圓は総裁の裁可を経て遺族へ贈るものとす
第七条　本会に左の職員を置く
　総裁　一名
　会長　一名
　理事　若干名
　幹事長　各府県に一名
　幹事　若干名
　評議員　若干名
第八条　本会は右職員の外委員若干名を置き事務に従事せしむ
第九条　本会の事務並に会計報告は毎年一回新聞紙を以て報告すべし

施行細則

一　全国各郡区に幹事若干名を置く各幹事は各醵金を受領し毎月末収納金を該府県幹事長へ出す幹事長は出金者の氏名宿所金額を会長へ報告し収納金を東京森村銀行へ送附し預入するものとす会長は委員を監督し事務を処理せしむ但し委員は有給とす

一　金高十五円以上を出金（一時又は数回に）したるものには本会より徽章を送与す

一　各地の幹事長及幹事は毎年出来得る限り会員及寄附金募集に尽力するものとす

一　教育宗教慈善等に関する諸会に協力を依頼するものとす

一　遺族へ分配するには左の方法に依る

（一）各幹事は其受持区内の師団長、区長、郡長並有志婦人と協力して戦死及準戦死者（戦死者同様の扶助料を官給せられたるもの）の遺族を調査し其分配の程度を定めて毎年四月盡日及十月盡日迄の二回に会長に報告すべし

分配の程度は甲乙丙の三種に区分す

甲は衣食に差支なきもの

乙は半ば補助を要するもの

丙は全部補助を要するもの

（二）会長は前項を斟酌し収納金額を顧慮し原案を調製し評議員の議決を経て総裁の裁可を仰ぎ各地へ金員を分配する程度を定む

（三）遺族に渡すには区長、郡長並有志婦人の手を経る事又遺族は受理証を直に会長宛にて出す事

（『宗報』第三三号　一九〇一〈明治三四〉年四月五日）

資料36　婦人聯盟結成の趣旨（「坊守諭達」）

（一九三二（昭和七）年一月）

諭達第二号

寺院ハ仏祖崇敬布教伝道ノ道場ニシテ殊ニ在家宗風血統相続ノ真宗ニ在ツテハ之カ坊守タルモノ大悲伝普化ノ大任ヲ負ヘル住職ノ内助者トシテ其ノ責務亦重大ナルヲ覚悟セサル可カラス

抑現代文化ノ興隆ハ益社会生活ノ煩激ヲ加ヘ共存共栄ノ実現却テ容易ナラサルモノアリ社会完成ノ雄図ハ啻ニ男子ノ責務タルノミナラス其一半ハ懸リテ婦人ノ双肩にニ在リ現代ノ婦人宜シク厳粛ナル覚醒ヲ以テ着実ナル活動ニ邁進セサル可ラス今春四月厳修アラセラル、覚信尼公六百五十回忌御法要モ本廟創立ノ鴻恩ヲ報謝スルト共ニ真宗婦人ノ精神ヲ顕彰シ以テ昭和御消息ノ御趣意ヲ徹底セシメルラル、ニ外ナラス乃チ此機会ヲ以テ総御門末ノ婦人ヲ糾合シテ婦人聯盟ヲ結成シ婦人運動ノ第一線ニ進出シテ社会浄化ニ奉仕シ聊カ報国ノ一助タラシメントス

惟フニ婦人ノ念力能ク大事ヲ成セシコト史上ニ其例ニ乏シカラスサレハ寺院ノ坊守タルモノ範ヲ覚信尼公ニ偲ヒテ深ク此趣意ヲ体認シ愈金剛ノ真心ニ徹到シテ住職ノ職分ヲ助ケ門末婦人ニ率先シテ挙ツテコノ運動ニ参加シ感謝報恩ノ赤誠ヨリ益渾身ノ努力ヲ捧ケラルヘシ

昭和七年一月二十七日

宗務総長　阿部　恵水

（『真宗』一九三二〈昭和七〉年二月号）

資料37

覚信尼公六百五十回法要に際し、大谷派の婦人運動に対する指示〔一九三三（昭和八）年〕

大谷派婦人運動に就て

教学課長　朝倉慶友

本稿は今回の婦人運動につき布教使国役住職並に坊守及各婦人団体幹部の方々へ教学課より指示致しました運動趣意書であります。

一、御法要と婦人運動

今春四月九日より十一日まで御本山に於て、覚信尼公六百五十回遠忌御法要が賑々しく御勤まりになります。全国の御門末、殊に婦人の方々はこの難値の御法要につき、今から慶喜奉讃の御待受をせられておらる、事と思ひます。

この御法要は申す迄もなく、一女性の御身として燃ゆるが如き信念と、撓みなき努力とを以て、我本廟本願寺を創立あらせられ、血脈相承の基礎を奠めさせられた、その御鴻恩に報謝する御営みたることは勿論であります。然しながら、この御法要を単に数日の厳儀にのみ終らしめず、遠く覚信尼公の御精神に鑑み、真宗婦人の精神を時代相応に顕彰して、国家社会に貢献するところあらしめたき深厚なる尊慮を体し、御本山に於ては此機会を以て我大谷派に於ける総御門末の婦人を総動員して、一斉に婦人運動を第一線に進出する計画を樹てられたのであります。

右の次第でありますから、布教使国役は勿論、一般住職の方々は挙て此の運動を奨励助力し、殊に坊守並に各婦人団体幹部の方々は奮って此の運動に参加計画し、以て御趣意の徹底を期し、国家のため宗門のため、真実に御門末婦人総動員の実績を挙げ得らる、様御尽力願いたひのであります。

二、婦人運動の趣意

諭達第二号　（略）（資料36）

右は坊守に対する宗務総長の諭達でありまして、其ま、全部が即ち今回の婦人運動の御趣意であります。（本年一月再び同趣意の諭達発布あり）

（1）現代婦人思想の動向。凡そ文明の進歩に伴ひ各種の社会関係益複雑を極め、人生々活愈煩激に趣くに従い、社会生活を益整美して共存共栄の実を挙ぐ可き人間の努力は、今や、男子計りの活動に委しては手不足を生じ、茲に社会に於ける婦人の今一倍の働きを自然に要求せらる、様になったのであります。従って我日本に於ても、明治以来新に社会各種の方面に婦人の進出を見るに至り、是がために従来家庭にのみ閉籠りたる女性の人生観に大なる変動を与へ、如何なる境遇にある女性も、爰に深い自覚を喚起せねばならぬ必要に迫られて來たのであります。然るにその所謂婦人の自覚なるものが、や、もすると厳粛なる精神上の覚醒に出でずして、却つて邪道に向ふ傾向あるは誠に恐るべき事と申さねばなりません。即ち近代の学校教育及社会教育の進歩、並に交通、通信、出版、娯楽等の諸機関の発達に伴ひ、世界一般に瀰漫する物質偏重の風潮並に享楽思想に影響せられ、従来の女性の家庭に於ける合理的なる忍従の生活にあきはて、、茲に計らずも強烈なる我執の高調となり、対男子の競争より転じて闘争心に迄及び、放縦なる享楽生活を理想とする女性の一群をさへ見るに至り、却つて人生の無常苦悩の世相に対し、敢然として女性の特長を発揮する気魄を失ふたのであります。

（2）全日本婦人の仏心化。然しながら婦人をしてこの傾向に出でしめたに就いては、我国近代の社会習慣に無理な一面のあっ多ことを見逃してはなりません。即ちその忍従の精神の根幹に培ふことを教へずして、唯一概に形式道徳としての忍従が婦人唯一の徳操なるかの如くに強要したもの、亦婦人思想に反動を惹起せしめたる一素因を認むべきであります。合理的なる忍従が美徳たる事は男子も婦人も変わりはありません。故に形式的道徳としての忍従を婦人唯一の徳操として強要するが如きは、智能の進んだ現代の婦人に対して何の甲斐もない事であります。百尺竿頭一歩を進めて、先ず婦人精神の根本の座りから建て直してか、る必要があります。宜しく現代の婦人をして如来の大願海に帰入せしめ、その精神を弘誓の仏地に樹立せしめよ、これ婦人の徳性の根幹に培う唯一の道であります。婦人は一般に情操の高きを特長し為すと同時に、その反面には心の平衡を失ひ易き弱点あり、然も母性として並に平和の愛護者として、家庭的にも社会的にも特に重き使命を有するのであります。如来は第三十五願を別開して特に同情を濺がせられ、その厳粛なる覚醒を促がし給ふた御思召は、実にこゝに在のるであります。若し夫れ現代の婦人にしてこの如来の大御心に融化せられ、金剛の真心に徹到せば、『氷多きに水多し障り多きに徳多し』の御詞の如く、婦人特有の高き情操そのまゝに忍従の美徳も和敬の精神も母性の使命も、随時応処宜しきに随って自然に現はれ、無常苦悩の五濁の世相に当面すとも、敢然として力強き歩みを運びつゝ家庭人としても社会人としても、能くその特長を発揮することが出来るのであります。故に今回の婦人運動は即ち全日本婦人の仏心運動であります。

（3）御門末婦人の総動員。さればこの末世相応の指導原理たる真宗二諦の教法を宣揚して、全日本一切の婦人を如来の大願海に引入することこそ、国家を救い社会を浄化する唯一の道であって、所謂唯有一乗法無二亦無三であります。今や我大谷派はこの全国的大運動に其第一歩を踏み出したのであります。現代は婦人の仕事は婦人自ら之を為す時代なるが故に、先ず以て一派御門末の婦人全体が一致団結して、この大業の完成に邁進せねばなりません。それには先づ第一坊守並に各婦人団体幹部の方々は、覚信尼公の御精神を偲び、自ら率先してこの運動に参加し計画し、布教使住職の方々の御援助により、進んで全御門末婦人の総動員を誘致し、以て全日本婦人の仏心化に努め、真実に自信教人信の御報謝の活動にいそしみ、十分なる実績を挙げらるゝ様致されたいのであります。

三、婦人運動の方法

前述の御趣意により如何なる事をなすべきか、この運動は申すまでもなく五年や十年で完成する仕事では無く、唯此目線に向ひ全力を捧げて進むべき永久の運動であります。従てこれには自ら順序を立て方法を設け、撓まず屈せず一歩々々確実に進むより外ないのであります。御本山に於きましてはその方法の第一着手として二つの規則を御発布になりました。

（1）寺族婦人講習会規則。（昭和六年「真宗」十二月号掲載）坊守は住職の職分を内助すべき重大なる責務ある方々故一派の婦人運動には是非共其尖端に立つていたゞかなければなりません。

それには愈以て其修養を確かにせねばならぬ御趣意から此規則が発布せられたのであります。

（イ）本講習会は坊守其他寺族たる婦人をして住職の内助者たる修養を為さしむるを以て目的とすること。

（ロ）宗意安心及真宗史の大要、声明荘厳及崇敬作法、其他家事、社会教化、社会事業等必要なる学科技芸を教授すること。

（ハ）組長が主事となつて毎年一回開催すること。

（ニ）本講習会三回以上聴講したる者は坊守帰敬式調査を免ぜらる、こと

等でありますから、各組長には是非共此講習会開催の御尽力を願ひたく、坊守は是非其講習会に出席聴講せられたいのであります。

（2）婦人教化施設条規。（昭和七年「真宗」二月号掲載）これは我大谷派内に於ける各種婦人会並に婦人教化を目的とする各団体に関する規則であって、正しく婦人運動奨励の根本を為すものであります。其要領を挙ぐれば派内では各種の婦人団体を婦人教化施設と名づけ、次の三種に別けて取扱はれます。

（甲）直接教化施設。これは所謂聞法の団体であつて会員相集りて御法義を聴聞するのみを目的とする団体。各地に於ける普通の婦人会、尼講など之に属し現在の婦人団体の大多数を占む。

（乙）教育施設。これは婦人に対し、学術、技芸を教授し、真宗信念の修養に資するを目的とする団体。例せば嫁入学校、裁縫塾、生花和歌等の教授、又は家事、料理、編物等の教授、講習会、女子上級学校入学準備教育等を経営する団体皆之に属す。各教区内に相当なる数あり。

（丙）社会教化施設。これは真宗教義の精神を基礎とする一般修養団体又は社会運動を為す団体、例せば母の会処女会風俗改善運動工女慰安運動其他の社会運動団体を包含す。御一派内に其数少し。

以上三種の団体は創立の際は勿論、毎年一回三月には事業報告を教務所長を経て本山に届出づるを要し、又以上の諸団体にして適当と認められたる者に対しては、其創立の時又は相当の時期に於て、内規に依り本山より奨励補助を受くることが出来るのであります。上述の如く本山に於いては此条規によりあらゆる婦人運動を奨励し、我大谷派の婦人団体をして一般社会の婦人運動の第一線に進出せしめ、全日本婦人仏心化の理想を実現せしむるの計画であります。

翻て我大谷派に於ける婦人団体の趨勢を観るに、其大部分は聞法の為のみであつて、一般婦人社会へ働き掛けて行く仕事の出来ておらないことは誠に残念な有様であります。後生の一大事故聴聞が一番大切なることは勿論であるが、真実に聞其名号信心歓喜の自信があれば、必ずや教人信の報謝の活動が開かれなければならぬ訳であります。この教人信の活動こそ即ち社会進出であり、一般婦人に対する呼び掛け働き掛けの運動であります。婦人の教人信の働きとは敢て説教講演をする事ではなく、婦人を御法義に引き入るゝ努力実行これであります。其活動の方法を規則にあらはしたのが即ち婦人教化施設条規であります。

（略）

（3）大谷派婦人聯盟。これは四月十一日に開かる、全国婦人大会に於て成立するのであります。其際に聯盟規約が決議せられまして、全国の婦人団体の連絡及其進展を図り、之に関する研究

会協議会を開き、又運動方法の指導をも為すことになるのであります。斯くして我大谷派は一絲乱れざる統制ある婦人運動に進むのであります。

四、婦人運動の順序

婦人運動の順序は時期に於て三つに別れます。

（1）御法要前の運動。四月の御法要前に於ては左の通り実施せられたいのであります。

（イ）既設各婦人団体に於ては三月末日迄に会員の倍加運動を一斉に行う事

（ロ）婦人団体なき地方に於ては此際婦人会を結成する事、但し出来得る限り、教育施設、社会教化施設を計画する事

（ハ）各寺院各婦人団体に於ては、単独又は連合して事情の許す限り御法要御待受法話会又は座談会、茶話会等開催の事

（ニ）彼岸其他の布教に於ては婦人精神作興布教を基本とする事

（ホ）各教区に於ては教区内婦人聯合会を開催するにつき奮て参加あるべき事

（2）御法要期間

（イ）全国婦人代表者協議会。四月十日午前十時高倉会館に於て開催す。

（ロ）全国婦人大会。四月十一日午後一時本山白洲に於て御裏方御臨席の上開催、この大会に於て大谷派婦人聯盟を結成する事

以上の二つの会が開催せられますから、代表者協議会には各教区に於て予め選ばれたる代表者は漏れなく御参集あるべく、婦人大会には出来得る限り多数の婦人の参会せらるゝ様、全国に於て奨励せられたいのであります。

（3）御法要後の運動。既に前二期に於て御一派婦人運動の陣容が整うたのでありますから、愈本舞台の運動に移る訳であります。即ち我日本に於ける全婦人をして金剛堅固の信心に帰入せしむるが為には、婦人聯盟に於て各婦人団体の連絡をとり、其運動の方法等を研究し協議し、其結果を以て之を指示指導し、教化施設条規に於ける三種の施設を各地方事情に応じて全国的に実施せしめ、統制ある一斉運動により我婦人界の第一線に進出して、不撓不屈永久に斯の大目的に向かって直進するのであります。誠に婦人仏心化運動は即ち報国運動と申すべきであります。

以上、述べた事は其大略に過ぎません。運動に関する詳細の事は、其都度教務所より御通知致すことになっておりますから、何卒畢生の御努力を御依頼致す次第であります。

（『真宗』一九三三〈昭和八〉年三月号）

資料38　寺族婦人講習会規則（一九三一（昭和六）年）

所達第九号

寺族婦人講習会規則ヲ左ノ通相定ム

宗務総長　阿部　恵水

寺族婦人講習会規則

第一条　寺族婦人講習会ハ昭和四年告達第二十七号講習会条規ニ據リ教務所長之ヲ監督シ組ニ於テ之ヲ主催スルモノトス

第二条　本講習会ハ坊守其ノ他寺族タル婦人ヲシテ住職ノ内助者タル修養ヲ為サシムルヲ以テ目的トス

第三条　本講習会ニ於テハ左記ノ科目ヲ講習スルモノトス
一、宗意安心及真宗史ノ大意
二、声明
三、荘厳及崇敬作法要項
第四条　前条科目ノ外家事立花等婦人ニ必要ナル学科及技芸ヲ科外トシテ教授スルコトヲ得
第五条　本講習会ハ毎年一回各組ニ於テ三日ヲ以テ一会期トシ開催スルモノトス但シ地方ノ事情ニ依リ適当ノ日数ニ於テ同教区内数組連合シ又ハ一組ヲ数部ニ分チ便宜開催スルコトヲ得
第六条　本講習会ノ主事ハ組長之ニ当ル
第七条　主事ハ講習会条規第六条ニ依リ講習会開催前教務所長ヲ経テ教学部長ノ認可ヲ受ケ且閉会後直ニ之ヲ報告スヘシ
第八条　寺族婦人ニシテ本講習会三回以上聴講シ其ノ終了証ヲ有シ教務所長ノ証明アル者ハ坊守帰敬式調査ヲ免除ス
第九条　本講習会ニ要スル経費ハ会費寄附金及其ノ他ノ収入ヲ以テ支弁スヘシ但シ教区ノ補助ヲ求ムルコトヲ得
附則
第十条　本規則ハ発布ノ日ヨリ之ヲ施行ス

（『真宗』一九三一〈昭和六〉年一二月号）

資料39　婦人教化施設条規を発布

（一九三二〈昭和七〉年一月）

婦人教化施設条規ヲ允可シ茲ニ之ヲ発布セシム

昭和七年一月二十七日
宗務総長　阿部恵水
稟命　参務　龍山巌雄
参務　竹中茂丸
参務　一柳知成

告達第一号
婦人教化施設条規
第一条　本条規ハ各組各末寺各教会又ハ宗門関係者カ単独若ハ共同経営スル婦人教化施設ニシテ本条規ニ依リ届出アリタル団体ニ之ヲ適用ス
第二条　婦人教化施設ヲ分チテ左ノ三種トス
一、直接教化施設
二、教育施設
三、社会教化施設
第三条　直接教化施設トハ直接ニ会員ノ信念涵養ヲ目的トスル団体ヲ謂フ
第四条　教育施設トハ学術技芸ヲ教授シテ信念修養ニ資スルヲ目的トスル団体ヲ謂フ
第五条　社会教育施設トハ真宗教義ノ精神ヲ基礎トスル一般修養団体並社会運動ヲ為ス団体ヲ謂フ
第六条　婦人教化施設ヲ新ニ設置シタルトキハ左ノ事項ヲ記載シ教務所長ヲ経テ教学部長ニ届出ツヘシ
一、名称
二、本部所在地
三、施設ノ目的及事業計画

四、代表者
五、組織（会員役員等）
六、会計
第七条　教学部長ハ前条ニ依リ届出アリタル婦人教化施設ニ対シテハ別ニ定ムル所ノ内規ニ依リ奨励又ハ補助ヲ為スコトアルヘシ
第八条　教務所長ハ其ノ教区内ノ婦人教化施設ヲ奨励シ之カ監督ヲ為スヘシ
第九条　教務所長ハ毎年三月末日マテニ其ノ教区内ノ各婦人教化施設ニ付年度ノ事業概要及会務ノ報告ヲ取纏メ教学部長ニ上申スヘシ
附則
第十条　本条規施行ニ付テハ別ニ細則ヲ以テ之ヲ定ム
第十一条　本条規ハ発布ノ日ヨリ之ヲ施行ス
第十二条　本条規施行ノ際現ニ存スル婦人教化施設ニシテ本条規ノ規定ニ該当スルモノハ第六条ニ準シ本条規発布ノ日ヨリ一箇月以内ニ之ヲ届出ツヘシ

（『真宗』一九三二〈昭和七〉年二月号）

資料40

真宗大谷派婦人聯盟結成全国婦人大会での裏方「御訓示」（一九三三（昭和八）年）

御訓示

欧洲ノ大戦干戈ヲ戢メシヨリ歳月ノ流モ速ク　ステニ十有五年ヲスキ文化ノ光平和ノ世ニ輝キワタレルカ如キモ　国トイハス人トイワス　イヨ〳〵激シキ経済界ノ変動ト思想界ノ混乱トニ禍セラレテ深キ悩ミハ日ヲ逐フテ加ハリ　建国以来尊キ御稜威ヲ蒙リ来リシ我国民モ　世ノ変遷ニハ抗ヒカタク　安キ念ヒノソヽロニ乱サレ行クハ　誠ニ憂フヘキ極ミナリコノ秋ニ方リテ家庭ヲ向上シ社会ヲ浄化シ　マス〳〵御国ノタメニ奉公ノ誠ヲツクスハ　正ニワレラ婦人ノツトメニアラスヤ
惟フニ世ノ文化ノ進ムニツレテ　日々ノ生活ハ複雑ニナリユキ男子ノ責務イヨ〳〵加ハルトトモニ　婦人ノ使命マス〳〵重ク　公益世務ソノ力ニマツモノ弥増シニ多カラントス　殊ニ今ヤ国家非常時ニ時ニ際シ　空シク旧慣ニ泥ミテ一日ノ安キヲモトメ　徒ニ新奇ヲ衒ヒテ浮華ノ夢ヲ追フヘキニアラス　内ハ家庭ノ人トシテ婦人ノ本務ニイソシミ外ハ社会ノ人トシテ　女性ノ本領ヲツクスコソ　即チ国家ノ洪恩ニ報ヒ奉ル所以ナルヘケン　ワレ等モトヨリ凡夫女性ノ身ナレトモ　幸ニ如来廻向ノ真心ニヨリ今コノ五濁ノ世ニアリテハ強キ浄土ヘノ歩ミヲ運フ　宜シク感謝報恩ノ誠ヲモツテ国家奉仕ノ実ヲ挙ケサルヘカラス
コタヒ　覚信尼公六百五十回遠忌法要ヲ勝縁トシテ　茲ニ真宗大谷派婦人聯盟ヲ結ヒ真俗二諦ノ教旨ニ基キ　先ニ挙クル所ノ自覚ト実行トヲ高メント期ス　冀クハ聯盟ノ各員相助ケテ　所期ノ目的ヲ達成セラレンコトヲ
昭和八年四月十一日

真宗大谷派婦人聯盟総裁　大谷智子

（『真宗』一九三三〈昭和八〉年五月号）

資料41

大谷派婦人聯盟結成　全国婦人大会　宣言　決議（一九三三（昭和八）年四月）

宣言

現代文化ノ興隆ハ　却テ社会生活ノ煩激ヲ加へ　内思想ノ動揺経済ノ不安外隣邦ノ提撕国交ノ複雑　国民ノ最モ自重ヲ要スヘキ時機ニシテ　我国現代ノ婦人亦徒ラニ因循ニ泥ミ奇激ニ走ルノ時ナランヤ宜シク心ヲ弘誓ノ仏地ニ樹テ　念ヲ法海ニ流スノ祖意ニ遵ヒ　確固不抜ノ信念ニ立チ能ク厥ノ中ヲ執リ正ヲ守リ　感謝報恩ノ一念ヨリ国家社会ニ奉仕能ク　真宗婦人ノ使命ヲ完フセンコトヲ宣ス

決議

一、我等ハ　二諦相依ノ御教ニヨリ総裁殿ノ御訓示ヲ畏ミ　先ツ自ラ他力廻向ノ信念ニ基キテ　報謝ノ行業ニイソシミ自信教人信ノ誠ヲ以テ　全日本婦人ノ仏心化ニ努メンコトヲ期ス

一、我等ハ家庭ノ向上ト　社会ノ浄化トヲ以テ　現代婦人ノ務メナリト心得一致協力シテソノ実現ヲ期ス

一、我等ハ聯盟旗ヲ以テ　我等ノ法幢トシ御訓示書ト共ニ　永ヘニ之ヲ護リ聯盟ノ精神ヲ発揚セムコトヲ期ス

一、我等ハ国家非常時ノ時ニ際シ　真実ナル東洋平和建設ノ為メ世ノ中安穏ナレノ祖訓ニ随ヒ　一層奉公ノ誠ヲ尽サムコトヲ期ス

右、決議ス

昭和八年四月十一日　　真宗大谷派婦人聯盟結成婦人大会

（『真宗』一九三三〈昭和八〉年五月号）

資料42

「真宗大谷派婦人聯盟規則」（一九三三（昭和八）年）

真宗大谷派婦人聯盟規則

第一条　本聯盟は真宗大谷派婦人聯盟と称す

第二条　本聯盟は大谷派関係の婦人教化団体を以て之を組織す

第三条　本聯盟は本部を宗務所内に置き地方部を各教務所内に置く

第四条　本聯盟は大谷派関係の婦人教化団体の連絡及び其進展を図るを以て目的とす

第五条　本聯盟は左の事業を行う

一、会報又は出版物の刊行

二、研究会、協議会

三、其他必要と認めたる事項

第六条　本聯盟は総裁として御裏方を推戴す

第七条　本聯盟に左の役員を置く

理事長　一人

理　事　若干名

幹　事　若干名

書　記　若干名

地方部長　若干名

地方部幹事　若干名

第八条　理事長は宗務総長之に充る　理事は理事長之を推薦し　総裁之を依嘱す　其任期は二ヶ年とす

幹事及書記は理事長之を命す

第九条　地方部長は教務所長之に充る
　地方部幹事は地方部規則に依り之を選出す
　理事長は本聯盟を統理し其の責に任す
　理事は本聯盟の事務を執行す　但理事の互選に依り　常務理事若干名を選挙し常務を委任することを得
　幹事は理事長の命に依り事務を掌理す
　書記は庶務に従事す
　地方部長は地方部を代表し事務を執行す
　地方部幹事は地方部の事業を斡旋す
第十条　本聯盟は顧問若干名を置く　顧問は理事会の推薦により、総裁之を依嘱す
第十一条　本聯盟は評議員会を置き毎年一回之を開き理事長の諮詢に応じ重要なる事項を審議す
　評議員会は評議委員を以て之を組織し其任期は二ヶ年とす
　評議員選出に関する規定は別に之を定む
第十二条　本聯盟の経費は補助金及寄附金を以て之を支弁す
第十三条　地方部規則は本部の承認を得て之を定む
第十四条　本規約は宗務所の認可を得るに非されは之を更改するを得す

（『真宗』一九三三〈昭和八〉年五月号）

資料43　大谷智子裏方、同信報国の歌を詠む〔一九三七（昭和一二）年〕

同信報国　御裏方

大君に身を捧げんやあひかたき
　御法にあひしよろこびをもて
苦しみにたへてやゆかん日の本の
　女にしあればきよくを、しく
いさましく出て行く友をおくりけり
　御国のためにいさをたてよと

　傷病兵を慰問して
国の為傷手を負ひしますらをの
　はやくいえよとひたに思ひぬ

（『真宗』一九三七〈昭和一二〉年一〇月号）

コラム2　毛綱

一八八〇（明治一三）年、焼失した東本願寺の両堂再建が始まると、各地の信徒たちにより頭髪と麻で編んだ毛綱が献納された。一八八九（明治二二）年上棟式の年、「再建作業部報告」には、

毛綱　本山両堂再建工事ニ使用セシ毛綱ハ総計五十三筋ニシテ多ク各地信徒ヨリ毛髪ヲ剃除寄附セシナルモノヲ以テ本部ニ於テモ永クハ之ヲ保存センコトヲ図リカ其二十九筋ハ各地用材運搬中消耗ニ属シ丈尺量目等詳ナラスソノ現存スルモノ二十四筋ナリ依テ毛綱寄附ノ地方及ヒ量目等ヲ左ニ登録ス

寄附地方

越中国　十六筋　越後国　十五筋　越前国　三筋　羽後国　十筋　讃岐国　四筋　播磨国　三筋　磐城国　一筋　豊後国　一筋

（『本山報告』第四九号　一八八九〈明治二二〉七月二〇日）

と、各地の信徒から寄せられ、現存する二十四筋の毛綱を保存すると報告されている。

この毛綱について、ロシアの雑誌にユフジーによる「毛綱ノ長歌」が掲載され、「東方婦女ノ信仰」表示したものであるとの評価で紹介。同時期に東本願寺を訪問した米国のヴィ・エム・ロー博士が、日本国の仏教は衰退したものと思っていたが、上棟式や毛綱を見て事実は大きく違っていた。ついてはロンドン府とニューヨーク府に毛綱を贈りたいので寄附してほしいという申し出があったという。しかし、これらは「信徒の熱心」のたまものであり譲与することはできないが、かわりに写真と資料を贈呈したというエピソードが報告されている。（出典・同）毛綱は、信仰の力を表すものとして外国人を驚かせたようである。

※

一九二九（昭和四）年『真宗』七月号に、当時の植民地朝鮮から旅行に来た女学生の「毛綱を眺めて」、「毛綱を拝見して」と題された手記が収録されている（資料45）。ちょうどこの頃、社会教化宣伝映画『毛綱』が製作中であり、キャンペーンの意味もあった。

一九一〇（明治四三）年の韓国併合後、植民地朝鮮では日本の統治に反対する幾多の運動が弾圧の激しさをかいくぐるように展開した。一九一九年には「三・一独立宣言」のもとに一五〇〇カ所以上で集会が行われ、約二〇〇万人が参加し、独立を願う当然の要求を非暴力でしめした。日本政府は統治政策の見直しを余儀なくされた。

女学生たちの東本願寺への参拝はその時期のことである。感想文には、毛綱を見て最初は「恐怖の念」が起こったが、このような「弱き女」の偉大さこそ「我が国の誇り」と語られせている。このような感想文を、「内鮮一体」「日鮮融和」の具体例として掲載した。当時の大谷派宗門の動きは、当時の政府の植民地政策を補完するものであった。

※

社会教化宣伝映画『毛綱』は、山本牧彦の原作をもとに、毛綱の製作のために自分の髪を切り、さらに「おんなの髪切り」と罵

られながらも他の女性たちのもそれを勧めた「お里」という薄幸の女性を主人公に、脚色沼法量、監督吉野二郎のもと映画化された。
「幾百万人の婦人の生髪を集め、一つに撚ぢ合わせた毛綱に依って、山のやうな大伽藍が造営されたやうに、我が宗団は万民一致の犠牲的な献身的な精神に依って基礎づけられなければならない。この殉教的精神を鼓吹し高潮することは、思想の混乱せる現代の我が国家のためにも、また宗団にためにも、最も緊要事である」(『真宗』一九二九〈昭和四〉年六月号「宣伝映画劇『毛綱』の製作さる、まで」沼法量)としている。

この映画は、この年六月久邇宮大妃殿下、多嘉王同妃殿下を最初の鑑賞者として上映した後、七月一日に京都で封切。この年だけでも全国各地で総計四二六回上映された。同時に京都駅前物産館四階にて「毛綱展覧会」が開催され、本物の毛綱や映画のスチール、映画撮影の際の諸道具などが展示され多数の観客を集めたという。また、上海の大日本紡績会社等の各会社でも上映会が行われ、翌年一九三〇(昭和五)年には、朝鮮全土で巡回上映がなされた。国の国民教化運動と相まって、「毛綱」はその教化素材として「活用」された。

一九三八(昭和一三)年頃は、高廊下に三筋の毛綱が展示されていた。【グラビア㉗】

一九四五(昭和二〇)年二月一四日、現存する「毛綱」の一部が軍部に献納された。

資料44 大谷派婦人教化委員規程

〔一九四三(昭和一八)年〕

告達第二十八号

大谷派婦人教化委員規程ヲ左之通定ム

昭和十八年九月十七日

稟命　宗務総長　大谷　瑩潤

大谷派婦人教化委員規程

第一条　本派ニ大谷派婦人教化委員ヲ設ケ其ノ事務ハ教学局教化部ニ於テ之ヲ掌ル

第二条　教化委員ハ寺院隣保ノ精神ヲ昂揚シ教化運動ノ協力互助ニヨリ天業翼賛ノ実ヲ挙グルヲ目的トシ左ノ任務ニ従フ

一、担当地区ニ於ケル教化運動並ニ事業ノ連絡調査
二、銃後後援ニ関スル事項
三、女子教養指導ニ関スル事項
四、隣保救護ニ関スル事項
五、健民厚生ニ関スル事項
六、其他必要ト認ムル事項

第三条　教化委員ハ坊守中ヨリ宗務出張所長及教務所長ノ推薦セルモノニツキ宗務総長之ヲ委嘱ス
但シ本部ニ於テ特ニ適格者ト認メタルモノハ直接之ヲ委嘱

スルコトアルヘシ

第四条　教化委員ハ名誉職トシ組ヲ単位トシテ担当地区ヲ定ムモノトス

（略）

第十三条　附則　本規程ハ発布ノ日ヨリ之ヲ施行ス

（『真宗』一九四三〈昭和一八〉年一一月号）

資料45　植民地朝鮮の女学生の目に映じた毛綱〔一九二九（昭和四）年〕

毛綱を眺めて

京城女子高等普通学校　第四学年　咸《ハン》　恩錫《ウンシュク》

四月十八日の朝京都に着くや直ちに軟風に身をそよがせながら東本願寺に行った。寺の大きさは口に言い尽くされぬ程規模が広大で、故郷で見得ない大きい寺である。

最も大きな建物である大師堂といふのが瓦が十七万五千と柱が二百三十本、畳が九百二十枚あるといはれどれを見ても大きいのに我等一同は大いに驚嘆したのである。本願寺に入ると僧侶の親切なる案内によって寺内を見学し、有名な「毛綱」を見る事が出来たのであります。毛綱は長さが三十六丈、重さが二百八十貫もある綱が五十三からあると云ふ話をして下さいました。これを見たときに当時の女の心が浮かび出されて私が今まで髪を櫛る時一本の髪の毛が落ちるとそれを紙に包んで集める程大切にします。当時の女も女子の生命とも云ふべき貴重なる毛、親から貰った髪を切ってあげるとは、仏教に対する信念が如何程に強かったでせう。之を追想するに現代人の心は意志が弱く遊情に流れて昔よりは今は個人の利が多くなった。

又此の時代は男女が皆鞏固な意志を持ってゐた事が思はれます。又糸より細き小さい物もこんなに沢山集まれば縄でよった綱よりもどんなに強いことでせう。あゝ信仰の力と云ふものは偉大なものである。当時の女の心、意志の如きものを私も持ちたいと思ひ尚前方に進み寄りよく〳〵見ました。それは女の精神の塊で恐るべき大きいものであった。我国の誇りとして一番に価値ある宝物を外国人に見せたならば外国人は大いに感歎し驚くべきであります。善く保存して後世の人々に信仰の力が如何であるかを知らせたいものであると思ひました。

はかなくしのぶ毛綱かな　さ、げし人はどこにうもれし

毛綱を拝見して

京城女子高等普通学校　第四学年　池《チ》　郷玉《ヒャンオク》

一

時は昭和四年四月十八日の午前だった。私達が導かれて東本願寺の清雅な、そして雄大な御堂の前に立った時は、未だかつて経験しなかつた敬虔の念に自己を忘れて御堂の屋根を仰ぐのであった。それから間もなくお僧の親切な説明をきゝつゝ、まあ！と云ふ感動詞の連続を以て拝見するのであった。そして毛綱驚くべき毛綱の前へ立ったのである。何時か野々村先生から拝聴したことをも憶ひ出して一入心を惹かれるのであつた。長さ三十六丈、重さ二百八十貫、此の様なものが五十三箇もあるとは、また驚嘆するも愚かな次第である。否自ら襟を正さずには居られなかった。私は驚嘆と云ふよりは寧ろ恐怖の念が起こるのを覚えた。幾ら話にきゝしとて自分の眼

で見ぬ以上之を想像することが出来得るだろうか？俗にも至誠天に通ずと今更味わうべきことばである。

二

女の第二の生命、生命よりも貴重な女の貴き宝頭髪を捧げし神々しき誠が天に通じてか丶る今日の如き万人の耳目を驚愕させるやうな宏大なる東本願寺が建ったのだらう。信仰の偉力そのものでなければ何うしてか丶る大建築が完成させるであろうか？信仰の力の如何に大なりしかは今更言を費すもでもない。畏くも今迄に天皇皇后をはじめ奉り、皇族の方々が自ら御剃髪なされ仏門に入り給ひし方の五十余方もあつたとの先程のお僧のお言葉を私は疑はなかった。之を聞くも仏教の隆昌、信仰の実ある力が如何に偉大であったかを想像するに足る。信仰の為には命とかへる程の毛髪を捧げし貴き心を私は感嘆せずには居られぬ。

世に女は弱きもの即ち意志の薄弱なるものといはれてゐるが何人も東本願寺の毛綱を目にしたものは、女の弱き心にもか丶る強き心、おかし難き貴ぶべき心のあることを認め得るのであらう。

三

過去には砲鉄火と戦ひ遂には赤血を吐き国家の為に身を犠牲にした勇ましき男性もあったが、之は強き本性より出た勇ましきあらはれである。之にひきかへて本性の弱き女性にして毛綱の如き記念物を生んだとは何と云ふ貴い事実であらう。

私は女なる故、此の毛綱を拝見しては流石にか丶る女性のありしことを誇り自ら女の立場を満足せずには居られなかった。外にも女の貴き点は沢山あるこの社会も真実なる女性の多く出づるに依つて国家の隆盛も支配されるのだと自覚すると、急に責任の重さを感じ大いに美しき女性の天性をよく修養して、あの草蔭に永遠に眠る祖先を満足させるやう、女子の本分を全うしたい。

み仏に捧げし人の黒髪は　毛綱となりて今も残れる

（『真宗』一九二九〈昭和四〉年七月号）

第三章　真宗教学・教化のなかの女性観

はじめに

近代以降の真宗大谷派教団が行った、女性を対象とした教化とは、いかになされたのだろうか。また教学・教化における女性観とはいかなる特徴があったのか。こうした課題設定からなされた先行研究としては、福島栄寿「「精神主義」の女性教化論―『家庭』誌にみる「仏教家庭」「女性救済」「戦争観」―」（『教化研究』第一三五号　二〇〇六年）のみである。また、その論考の内容も明治期を中心に論じており、大正期以降戦後までを通史的に論じたものではない。そこで、本章では、真宗大谷派における女性教化の言説に焦点をあてて、明治以降からアジア・太平洋戦争をはさみ、戦後の真宗同朋会運動から現代にかけて通史的に概観し、近代以降の真宗大谷派における女性教化の特徴について考察したい。

あらかじめ指摘するならば、真宗大谷派教団は、幕末明治初期の混乱期を超えて、明治政府の近代化政策に歩調を合わせながら、その社会的な役割を果たさんとした。上野千鶴子が、二五年以上も前に「「家」制度は、近代国民国家に適合的に形成された家族モデルであり、逆に国民国家もまた、家族モデルに適合的に形成された。」と、指摘しているが、まさに、そうした「家」制度をライフスタイルとして生きる女性を生み出すための仏教教説が、教団の発行する雑誌などを通じて、真宗大谷派教団からも積極的に語られたのである。本章では、そうした真宗大谷派教団や関係婦人組織が発行した機関誌を主な史料として取り上げたい。

戦前に形成された「家」制度は、戦後初期には、日本の「前近代性」と捉えられ、一九六〇年代以降は、「家」は日本の伝統であり「特殊性」、「文化」、「組織原理」であると考えられるようになった。一方、真宗大谷派は、まさに「家」制度を前提にして成り立ってきた教団の前近代性を超えるために、一九六〇年代以降、清沢満之が説いた「精神主義」をモットーに、「家の宗教から個の自覚の宗教へ」をスローガンに、真宗同朋会運動を展開し始める。だが、寺院関係の女性たちに求められたのは、専ら「家」において内助の功を尽くして生きる姿であった。本章では、そうした一九六〇年代以降の教団の信仰運動の展開と女性教化のあり方を、二〇〇〇年代までについて考察したい。

第1節　明治期の女性教化論

1　伝統的な教説の時代―明治二〇年代まで―

戦前の女性に対する教育の特徴は、端的に言えば良妻賢母主義教育であった。それは、女性の役割を妻・母という「家」における役割に限定し、その妻・母としての役割を通して、国家への貢献を期待するものであった。人間としての男女平等はたてまえであり、役割分担の異なることを強調する教育内容は、男子よりも低い水準におかれ、「家」の外における女性の自立を可能にする職業や技能、社会的関心を育てることはほとんど配慮されることはなかった。

以上のような傾向は真宗においても例外ではない。明治初期から明治二〇年代後半までの女性教化の特徴は、当時の出版物を手がかりにすれば、伝統的な聖教類の女性教化論を掲げるというもので、特に男女同権という内容は見られなかった。たとえば、一八八二（明治一五）年に、存覚の『女人往生聞書』（資料46）が出版されている。同書では、四十八願に別立てに第三十五願として女人往生願があることの理由が述べられる。そこには罪障多き五障の身である女人の、如来の大慈悲による変成男子往生が説諭され、真宗における伝統的な女性救済観が見られる。この『女人往生聞書』は、一八八九（明治二二）年七月に活字本として刊行された『真宗仮名聖教』にも収録され、明治二〇年代初期の女人教化の典型的教説であった。

一八九〇（明治二三）年九月に大谷派婦人法話会が発足するが、翌年出版された坊守向け教化本、香樹院徳龍（一七七二～一八五八）（**注1**）著述『坊守教誡聞書』（資料47）には、存覚の『女人往生聞書』を敷衍した女人教化論が教示されている。五障三従（**注2**）の女子の罪深さや、坊守に対して在家や男子にも勝る大罪の自覚を促し、後生を強く願い生きるよう説諭する。三従の教えは、当時の尋常小学校の修身教科書（資料48）にも掲載されているから、真宗の女人教化論では、三従に加えて五障を付加して説いていたわけである。

この徳龍が教示した坊守像は、高倉学寮で徳龍を師として学んだ香山院龍温（一八〇〇～一八八五）に受け継がれ、親鸞聖人六五十回忌御遠忌の年に『香山院師坊守訓』（法蔵館　一九一一年一一月）として、より平易な形で語られ直されることになった。

2　日清戦争前後―高等女学校令―

以上のような女子・坊守教化論は、明治期を通じて語られていくが、他方で、一八九〇年代後半になると、それまで遅れていた明治政府の女子教育政策が進められていく。井上毅文相は、日清戦争直前の国民的統合と、産業革命期に即応する労働力育成という二つの課題の下で教育改革を進めた。

井上は、その著書で「男は剛勇にして潤大高尚の徳を具へ女は温和にして機微精緻の質を具ふるは、一は外を治め一は内を治むるに適当なる固有の性能と謂はさらむや」（「五倫と生理の関係」井上毅著『梧陰存稿』巻一　六合館　一八九五年）と、男女の異なる特質を指摘し、男は外、女は内を治めるべきだと主張した。

のちの高等女学校制度は、井上文相時代に着手、立案され、彼の辞任後、ほぼそのままに公布された。すなわち一八九五（明治二八）年高等女学校規程の制定（資料49）、一八九九（明治三二）年高等女学校令の公布（資料50）、一九〇一（明治三四）年同施行規則の制定（資料51）などにより、女学校教育は軌道に乗った。むろん、これらの法令によれば、高等女学校教育の目的が良妻賢母教育にあったことは、当時の文相の演説内容から知られる（注3）。

他方、大谷派では、明治二〇年代後半には寺院師弟を主な対象とした教育機関として各地に真宗中学を設立した（注4）。また同時期には坊守を会員とする婦人会組織が各地に組織され、宗派は、それらの婦人会組織を通じた女子教化活動に力を入れていった。

第2節　明治三〇年代以降の女人教化―『家庭』を手がかりに―

1　『家庭』発刊の趣旨

明治三〇年代には、婦人会の坊守や仏教女学校の女子生徒を読者として想定した雑誌が発行された【グラビア㉛】。大日本仏教婦人会（事務所は京都）の機関誌で『家庭』と題するその雑誌は、清沢満之たちによって展開された精神主義運動の機関誌『精神界』の姉妹誌として発行され、平易な文体を用いてルビを振るなど工夫が凝らされていた。内容的には、明治二〇年代までの伝統的な坊守訓を継承しつつも、真宗の教えを踏まえた良妻賢母として信仰を求める生き方を説諭するものでもあった。また、同誌の男女同権論、女子救済論などには、真宗の伝統的な女性観を踏まえつつ、近代以降の女性向け教説の特徴が出揃っていると考えられる。そこで、『家庭』の内容を若干詳しく考察していくことにする。

さて、大日本仏教婦人会の発会式に出席した大谷派教育商議会議員の斉藤唯信（後に真宗大学教授）は、

今日日本の婦人を見るに三つに分る。其一は極めて進歩はだの女学生にして、其二は極めて古風に育ちし昔はだの婦人達にして何れも正しからず、其三は進歩はだにもあらず昔はだにもあらぬ、その中間の婦人達なり、されば本会の会員は其第三の婦人となり、しかも仏教をもて邪なるを正しくし曲を直くせよ　（「彙報」『家庭』第四号）

と説諭した。当時の大谷派が目指した女性教化の特質がうかがえよう。また第一号に掲載された教学部長の谷了然の発刊の辞（資料52）には、仏教精神によって国家社会の礎である家庭を治め、国家社会の進運の協力を促すべく、『家庭』誌に期待を寄せる旨が述べられた。こうした宗務行政担当者からの期待に応えるべく、第一号巻頭「主義」欄には、同誌発行の抱負が述べられた（資料53）。そこには、「家庭」完備のためには、仏陀の「精神」＝慈悲に依ることが大切であると述べられ、同誌の基本的な教化観に基づく「家庭」像と、その「主義」がうかがえる。

また『家庭』の発行所が浩々洞に移り、近藤純悟が初めて編輯人をつとめた同誌第一一号巻頭には、「『家庭』の使命」（資料54）と題された論説が掲載され、『家庭』誌の読者である婦人会の会員を想定した発行趣旨を表明している。同号の「婦人問題解決の枢機」（資料55）には、婦人に対して、「精神主義」者らしく自己内省を勧める救済が述べられている。

2 『家庭』にみる男女同権論

同誌第一二号「主義」欄「吾人の男女同権論」（資料56）には、同誌の男女同権論へのスタンスがうかがえる。ここには、『精神界』創刊号の「精神主義」、第二号「万物一体」、第三号の「自由と服従との双運」という、いずれも清沢満之の主要な論説を論拠として、男女同権論が述べられている。とくに、これら三つの論説内容をうけた内容を持つ「自由と服従との双運」には、「万物一体の真理に体達」したならば、自由と服従とが矛盾なく両立する心境に立ち得るという趣旨が述べられているが、注意すべきは「吾人の男女同権論」に、この「精神主義」の実行主義的な考え方が援用されている点である。

すなわち「吾人の男女同権論」では、男女同権を一応は認めるが、結論的には男子に対する女子の服従を説くことに論旨の重点が置かれている。例えば、「固より男子と女子とを問はず、吾人は服従を美徳と信ずるのである。（中略）広き意味に於て世の一切のものに服従すといふべきである」と述べた後には、男女問わず服従を美徳としながらも、「是に於て初めて温良恭謙にして而も気力ある婦人たることを得るのである」と続いている。要するに「吾人の男女同権論」は、「女子が男子に服従すること決して厭ふべきものに非ざる」点について、「万物一体」の境地の必要を説諭するものとなっている。

だが、なぜ、女子の服従の側面が強調されてしまうのかという素朴な疑問を抱くのを禁じえない。読者女性にとって「自由」と「服従」との両立とは、現実的には、家父長制を前提とする価値観に従いながら生きる以外に、他の生き方を想像しえたであろうか。一方『精神界』の「自由と服従との双運」には、女性を意識した視点は一切ない。だが『家庭』において女性を意識して、同様の趣旨を述べるとき、いきなり女性性を帯びた論説すなわちジェンダー（**注5**）をはらんだ言説へと変わるのである。『家庭』の論説における女性性の出現は、実は、『精神界』の救済の言説には、女性読者が想定されていなかったことを浮き彫りにするのである。言わば、「精神主義」の教化の言説は、ダブルスタンダードであった。また、このような『家庭』の論説には、『精神界』において主張された「精神主義」という思想が、男女同権という社会的な具体的課題に対応した際に、如何なる言説として表れたかを見届けておく必要があるだろう。

このように、『家庭』誌上に論じられたジェンダーを帯びた「精神主義」の教説は、明治に西洋から輸入された男女同権論に啓蒙された女性たちが抱いたであろう人間の尊厳への思いから沸き起こる意欲をを押しつぶし、諦めさせる機能を果たし得る仏教教説となっていたのではなかろうか。

3 女子教育論（女学校教育）―『家庭』にみる女子教育―

次に『家庭』誌に特徴的な女子教育論を見ておく。「主義　感情教育と家庭と」（『家庭』第九号　一九〇一年八月）（資料57）には、学校教育では感情育成が叶わないので、感情教育は家庭において、しかも「仏陀無限の大慈悲」をもって行うべきであると論じられている。浩々洞同人でもあり、『家庭』誌編集の中心人物でもあった近藤純悟は、一九〇二（明治三五）年八月に姫路淑女学校の校長に着任しているから、その頃の執筆と思われる「女子教育の弊」（資料58）で、夫は外、妻は家庭を守るべきであると述べている。まさに高等女学校令や文相の訓示の内容に添った良妻賢母教育を理想とすべきことが述べられている。

4 『家庭』にみる「家庭」像

『家庭』には、理想とする家庭観は、「此世界と如来の国」を結ぶ場所として語られる（『家庭』第三巻第一号）。第三巻第五号巻頭論考「小楽土」によれば、「家庭丈は稍御仏の国に似て」いて、「家庭は実に小極楽」であり、仏教的な理想家庭は、「真の家庭」として言い直される。そして、そこに「居る人々」が「仏の大慈悲心を礎」にし、「御仏の心を心」として、「家内中が、一つ御仏の御心で動くやうになる」ことが「我等の理想の家庭」と説かれた（「永劫の霊泉」『家庭』第三巻第八号）。

5 『家庭』が語る女性の救済

次に、『家庭』における女性救済についてみてみたい。近藤純悟の「同情の本源」（『家庭』第二巻第四号）は、冒頭で「女子は最も弱く最も精神上の罪悪に富めるものなりと申さば諸姉は（中略）首肯せられ候や、否や」と読者にある女性観を問いかけながら、叙述が始まる。具体的には、女子の苦悩は、家庭の主婦をめぐって問題化される。

「少女」が嫁ぐと「浅ましくうら悲しく殆ど身も世もあられぬ境遇に陥り」「人の世の思ふ侭ならず頼み難き味ひをも知る」のだと、いわば家庭における主婦の苦悩が指摘される。主婦は、「前途に希望なく現在に楽しみを有せざる人」となり、そこで「始めて人の死の道に急く所以を知」るという。このように語った上で、近藤は、家庭における苦悩が契機となり、「自己の弱きを知り、また自己の内心の邪念、悪心の為に悩める人」には、「大慈悲者」たる仏が「大同情」を寄せ、安慰を与えるというのである。「悩める者」とは、ここでは当然、家庭の主婦たる女性である。「自己の弱きを知り（中略）」とは、いわば「自己の内心」の内省を前提にしている発言であるだろう。つまり、自己内省が、救済の要件として説かれるのである。

注意すべきは、以上のような家庭における主婦の苦悩とその救済を語る言説は、本来個別的であるべき女性個人の救済のあり方を、家庭主婦の救済として一般化している点である。苦悩は個別化されず、主婦たる女性の苦悩は家庭に付随するものとして一般化され、救済が説かれるのである。だが、女性の役割の固定化そのものの問題性が問われることはなかった（**注6**）。

加えて、先ほど紹介した近藤の叙述にも見えるように、『家庭』の論調として、存覚の『女人往生聞書』とそれを継承する江戸期の坊守訓といった伝統的坊守訓に見られる偏った女性観を前提に、女性救済を語る傾向があることを指摘しておきたい。例えば近藤が、第二巻第九号巻頭に叙述した「罪ある女に」は、その意味で典型的である。

（前略）静かに内心を省るときは己れは如何にあさましく罪深きものなるかを感じそらおそろしき思ひあり」とは某女がわれに語りたる所に候。然り、女は罪深きものなり、女は弱きものなりとは、男子が以て女子を　軽賤すべき語には無之候。罪悪の凡夫、苦悩の衆生といふ語が他人を責むるの語ならずして、正に自己内心の感じを表白したるものなるべきが如く、女子は罪深きものなりとは、女子自からが其内心に感じたる所を表白したるものたらざるべからずと存候。罪悪の自覚　は宗教の天地に於ける須要の関門にして、絶対他力の大道は正に此上にあるものと存ぜられ候。

と、「某女」自らがしたとされる「罪深」さの「表白」を冒頭におきながら、「女は罪深きものなり」とは「男子が以て女子を軽賤」した言葉ではなく、「女子自からが其内心に感じたる所を表白した」と近藤は述べる。だがしかし、ここには「某女」の「表白」をもって、「女子」一般を語るという飛躍がある。

さらに、「罪悪の凡夫、苦悩の衆生といふ語が他人を責むるの語ならずして、正に自己内心の感じを表白したるものなるべきが如く、女子は罪深きものなりとは、女子自からが其内心に感じたる所を表白したるものたらざるべからずと存候」との叙述には、仏教における男女平等の罪悪感のありようが語られているようだが、決してそうではない。「女子は罪深きものなり」という言葉がたとえ自己内心の表白としての懺悔の言葉ではあっても、それは「女子」の表白としてではなく、あくまで凡夫・衆生の自己内心の表白としかありえないはずである。にもかかわらず、「女子は」と語られるのである。こうした「女子は」から始まる救済の語りそれ自体が、「女子」ゆえの罪悪感の存在を不当に固定化する言説なのである。

6　障害者差別を伴う救済論

しかし、憐れむべき弱さを持つことが、仏の救済をより招きやすいという救済の論理は、行き着くところ、却ってその憐れみは、非常な暴力性を帯びることにもなる。例えば、「唖女《をしむすめ》」（筆名：小花生『家庭』第二巻第一一号　資料59）には、「犯しがたい前世からの宿縁である」とハンディキャップを持って生まれた女性についての母親の「悟り」を前提にしつつ、その女性の置かれた現実を説明しながら、「世の中では、常人と肩を並ぶることのできぬ下等の者でありながら、仏の国では既に最も尊い最も大なる者と定められて居るのである」という表現がある。

まさに、このような宿命論的宿業理解と論理こそが、宗門が実社会において犯し続けてきた不条理な差別の再生産と、差別の温存の助長とを許してきたことを、指摘しておかねばならないだろう。論者の憐れみと慈善の思いと教化者意識は、却って惨酷な言葉を生み出していく。まさに、教化者たちが無自覚に陥っていた傲慢と無明そのものが、ここにはある。加えて、さらなる問題は、教化者の教説に孕まれている独特な語りの特徴がある。それは、人生の苦悩のすべてを仏法に出遇うための必然として解釈して教化者然に語りかける態度に孕まれた問題である。この教説の問題性とは、人間の苦悩に纏わる事実や出来事を、教化者の達観した物言いの中に霧散解消させる働きを孕んでいる点にある。ある出来事に苦悩する人間における仏法・宗教的真理への距離を尺度として解釈することで終始し、出来事それ自体は問題にはならないのである（**注7**）。

7　『家庭』が語る女性救済―「変成男子」論をめぐって―

存覚の『女人往生聞書』にも登場した四十八願中の第三十五願にある「変成男子」について、当時、真宗京都中学教授であった河崎顕了が、講話「変成男子」（資料60）で取上げて論じている。

河崎は、『大般涅槃経』の文言を引用しつつ、「精神に如来の性を知ると、知らぬが、男子と婦人と別るゝ所である」と解説する。そして「言をかへて申さば。わが諸姉妹か、『変成男子』の願益を、得給ふと否とは、一に、信心の有無に関するのである」と、女子にとっての信心の大切さが強調されている。だが、何故男女の優劣に譬えられる必要があるのか説明はなく、ただ女人の劣性を固定化するだけである。また、河崎が引用する『御文』の内容は、明らかに女人性の問題ではなく、女人を「つみふかく、うたがいのこゝろふかき」者として、本質主義的に表現した文章である。仮に経典や蓮如の本意は女性蔑視ではなかったとしても、こうした近代の教学者たちの言説は、何ら女性への偏見をぬぐい去ることはなく、従来の「変成男子」理解を助長していくものであったのではないか。そして、こうした「如来の性」を通した「変成男子」理解は、根強く、いまもなお引き継がれているのではないか（**注8**）。

第3節　日露戦争期及び戦後期

1　『仏教婦人』にみる女性への戦時教説

さて、『家庭』は第四巻から『仏教婦人』に改称され、内容にも若干の変更がなされた。本章では、同誌の女性への戦時教説について考察する。

一九〇四（明治三六）年二月、日露戦争が始まると、翌月号の『仏教婦人』（第四巻第三号「報道」）には、次のような記事が掲載された。

◎吾等は戦争そのものを善しとも悪しとも判断いたし兼ね候、其は如来を信ずるもの、眼には戦争そのものに善し悪しはあらで、唯だ戦ふべからざるに強て戦を始め、戦を避くべからざるに戦をなさゞるをこそ悪しと謂ふを以て理ありと信ずればに候、

◎さらば戦ふべきとき、戦ふべからざる時を如何に知るやと仰せ給ふか、（中略）さては一国家の総ての人の胸に顕はれて戦へと命じ給ふ時を以て、わが国家の総ての人の協心して、身を棄つるも猶ほ顧みて戦ふべき時と信じ申候。

◎さらばこのたびも如来の戦を命じたまふところと信じ申候

戦争は如来の命により行うものであり、勝負の行方は如来の胸次第であるから私たちはただ勝利を祈って戦うのみである。今こそ、如来が、「一国家の総ての人の胸に顕はれて戦へと命じ」ている時であり、国民が皆、戦争をしたい気持ちになれば、それが、如来が戦争を命じた証であると。だが、これは、人間・己の願望を、ただ如来の仕業に託しているに過ぎないことは言うまでもない。

また、『仏教婦人』第四巻第四号「本領」欄には、「軍国の女子」として、戦時における女性は、自らの夫や息子を出征兵士として見送る際には、「女々しく」涙を流してはならないと述べられる（「軍国の女子一」）。そして夫を失った「軍国の妻」の心がけとは、一家を処理していくために独立心を養うことであり、「是れ戦争が与ふる尊とき教訓にはあらずや」（「軍国の女子二」）と、己を見詰め仏道に入るための機縁にもなると、戦争を昇華させて宗教的な教訓となる可能性を指摘するのである。他方で非戦論を唱えた僧侶もいた（コラム3）。

2　大谷派婦人法話会の機関誌『婦徳』の発刊

日露戦争後の一九〇八（明治四一）年三月、『仏教婦人』（『家庭』）の後継誌と目される婦人教化雑誌『婦徳』が、大谷派婦人法話会から発刊された。その第一号巻頭の「本領」欄「本誌の発刊に就て」（資料61）には、その発刊の目的が語られている。同誌は、「いかに罪深き婦人も必ず救はるべし。（中略）是れ本誌の世に生れ得たる所以なり」と、ステレオタイプ化された女性観を前提としつつ、婦人教化の雑誌として、一九四四（昭和一九）年三月まで月刊で発行（終刊・四三二号）された【グラビア㉚】。

第4節　一九一〇年代前半以降

1　「新らしい女」の出現

一九一一（明治四四）年九月に平塚らいてう等により『青鞜』が発刊されると、新聞や雑誌において「新らしい女」が賑やかな論議の対象となった（資料62）。先述した『香山院師坊守訓』（一九一一年一一月　資料63）が発刊されたのは、そうした時代であった。同書の編者大須賀秀道は後に大谷大学学長も務めた仏教学者であったが、彼の「例言」によれば、本書は、一八五二（嘉永五）年に香山院龍温が成した坊守教示草案など数冊の遺録を纏めたものであった。この坊守訓が出版された一九一一（明治四四）年は四月に宗祖聖人六百五十回御遠忌が厳修され、七月には第一回坊守教誨があった年であり、宗派が、「新らしい女」の時代に、御遠忌を契機に坊守のあり方を見直した時期であった。大須賀は、その「序」に、親鸞の妻帯以来の坊守の宗風が伝統となり、蓮如を経て近くは香樹院徳龍やその弟子の香山院龍温にまで受け継がれてきたことを述べる。

御遠忌を契機に、教団の組織力強化に坊守の役目に期待を寄せた宗派は、同年、初めて「坊守教誨」（一九一一年）を実施した。

同年六月に出された「御垂示」（資料14）が言及する坊守の理想像を前提に、大須賀が各地の婦人会の坊守に向け、伝統的な坊守像を教示したのである。むろん具体的には、「五障三従」の女人観を前提に、三毒の煩悩の自覚や在家と男に勝る坊守の罪業などを強調し、一層の求法生活の必要を説くものであった。

以上のように、存覚以降の伝統的な女性観を前提にした女人教化論やそこに説かれる「五障三従」という女性観を前提にした、あるべき女人像・坊守像のあり方は、明治時代以降も、宗派においては、綿々として、受け継がれていったのである。

こうした「新らしい女」の登場への危機意識のためか、一九一四（大正三）年、先帝の妻・昭憲皇太后の死去後に、その良妻賢母としての内助の功と献身ぶりが讃えられていく。例えば、徳富蘇峰は、「日本女性の美徳として最も昭著なる一は、献身的精神にあり。（中略）而して我が　皇太后陛下は、最も多量に此の精神を具有し給へり。日本婦人婦徳の中枢、実に茲にあり」（「皇太后陛下の御不例」一九一四年〔『皇室と国民』民友社　一九二八年〕）と述べ、「我が大和民族は、何れも我が母を喪うたる心地して、涙に暮れぬものぞなき」と、皇太后を「母」に譬えた（同前）。宗派でも、大谷派慈善協会の機関誌『救済』（第四編第五号　一九一四年五月号）に、村上専精が追悼の辞を寄せ（資料64）、また大谷派婦人法話会の機関誌『婦徳』（第七五号　一九一四年五月号　資料65）「崩御の悲み」でも、皇太后の良妻賢母としての内助の功を讃えた。

そして一九一六（大正五）年二月、『太陽』誌上の与謝野晶子の論説「母性偏重主義を排す」における「母性」批判に端を発して、平塚らいてう等との間で、いわゆる「母性保護論争」が起こった。その論争の過程で、「母性」や「母性愛」という言葉が定着していった。

2　第一次世界大戦後

第一次世界大戦以降、女工たちが日本資本主義の重要な担い手になり、急激な経済的成長で新たに発生した職業分野や男性の仕事分野への進出が始まると、女性たちは「職業婦人」と呼ばれ注目されるようになった。ただ実際には、女性の多くは、高等小学校や女学校を卒業後に結婚までを低賃金に耐えて働き、結婚とともに家庭の主婦として家を支え、家計の不足を内職で補うために働いていた。

他方、女子教育に関しては、見直しが行われ、一九二〇（大正九）年七月には、「高等女学校令中改正ノ件」が公布され（資料66）、「国民道徳」を意識した良妻賢母教育の強化が目指された。併せて、欧米においては第一次世界大戦に女性が協力したという報道がしばしばなされたこともあり、大戦後には、「職業婦人」ブームは、女性に対して「国家の一員として」の自覚を促す国策への動員、すなわち国家総動員体制の創出と結びつけられて語られていく。

その後、一九二三（大正一二）年九月の関東大震災による人心の動揺や著しい社会不安への対処の意味もあり、一一月に国民精神作興に関する詔書が発布された。それは自由主義や社会主義など西洋思想の流入による「思想の悪化」に対抗して、伝統的な日本精神や国民道徳を強調することで、国民教化を行おうとするものであった。

この詔書をうけ、宗派では、法主が早速に宗門に向けて「御垂示」（資料67）を発した。国民精神の作興に向けて、宗派挙げての協力を呼びかけ、また「大詔を拝して」と題する「御親書」には、「『文化ノ詔復、国力ノ振興』に、大御心を用ひ給ふ今日こそ、私は真に宗教的自覚の最も大切な時であることを固く信ずるのである」と教示した。そして、一九二五（大正一四）年四月に、治安維持法が公布されることになる。

では、この大正末期から昭和初期にかけて、国家による国民監視が強まる時期に、宗派は、いかなる女性教化を行おうとしたのか。次に概観しておく。

一九二五（大正一四）年八月、坊守規程が制定され、家婦として住職の内助のみでなく、門信徒の模範たれとの坊守像が提示された。『真宗』同年一〇月号には、「生ける妙好人　真宗信徒の模範」と題して、「内家運を挽回し外社会に奉仕した宮のさ女」などが紹介された。また坊守規程の趣旨として「坊守も公然法務が行へる」という見出しを付し、「今日の時勢として院代や役僧はそう手軽く求められず、またかうした人をたのむほどに経済の許さぬ寺院では、どうしても坊守が住職の代理をするのが一番よい」と、多忙な住職の代理として役割を果すべきことを期待した。

さらに一九二六（大正一五）年四月、大谷派婦人法話会会長の大谷智子は、婦人法話会初の「教条」を朗読し、会員三〇万人に下付した（資料68）。そこには、法話会の目的が語られ、「報恩の称名怠りなく常に皇恩師恩を忽諸にすべからざる事」「勤倹家を治めまめやかに内助の務を全うすべき事」「温良貞順よく女子の本分を守り社会平和の中心たるやう心がくべき事」など五条からなる会員の心構えが示された。

また、『真宗』一九二六年七月号には、宗派が、宣伝用映画として「新フィルム『誠の光』を購入」したことが告知されている。宣伝課が、『誠の光』を紹介する文には、

原名は『賢婦せき女』といふのであるが、せき女が誠の力を以つて家を復興し、よく無頼漢にも等しき其夫を感化し、居村に対し国家に対し奉公の誠をさゝげた涙ぐましい事実物譚を映画化したものであるから、これを『誠の光』と名くることゝなつた。

とある（**注9**）。

他方、女性が社会で働くことへの関心が高まるなかで、坊守など寺族女性たちからは自らの立場の自覚への揺らぎを伴う疑問や不満の声があがっていたようである。浩々洞同人であった多田鼎は「寺族の仕事」（資料69）で、「度々、寺族の口から、『寺などは詰まらぬ、寺にをる程、愚かな事はない』といふ声をきゝますが」と、寺族女性たちの不満声を紹介しながら、清沢満之、南条文雄、住田智見、今川覚神、暁烏敏など、宗派内でも有名な人物の妻や愛国婦人会を創設した奥村五百子を例に挙げ、寺族女性の仕事は

「重大」だと説諭した。また良妻賢母のみならず、率先した聞法生活、子供の教育、日曜学校や幼稚園の運営など、坊守には、多くのなすべき役割と仕事があることを示し、「教団の母」である恵信尼、覚信尼の高風を仰がねばならないと説諭している。恵信尼は、一九三一（昭和六）年に『真宗』誌上で、「真宗婦人の典型」として讃えられるようになるが、両尼が宗派の女性教化の言説において重要な位置を与えられたことがわかる。

坊守規程を新に定め、坊守に法務を認めるなど寺族女性の活躍を認めた宗派であったが、役割の範囲は、内助の仕事であった。また『真宗』誌上に掲載される女性論は、『女人往生聞書』を甦らせる内容であった。例に、大谷大学教授・稲葉円成の「寺族講座　婦人の特質と人生　男子を支配する婦人の力　感情の純化と婦人の教養」（『真宗』一九二九年二月号　資料70）をあげておく。

第5節　満洲事変以後

1　「坊守諭達」・「全日本婦人の仏心化」

一九三〇（昭和五）年九月、相続講五十周年に出された「昭和御消息」では、相続講員が遵守すべき心がけとして、特に寺族女性に向けて「家庭を念仏の道場とし、和顔愛語にして永く和楽を倶にすべき事」などと教示された（資料71）。翌年に満洲事変が勃発すると、その翌日、宗派は、開教地へ電命し慰問の行動を開始させている。さらに一九三二（昭和七）年一月、宗派は、同年四月に覚信尼六五〇回遠忌法要を厳修する旨を「御書立」として提示している。そこには、

真宗門末ノ婦人タルモノ愈金剛堅固ノ信心ニ住シ、覚信尼公ノ御遺徳ヲ偲ヒテ感謝報恩ノ生活ニ励ミ、美ハシク念仏行者ノ本分ヲ尽サレ候ハヽ、仏祖ノ御冥慮ニモ相適ヒ（『真宗』一九三二年二月号）

とあり、覚信尼を模範として、真宗婦人として念仏行者の本分を尽すべきことが教示された。また同年一月二七日には「婦人教化施設条規」を発布し、覚信尼六五〇回遠忌を機縁として、婦人教化体制を整えていく。この「婦人教化施設条規」発布と同日、宗務総長名で発せられた「坊守諭達」（資料36）【グラビア㉔】の内容は、「御書立」と同じ趣旨で、覚信尼を模範としつつ、特に坊守に向けて、婦人連盟結成をし、婦人運動による社会浄化を目指すべきことが説諭されている。

そして、この時期の『真宗』誌には、「坊守諭達」の内容を敷衍しながら、坊守や寺族婦人教化の説教が掲載された（資料72　竹中慧照「寺院の使命と坊守の任務」）。大須賀の「念力に眼ざめよ」（資料73）では、良妻賢母を目指すべきことや、『女人往生聞書』などに説かれる女性の罪み深さを強調しつつ、『観無量寿経』の韋提希夫人の心の転廻による救済を論じている。

一九三二（昭和七）年一〇月には、軍部の総力戦体制・国防国家づくりに全面的に協力するために大日本国防婦人会が設立された。大谷派では、翌年一月に「大谷派婦人聯盟結成の諭達」（資料74）が発せられた。覚信尼六五〇回遠忌を機縁として、大谷派は婦人

聯盟の結成を呼びかけ、婦人教化の体制強化に努めていったのである。

この「坊守諭達」をうけて、教学課は、「大谷派婦人運動に就て」(資料37)と題して、婦人運動についての趣旨書を作成し、布教使国役職・坊守・各婦人団体幹部へ指示をした。そこには「全日本婦人の仏心化」を目指すことと、門末婦人総動員の協力の重要性が強調され、覚信尼を範として、国家が求める女性の育成のために全面的に協力するよう力強く説諭している。そこには旧来の良妻賢母主義、精神的弱者という女性観、また三十五願の積極的意味が説かれるなど、言葉遣いには若干の変化はあるものの、明治期からの大谷派内で語られてきた女性観に本質的な変化は見られない。

他にも、布教研究所参与の竹中慧照は、「真宗婦人の自覚」(資料75)で、模範的真宗婦人として、恵信尼、覚信尼、蓮如の母を挙げた。また皇后の妹で、法主大谷光暢の妻であり、大谷派婦人聯盟総裁の大谷智子裏方が、婦人聯盟結成全国婦人大会(資料41)に先立つ四月五日に、京都放送局からラジオ放送で講演を行った。「仏教と女性」(資料76)と題するその講演は、翌月の『真宗』に掲載された。智子裏方は、婦人聯盟結成婦人大会で訓示(資料40)を述べるなど、とりわけ寺族婦人の精神的指導者としての役割を果していった。

2　日中戦争期―「同朋箴規」―

日中戦争前夜の一九三五(昭和一〇)年、憲法学者の美濃部達吉の天皇機関説を巡る問題が起こった。その中「国体明徴」が叫ばれ、同年八月には文部省は、大谷派管長に対し、天皇機関説を排除し、「国体明徴」の趣旨を門末に徹底するように協力を求めた。同月、岡田内閣は「国体明徴声明」(第一次)を出すなか、こうした動きに呼応し、宗派は「教学刷新の教書」(一九三六年八月)を示し、その教学内容を平易に表現するために、翌年四月の立教開宗記念日に「同朋箴規」(一　己を捨て、無碍の大道に帰す、一　人生を正しく見て禍福に惑はず、一　報恩の至誠を以て国家に尽す)を定めたのであった。一九三七年六月号で「同朋箴規」臨時特集号を発刊するほどの力の入れ具合で、その後の真宗大谷派の教学・教化の基本的な指針となった。

一九三七年(昭和一二)七月の盧溝橋事件をきっかけに日中戦争が激化し、九月には国民精神総動員運動が開始された。家の内外で分けられていた性別分担は、「男は前線、女は銃後」というかたちで、国の内外に分けられていった。当初は、出征兵士の見送り、傷病兵慰問など「母性的」支援が中心であったが、日中戦争後は、女性たちは、軍需資源の供出や耐乏生活維持の一方、「生めよ殖せよ」と多産を要求されていくことになる。

宗派では、智子裏方が中国戦線へ兵士を慰問し、銃後女性の範を示し、また宗派内外の公の場で、兵士や身内を亡くした遺族に向けて感謝の言葉を述べた(資料77・78・79・80)【グラビア㉕㉖】。加えて、翌年四月の立教開宗記念日に、「同朋箴規」の徹底を期して智子裏方作詞、東京音楽学校作曲により「無碍の道」という合唱歌が作られた(**注10**)。

また、日中戦争開始から二年を経過した一九三九（昭和一四）一一月、婦人法話会『婦徳』には、巻頭に宗務総長安田力の論説「時局と婦人」（資料81）が掲載された。そこには、時局下の婦人の任務とは「戦争の三大要素たる（一）智仁勇の三徳を具へた優秀なる人的資源、（二）家計上の無駄を省いた貯蓄、（三）有難い勿体ないの心から節約再生した物資」が、「婦人の心構えから出来て来る」ことであり、これらの「婦人の良き働きの総和こそ聖戦の目的完遂の鍵であり、殊に平素二諦の教に導かれる真宗五十万婦人の自覚に基く精神総動員が希求せらる丶所以であります」と強調されている。

また、同じく『婦徳』（三八六号 一九四〇年四月）には、「靖国神社英霊に捧ぐ」と題して投稿された短歌が掲載された（資料82）【グラビア㉚】。

3 アジア・太平洋戦争期

一九四一（昭和一六）年一二月、アジア・太平洋戦争の開戦後は、兵器生産にも女性がかり出されるようになった。未婚女性は強制動員され、主婦も大日本婦人会（一九四二年結成）を通じて、部品製造などを課された。一九四五（昭和二〇）年六月には大日本婦人会は解散され、一七歳から四〇歳までの女性は、国民義勇戦闘隊として再組織化された。一方、この時期の宗派では、保育園の保母を対象とした講習会を開催するなど、様々な形で銃後婦人に向けた教化活動を実施した（資料83）。厳如上人五〇回御忌法要には、戦没者の追悼法要を実施し、亡くなった兵士の母は、「誉の母」として顕彰された（資料84）。

だが、ミッドウェー海戦の敗戦（一九四二〈昭和一七〉年六月）、ガタルカナル島の撤退（一九四三〈昭和一八〉年二月）と、戦況が悪化するなか、一九四三（昭和一八）年五月、婦人法話会の『婦徳』（四二二号）に、同会総裁大谷智子の「御訓示」が掲載された（資料85）。そこには、「たゝかひは日に日に熾烈となり、今や全国民悉く戦場に立つの思ひをもつて、はげまねばならぬ時となつてまゐりました。婦人の身と致しましても、（中略）強い覚悟を持つべきことは申すまでもなく、更に、御国のために必要とあらばいかなるいかなる部門に亘つても、挺身して御奉公いたさねばならぬ」と、決戦生活に臨む銃後婦人の心構えが強調された。さらに、同年一〇月には、大谷婦人教化委員が創設された。その目的は、「宗門婦人としての本分を自覚して、総力を結集し、戦時下婦人生活指導と戦時下寺門経営の確立を計り、下部組織より銃後国民特に婦人の教化並に鞏固なる団結をなさしめ以て国家目的に挺身せしめんとする」（『真宗』一九四三〈昭和一八〉年一〇月号）ことであった（資料86）。

第6節　戦後から現代へ

1　同朋会運動以前

アジア・太平洋戦争の敗戦後、GHQの占領下において、軍国主義の排除と民主化が実施された。一九四六（昭和二一）年一一月には、日本国憲法が公布され、翌年三月公布の教育基本法の第五条には、「男女は、互いに尊重し、協力し合わなければならないものであって、教育上男女の共学は、認められなければならない」と示された。

では、宗派の教学者たちは、敗戦後以降の男女平等の風潮をいかに受けとめ、いかなる教えを説いたのだろうか。例として『真宗』誌に掲載された、大谷大学で教鞭をとった仏教学者・横超慧日の「仏教と婦人」を見てみたい（資料87）。

横超は、戦後当時の男女同権、女性解放の思潮を踏まえつつ、従来の「五障三従」説への誤解を解きたいとし、「男女の差は宗教的な解脱の前には何等の意味も持たぬのである」と述べ、仏は男女を平等に救うと論じた。だが、その言説には、真宗の女性教化に綿々と存在し続けてきた女性への偏った理解が含まれたままであった。また常本憲雄「花を咲かせる女性」（資料88）には、念仏の教えに基づく生活を通して、家庭に「花を咲かせる」という理想の女性像が強調されている。それは、明治期に発行された『家庭』誌の内容を彷彿とさせる内容であった。

一九五八（昭和三三）年一一月二三日、大谷派坊守会連盟の結成式が挙行され、同じ日、坊守を教え導くことを趣旨として『坊守教本』（真宗大谷派宗務所教学局編）が出版された**【グラビア㉙】**。同書に掲載された「恵信尼のおことば」「坊守のつとめ」（資料89）の二つは、坊守が女性であることを前提に編集されたことが推測できる。また、この頃、『恵信尼公』では、親鸞と恵信尼があるべき夫婦像として讃えられた（資料90）。

さらに翌年、『教化研究』「婦人問題」特集号が、教学研究所から発刊された。その巻頭には、戦後の大谷派に多大な影響を与えた仏教学者・安田理深の「誓願一仏乗―大義門功徳によって―」（資料91）と題する論説が掲載された。安田は、女性について「不具者」「不完全」などと徹底的に「純粋仏道からは致命的」として徹底的に女性を貶めながら、その「女性を絶対的に高める教」が仏教なのだと説諭した。特集号の巻頭に、権威的な学者の論文が掲載されることの意味は大きいと言わざるを得ないだろう（**注11**）。

同じく、『教化研究』同号に掲載された米沢英雄「本願の臨床」（資料92）には、「人間を同権にし平等にすることは、仏のみよくなし能う問題である。今日の一切の混乱は、仏のみなし得ることを人間に可能なりと錯覚して日夜妄動している為の報いではあるまいか。越権に対する仏罰ではないか」「男は単に男性であるというだけでは生きられない。何らかの形で職業をもたねばならないのに、女性は「女であること」唯それだけで生活して行かれる存在である」と述べ、偏った女性観が見られた。

また「編集後記」（資料93）の「仏教において、とくに女性についての罪業のふかさをいい、変成男子を誓われたには、時代を越えたふかい意義があるはず」という言葉には、仏教擁護の意図が明白である。だが歴史と時代社会の思潮の変化とともに、女性のあり方もまた目覚ましく変化してきたのである。にもかかわらず、古代印度において見出された女性像に超歴史的な意義を見いだし、戦後の男女平等思想の広まりに冷や水を浴びせる言説に、読者女性は果たしてどれ程の説得力を感じただろうか。むろん『教化研究』の読者は、宗門関係の男性や教学者が多かったから、女性が主な読者として想定されていたとは考えにくい。つまり、この「婦人特集号」は、教学に関心を寄せる教団内の一部男性を読者に想定したものと言えるだろう。また宗派としては、教団の女性教化の基本的方向性を示すものとして受け止められたことは想像に難くない。

さらに一九六〇（昭和三五）年一〇月、親鸞聖人七〇〇回大遠忌を契機に、大谷派婦人総連盟より冊子「婦人シリーズ」（注12）が刊行されることになった。同シリーズI『女性』の巻末には、大谷派婦人総連盟綱領「一　親鸞聖人のみ教えによって信心のよろこびを聞きひらきます　一　親鸞聖人と共に人生を道として超世のまことを明らかにします」と掲げられ、

> この綱領は女性の救いを誓われた第三十五願のお心を汲みとって、その大切な点を二つ挙げ、仏の願いを我が願いとしてあらわしたものであります。（中略）中心点は歓喜信楽と発菩提心の二つでありましょう。女性の特徴は悩みが多いこと、弱いこと、歓喜信楽とは悩みを切り開いて喜びを与えよう、（中略）こういうお心が示されているのであります。発菩提心というのは弱い心、どうしても真実がもとめられず、日々の生活の中に妥協して自分を失いがちになろうとする心に、一すじのたしかさを与えようというお心があらわされています。（中略）この大切な二つのことが本当に私たちの身に与えられる道が、仏のお心を本当に身をもって頂かれた親鸞聖人のみ教えであり道であります。この綱領をかかげて、真宗婦人の私たちは、みんな手をとってこの道に進まうではありませんか。

と、同連盟として「真宗婦人」の心構えを強調している。この「婦人シリーズ」の「あとがき」には、数年後に宗務総長として真宗同朋会運動の推進役となる、当時の教学局長訓覇信雄の名前で、本シリーズ刊行の趣旨が「今日、婦人の社会的地位はようやく向上の一途をたどりつつありますが、（中略）依然として女であることの内面的な悩みは解決されず、かえっていよいよ深く残されているようであります。この婦人シリーズは、ささやかながら正しい教法にもとづき、すべての婦人がもっている苦悩の根元を明らかにすることによって、いくらかでも現代の人間の問題に応えようとするものであります」と述べられた。ジェンダー平等の視点からは、違和感を抱くのを禁じ得ない。実際に、同シリーズI　仲野良俊「女性」（資料94）には、女性への固定的な見方が示され、女性として生を享けたことが不幸であるかのような表現が見られる。同シリーズの刊行は、同朋会運動開始前夜であったが、これらは、当時の教団においては常識として共有された女性観あったのではなかろうか。むろん、こうした女性観は、教団における前近代の伝統的な女性への認識を引き継ぎ、次節に述べるように、同朋会運動開始後にも引き継がれていくのである。

2　同朋会運動以後

同朋会運動が発足して一〇年が経過した一九七三（昭和七八）年、『教化研究』で「真宗と女性」をテーマに特集号が編まれた。掲載された論説は、いずれも『女人往生聞書』や仏教の伝統的女性観を再論するものであった。例えば、稲葉秀賢「真宗における女性観」（資料95）には、「知もなく行もなく、ただ愚痴のなかにおろおろしている女性、韋提希こそ、女性の弱点を代表するものである。（中略）いな、むしろ世の女性のなげきは、現代にあっても親子の破綻に泣き、夫婦の葛藤に悩むのが女性の常なのではないであろうか。かくの如き女性の前に救済の手をさしのべられる教説が実に『観経』なのである」とある。ここには、結局、女性を、偏った固定観念で見ているのがわかる。さらに

ただ、ここで一言しておきたいことは、その女性解放が現実社会に於ける女性解放とは直ちに結びつかないことである。現実社会において虐げられた女性も、（中略）宗教的世界に於ける女性解放であることを忘れてはならない。

と強調し、女性解放はあくまでも宗教的世界の話であって、現実社会の話ではないと釘を刺している。仏教の世界と現実社会の問題とを切り離し、社会の女性解放とを切り離す意図が読み取れる。『教化研究』誌上の仏教学者の言説は、少なからず読者に影響を与えたであろうことは想像に難くない。同誌には、その他にも偏った女性観に基づく文章が掲載されている（大谷婦人会事務局長東沢真静「「婦人教化」に思う」資料96）。

第7節　現代―一九八六年　男女雇用機会均等法の施行・婦人参政権四〇年以降―

一九八六（昭和六一）年、時の参務と宗務総長の「中央坊守研修会」での発言をめぐって、「真宗大谷派における女性差別を考えるおんなたちの集い」の呼びかけがなされた（資料97）。

この呼びかけ文中の参務と宗務総長の発言は、従来の宗門内における女性への差別意識が露呈したものであった。さらに翌年、『同朋社会の顕現』事件が、追い打ちをかけることになる。この差別事件を受けて、一九八九（平成元）年四月二〇日に第一回真宗大谷派糾弾会が行われ、同年八月、宗派は解放同盟への回答書を提出した（資料98）。

糾弾を通じて、宗派は自らの差別体質を自覚反省し、その克服のための取り組みを始めていく。女性差別問題についても、こうした取り組みによって、教団の教学者を中心とした女性への固定観念、またそれを受容してきた坊守たちの意識が問われるはずであった。しかし、宗派に「女性室」が開設されるのは、一九九六（平成八）年であった。

その後、一九九九（平成一一）年に、「男女共同参画社会基本法」が公布・施行され、また女性史研究やジェンダー研究の成果が、社会的に影響力を持ち始めていったこともあり、宗派の坊守をはじめ寺族女性たちが、教団における女性のあり方について疑問を呈

する動きが生まれていくこととなった。
こうした性差をめぐる意識の変化を反映する形で、『教化研究』で「真宗と女性」をテーマに特集が編まれた【グラビア㉜】。同誌には、坊守から、その坊守が置かれた現状への異論が掲載された（資料99）。そこには従来の男性教学者の説教を批判し、恵信尼を理想の坊守とする伝統的な語りへの拒否が示された。長く教団内に共有されてきた女性像への拒否が、こうして『教化研究』に掲載されたことは、画期的な出来事であった。

おわりに

以上、明治期以降から大正・昭和戦中・戦後、平成期にかけて、真宗大谷派教団における女性教化の言説の特徴について通史的概観を試みた。読者は果たして、いかなる感想を抱かれたであろうか。敢えて単純に言えば、幕末から明治へと時代が代わり一五〇年間が経過したが、通底音のように流れ続けているのは、存覚の『女人往生聞書』や蓮如『御文』中の「五障三従」という女性観に基づく女性教化の論調ではないか。こうしたジェンダーバイアスのかかった論調の基本は変えることなく、時には強く、時には穏やかに、時代状況の変化に歩調を合わせながら、幾度も繰り返してリフレインされてきた歴史が読み取れるのではないだろうか。家族形態や夫婦の形も、高度経済成長期の様相とはかけ離れ、さらには性の多様性の尊重とＬＧＢＴ（性的少数者）への差別解消の意識が高まりつつある現代社会において、果たして、こうした伝統的な、根強いジェンダーバイアスがかかった女性教化の教説に、一体誰が、心から納得して耳を傾けるのだろうか。

その意味で、二〇一八（平成三〇）年五月の女性会議の講義で平雅行がした、蓮如の『御文』の歴史的評価と現代における役割についての、次のような指摘は重要であろう。

蓮如さんには、戦国時代に流布した女人罪業観をそのまま受け入れたという側面と、それを男女平等の罪業論に変えてゆこうという、二つの側面があります。それだけに、その歴史的評価は慎重になされるべきです。／ただし、歴史的評価と、現代的評価は異なります。「五障三従」論が蔓延しているなかで、蓮如さんはそれを男女平等の罪業論に転化させようと努力しました。でも、今や蓮如さんの目指した方向が実現して、男女平等論が一般的となりました。こういう時代状況のなかで、誤解を招きやすい「五障三従」の『御文』を、わざわざ取り上げるというのは、むしろ蓮如さんの真意から外れるのではないでしょうか。男女平等が普通となった今では、「五障三従」の『御文』の歴史的役割は終わった、と私は考えます。／時代にあわせて変わってゆかないと伝統は守れません。変えるべきものと、変えてはならないものとを、きちんと見分ける。そして怖れることなく大胆に変える。こうして、はじめて伝統を守ることができるのです。真宗の皆さんの勇気に期待したいと思います（**注13**）。

男性中心の教団運営に対して、女性も平等参画していく方向性が、女性たちの側から提言され、二〇年以上が過ぎた。この間、女性住職が認められ、女性参務が内局に着任するなど、緩やかにではあるが、教団運営のあり方に変化の兆しがうかがえなくもない。だが、女性坊守や寺族女性から、聖教類に語られる女性観への異議申し立てなど、教団が温存してきた男尊女卑的な体質への問い直しは、現在も続いている。

思えば、教学的言説は、男性教学者が、女性に対して一方的に説諭する語りとして、永く存在してきた。だが、今では、多くの女性たちが声をあげるようになった。教団の女性教化の歴史に鑑みれば、そのことの意味は大きいと言わねばならない。女性たちは、一方的に教化されることを拒否し、問題意識に目覚め、問題意識を共有する者と共同し、思索し、発信し、教団内における女性の位置を少しずつ改善しつつある。一度、問題意識に目覚めたならば、わき起こる疑問を押し殺して生きることは難しいものである。女性たちの生き様そのものが、教団の女性史を形成していくのである。そして、男女平等参画による真の同朋会運動は、まさに、これから始まろうとしているのである。

（注1）　徳龍は、大谷派の講師まで務めた真宗教学の権威であった。「坊守も法務が務められる」（『真宗』一九二五〈大正一四〉年一〇月号）には、坊守規程の制定をうけ、その趣旨説明を述べる文章に、香樹院徳龍が、「坊守と本堂の鼠とは、御仏飯をかぢつて子供ばかり生む」とは、たしか香樹院講師の申された語のやうに覚えてゐる。まつたく皮肉な評語であるが、また骨の髄までこたへる痛い語である。今日までも斯やうに鼠と一緒にみられるやうな坊守では仕方がないが、殊に今後はなほさらである」と書かれている。徳龍の言葉に、坊守への意識がうかがえよう。

（注2）　五障とは、女性は生まれながら梵天王・帝釈天・魔王・転輪聖王・仏になれないという考え方で、最後の「仏」以外は仏教成立以前のインドにあった世界観に基づくものであり、後に仏教の教えに混入された。三従とは、女性は結婚前には父に従い、結婚後は夫に従い、老いては息子に従うべき存在とする考え方であり、仏教成立当時のインドでは社会道徳（『マヌ法典』等）として語られていた。これは、男性に対して女性を従属的・被支配的位置に置く、父権主義的価値観を反映しており、女性の自由で自立的な活動を不当に抑圧する差別性を持つ。

（注3）　例えば、樺山資紀文相は、一八九九（明治三二）年四月、地方長官会議で訓示し、高等女学校教育の目的を「女子教育の不振は現今教育上の一大欠典《ママ》と言はざるべからず（中略）高等女学校の教育は其生徒をして他日中人以上の家に嫁し、賢母良妻たらしむるの素養を為すに在り」（文部省編『歴代文部大臣式辞集』一九六九〈昭和四四〉年　一一七頁）と述べた。

（注4）　明治二〇年代に函館大谷女学校が開設し、高等女学校令発布以降に女子教育への関心が高まると、姫路の大谷女学校、京都淑女学校などが設立された。

（注5）　「ジェンダー」概念については、ジョーン・W・スコットの「肉体的差異に意味を付与する知」（『ジェンダーと歴史学』平

凡社、一九九二〈平成四〉年）に拠っている。東海地区の仏教教団に所属する女性たちを中心に結成された「女性と仏教東海・関東ネットワーク」が発行した『新・仏教とジェンダー―女性たちの挑戦』（梨の木舎　二〇一一〈平成二三〉年）の「はじめに」に、同ネットワークの一員の宗教学者川橋範子は、「ジェンダーとは、社会・文化的な役割や規範としての性別のこと」と定義する。川橋は、「私たちは、ジェンダーの縛りが生み出す性差別の問題が、現代日本仏教の閉塞感や行き詰りの大きな要因であると感じている。」と、現状の問題点を指摘している。本章もまた、こうした問題意識を共有しつつ、仏教教団におけるジェンダー平等なあり方の実現を願いとして、近代以降の仏教教団における女性の位置づけられ方、論じられ方を、とりわけ教学・教化の言説に焦点をあてて、考察するものである。

（注6）

『家庭』の受容という点を考えるには、「はがき集」という投書欄での、読者同志の応答や読者の意見が参考になると思われる。この欄は、読者の度々の要望に応える形で、編輯部が「読者が本誌に対する希望とか、読者と読者との交通親交上の事」など、欄にふさわしいものを掲載することを目的に「意を決して」、第三巻第三号より設けれている。例えば、第三巻第六号から一一号にかけて、「あき子」「蓮山女」「朝子」と称する三人の女性間で交わされた応答がある。「あき子」の「女子は男子に服従すべきものなるや同権なるやに就て」「本誌も読者は如何に思ほさるゝにや伺上候」（第六号）との問いかけに、「蓮山女」が、

あき子様前号で御申しの同権と服従とのことですね、これはとてもわけがつきませんよ、みんなが仏様の子になる迄は男子も女子も互いに悪るいんですもの他人はしかたもありませんが家庭読者と云はるゝ程の者は互に誡めたつて、がらに合はんことを思つたり言つたり又あまり思ひさがりすぎたりせないやうに気をつけ、吾天職を全くしよきをみなとならふぢやありませんか（第八号）

と早速に返答すれば、それについて「あき子」が「蓮山女様、同権と服従とのことに就て、話は少し脇へ参りますが、……気を付ける付けての心の根本が定まつて居りませねば、如何に気を付けやうと思ふても、不安で気の付けやうが有りません、どのやうに心の根本をきめたならば宜敷う御座いましやうか」（第九号）と「心の根本」に「話を脇へ」ずらして尋ね返せば、「蓮山女」が、「心の根本をきよめますには、……うへなきみほとけの教を御聞き遊ばせ、大きい御慈悲と御智恵とに支配せられて、不平の、不安のといふ様なこゝろは露なくなり、安らに分を修めゆくことが出来ます」（第一〇号）と答え、さらに、「朝子」が「蓮山女とあき子様との御問答は至極重要なことにてたゝ男女同権の議論のみならず総べての事柄に付て心のおちつきが有りませねばいけません」（第一〇号）と、結局男女同権問題は、心をどう修めるかという問題へと移り、「前号のはがき欄にて蓮山女様と朝子様との御教へにあつかり難有存じます、共に御仰せの旨には少しも違ふ考を持つて居るのでも有りませぬが唯何とはなしにとかく心が仏様を遠ざかるやうでならないと云ふのも有りますから以後は充分心がおちつくやうに勉強を致さうと存じております」（第一一号）と、一応「あき子」が納得した形で終わっている。最初の「蓮山女」返答中の「家庭読者と云はるゝ程の者は」という「あき子」への語りかけには、読者共同体的な発想を伴う『家庭』読者同志として自覚がみられるのであり、そして、このような女性達による『家庭』の投稿欄を舞台にした応答の存在は、ひいては『家庭』という雑誌が、その雑誌を繋がりとする読者達の仏教信仰的共同体への帰属意識を形成し得る可能性をうかがわせるのである。

また、「みんなが仏様の子になる迄は男子も女子も互いに悪るいんですもの」という「蓮山女」の返答には、男女ともに

「仏様の子」になることが目指される点でその平等性がうかがえるが、結論としては、心を落ち着かせて、その「天職を全」うすることが重要視されるのである。このような論調は、たとえば、「塩川雪子」が「夫婦別ありといふことについて」で、男女の「権」や「本分」について、

男女の権異なればこそ一家はやすく治まり、世の人情も円満に進むなれ、斯く各その範囲に於て義務を果すといふごときは、みな天則の然らしむる所にしてさまで六ケ敷事にあらず、男は社会に立つて公事に尽し、孝子忠臣たるは男子当然の事業といふべし、女は貞婦賢母となりて、裏面の小事を始め夫につかへ子を教へ父母につかふる、これぞの本分といふべし、……もしこれを混乱齊視して、皆同じ事となし、同じ功を奏せんと欲せば、互に相争ふて一家に風波起り、散乱たるの様を呈すべく、是れ夫婦の別なきものにして、男女同権を口にするも、蓋しその真意を失ふものならむ（第二巻第一一号）

と論じているが、このような男女の役割論的な論調が『家庭』にしばしば掲載され、また、「家庭編輯部」自ら『家庭』の特長の一つとして「進歩に偏らす保守に失せず敏とくやさしく品貴き婦人を養成す」（第三巻第七号）ることを掲げる位であるから、「家庭読者」意識を共有しようという「蓮山女」であってみれば、「あき子」への返答内容も自ずと決まってこようものである。そして、「家庭編輯部」としても『家庭』の所定欄に掲載する内容は、当然そのような基調に適うものでなくてはならなかっただろう。

（注7）　岡真理がした、「難民」となったパレスチナ人を例にあげ、「〈出来事〉が人間に帰属するのではない。人間が〈出来事〉に帰属しているのだ。」（『記憶／物語』（岩波書店、二〇〇〇〈平成一二〉年、一〇一～一〇二頁）との指摘が、示唆的である。言葉を見失う程の〈出来事〉に襲われない者は自明な物語や歴史を有する「特権」を持ち、逆に自分が何者かを見失う「難民」は、そうした「特権」を持たないという。だが恐ろしい〈出来事〉が「難民」を生み出すことを理解するならば、そもそも〈出来事〉を自明なものとして人間に帰属させることはできないことに気づくと。つまり〈出来事〉が人間に属するのでなく、人間が〈出来事〉に属してしまうのだと（以上、取意）。思えば、教化者は、あらゆる〈出来事〉を、教えに照らせば分からないことはなく、すべてが自明であるかのような口ぶりで語りうる達観した「特権」者であり、〈出来事〉に対して、謙虚であることはない。

（注8）　参考：藤場芳子「「女人性」という差別」（『身同』第三六号二〇一六〈平成二八〉年一二月）
同朋会館での法話でのある男性僧侶の発言から
「蓮如上人が書かれた『御文』を最近女性差別だと言う人たちがいるが、決してそうではありません。仏道を求める意志の弱さを表わすのであって、これには男性も含まれます。ですから男性もみな女人なのです。（中略）」（中略）なぜ意志の弱さを表わすのにわざわざ「女人」の「性」としなければならないのだろうか。（中略）劣った性質のものを譬喩として使うことによって二重に差別することになるのである。「女の腐ったような」というのがその例だ。こういう譬喩が使われ、一定の意味が皆に伝わるということは差別意識やそれを支持する社会があるから起きるわけで、直接の差別語を使うよりももっと巧妙で卑劣な差別だといえよう。（藤場芳子「女人性」という差別」『身同』第三六号　二〇一六年一二月）

（注9）　当時、宗派の映画宣伝班は、各地の求めに応じて、巡回上映会を開催していたようで、『真宗』一九二五（大正一四）年一一月号によれば、映画の内容は異なるが、各地の寺院や小学校での観衆の人数が報告されており、映画による教化活動が行なわれていたことと、そこには、「三百人」「一千五百人」、小学

校校庭で「一千五百人」「四千人」という数字が出ているから、映画上映会の盛況ぶりが伝わってくる。

（注10）「同朋箴規」の趣旨を平易な言葉で表現し歌にした「無碍の道」は、「昭和の御和讃」として、楽譜は教学課より各地の合唱団、音楽学校に送付され、必要に応じて大谷出版協会より実費で頒布された。

（注11）安田は、「人間は念仏しなくても人間であると思っているが、人間は念仏において人間になるのである。人間が人間になることによって、人間であることを見出すのである。ただあるものではない。菩提心によって、あるという人間がなるものに転ぜられる。」と述べる。つまり、念仏によって人間になることが「本当の人間」になることのようである。かたや男女同権・男女平等という思想は、ヒューマニズムからの見方だから、女性と男性が同じになるということを表面的に考えているに過ぎない。しかし仏教では、念仏によって女性が転じられて本当の人間、仏になるとする。つまり人間を超えた存在となって本当の人間となるのが、仏道の歩みなのである。つまるところ、ヒューマニズムは、人間世界に留まっている話であり、人間世界を超えていないというのであろう。

　だが、これは、仏教と社会的現実を断絶させて考える発想ではないだろうか。現にある女性蔑視、女性差別の状況をどうしていくのか、ということへの意識が欠落していると言わざるを得ない。ヒューマニズムは、世間の教え（西洋思想）であり、仏教は出世間の教えである、ということに胡座をかく議論ではないだろうか。

（注12）全五巻で、各巻のテーマは、Ⅰ女性・Ⅱ母・Ⅲ家庭・Ⅳ人のいのち・Ⅴ虚栄心であった。

（注13）平雅行「一人に立つ～聖教に見る性差別を考える」（二〇一八〈平成三〇〉年　第一八回女性会議講演録）（真宗大谷派　解放推進本部女性室『あいあう』三〇号　二〇一九年六月）

資料46　「女人往生聞書」

女人往生聞書

　弥陀如来ノ四十八願ノナカニ第三十五ノ願ハ女人往生ノ願ナリアルヒハコレヲ転女成女男ノ願トイヒアルヒハマタ聞名転女ノ願トナツクソノ願文ニイハク説我得仏十方世界其有女人聞我名字歓喜信楽発菩提心厭悪女身寿終之後復為女像者不取正覚〇コノ文ノコ、ロハタトヒワレ仏ヲエタランニ十方世界ニソレ女人アリテワカ名字ヲキ、テ歓喜信楽シ菩提心ヲオコシテ女身ヲ厭悪センイノチヲハリテノチマタ女像トナラハ正覚ヲトラシトナリ問テイハク第十八ノ願ニ十方衆生トチカヒタマヘリシカレハモロ〳〵善人悪人男子女人一切ミナソノナカニモル、コトナシシカルニイマ別シテコノ願アリイマタソノコ、ロヲエスカクノコトクナラハカミノ第十八ノ願ニ十方衆生トイヘルコトハノウチニハ女人ヲハノソカレタリトコ、ロウヘキ歟モシノソカレハ第十八ノ願ニ一切ノ機ヲ摂取スルニアラスモシノソカレスシテ一切ノ摂取スヘクハイマノ第三十五ノ願ソノ用ナキニニタリイカンカコレヲコ、ロウヘキヤ／コタヘテイハク第十八ノ念仏往生ノ願ニ男女ヲエラハスミナ摂スヘキ條〇勿論ナリシカレトモカサネテコノ願ヲタテタマヘルコトハ如来ノ大慈大悲ノキハマリナリソノユヘハ女人ハサハリオモクツミフカシ別シテアキラカニ女人ニ約セスハスナハチウタカヒヲナスヘキカユヘニコトサラコノ願ヲオコシタマヘルナリコレスナハチ先徳ノ料簡ナリ／問テイハク女人ノサハリオモクツミフカキコトソノ証イカン／コタヘテイハク経論ノナカニソノ証コレオホシ略シテ少々ヲアクヘシ涅槃経ニイハク／諸有三千界男子諸煩悩合集為一人女人之業障／コノ文ノコヽロハアラユル三千界ノ男子ノモロモロノ煩悩ヲアハセアツメテ一人ノ女人ノ業障トストナリ（中略）唯識論ニイハク／女人地獄使永断仏種子外面似菩薩内心如夜叉／コノ文ノコヽロハ女人ハ地獄ノツカヒナリナカク仏ノ種子ヲタツホカノオモテハ菩薩ニニタリウチノコヽロハ夜叉ノコトシトナリ経論ノ文オホシトイヘトモ略シテノフルコトカクノコトシコレラノ文ノコヽロヲキカン女人サタメテ卑下ノオモヒヲナシテ往生ノノソミヲカケカタシカルカユヘニ別シテ女人往生ノ願ヲオコサルヽナリコノ願ニヨリテカサネテ第十八ノ願ヲ案スルニカノ願ニ十方衆生トイヘルモ男女ニワタリ善悪ヲキラハストハイヨ〳〵シラルヽナリオホヨソ女人ノツミノフカキコトヲシツカニオモヒテコレヲイトフヘシ

（『女人往生聞書』西村九郎右衛門編一八八二〈明治一五〉年八月）

資料47　香樹院徳龍著述「坊守教誡聞書」

坊守教誡聞書

端書

夫弥陀ノ本願ハモトヨリ在家出家ヲエラヒタマフコトナク大悲ノキハマリ罪ノ重キモノヲ本トシタマフコトヲヨク知ナラバコノ書ヲタヽ寺ニ住スル人ヘノ御教誡トシテ無上ノ大利益ヲ失フヘカラズ故ニコノ書ヲヨム人ノタメニ略シテ三種ノ心得ヲ示ス（下略）

坊守御教示聞書

香樹院徳龍師著述

（前略）難儀ニテモ退屈デモ暫クノ間ハ耳ヲ傾ケテ克ク聞レヨ先ツ女人ノ身ハ五障三従トテ男ニ増リテ斯ル深キ罪ノアルナリト仰セラレテ三従トハ少キ時ハ親ニ従ヒ壮ンナルトキハ夫トニ従ヒ老ヒテハ子ニ従フコレヲ三従ト天竺大唐ニテモ同キ也婦人ノ身ハ生涯我身ノ自由ニナラザルモノナリ又五障ト云フハ梵天帝釈魔王転輪王仏身トニナラレヌ障リノアルコト也都ヘテ迷ヒノ間ダデモ果報ノ勝レタル自由ノ身トハナラレヌナリ増シテ仏身ハ得ルコトナラヌト法華経ニモ説キ玉フ其訳ハト云ヘハ常ニ聴聞ノ如ク同シ五尺ノ境界デアリナガラ三千界ノアラユル男子ノ煩悩ヲ集メテ女人一人ノ業障トスト説キ玉フ格別大イナル罪ハ造ラザルニ似レトモ日夜ニ起ル煩悩ハ大河ノ水ノ流ルヽ如ク止ムト云フコトナク人シラヌ心ノ罪ミハ夜叉ノ如シト喩ヘ玉ヘテ執着スルトキハ漆ヤ膠ヲ以テ付ケタルモノヽハナレヌゴトク又タ心ノ替ルトキハ義理モ情モナクシテシマフ況ンヤ妬ミ嫉ミハ絶ヘ止ムコトナシ是レ本トハ我身ノ自由ニナラザルユヘ吾ガ思フ通リヲ親モ夫トモ我子デモ用ヰテ呉レヌユヘナレトモ、ソレガ即チ宿業ノ為ワザテ、其業ニ引レテ又諸〳〵ノ悪業ヲ造ルナリ、斯ル身ナレバ三世諸仏ノ眼ハ等ク大地ニ落ルトモ女人ハ永ク成仏ノ願ハ起サレヌト説キ玉フ又女人ハ地獄ノ使イナリト有テ、殊ニ三塗ノ業報ヲ免ルヽコト難シ其女人ノ業障男子ニ増ル分野ハ常ニ聴聞ノコトナレバ今ハ略ス、偖テ女人ノ中ニモ坊守ノ身ハ先ヅ余宗ナラハ因縁アリテ僧ノ妻トナルコトハ実ニ大罪ナリトイヘトモ真宗ニハ末世ノ僧分ノ迚テモ行状ヲ持レヌコトヲ鑑ミ玉ヒ在家ト同ク肉食妻帯ヲ許シ玉フコトナレバ他宗トハ違ヒドモ今日在家ノ如ク士農工商ノ家職モ無ク只仏祖ノ御給仕ヲ申シ上ケ、御門徒ニ后生ノ一大事ヲ勧ル処ノ助ケトナル身分ナレバ、一枚ノ着物モ一飯ノ食物モミナ仏祖ヨリノ御与ヘナリト知ルベシ（中略）坊守一人ノ身ノ上ハ男子ニマサル大罪ト在家ニマサル大罪トノ二ツノ大罪ヲ一荷ニ荷フタル身ノ上ナリ尓レバ世間カラハ大勢ノ人ニ寺ノ坊守トテ敬ハルレバ克キ身分ノヤウナレドモ仏説ノ方カラ吟味シテ見レハ獄門磔ケニ上ル罪人ヨリモ大罪人ト仰セラル、坊主ノ身ノ上ニ勝ル処ロノ重罪ガ坊守ノ身ノ上ニカ、ル重障トナルナリ爰ヲ知ラヌニヨリテ寺ニ生レナガラ坊守モ娘モ後生ヲ願ハズ仏祖ノ御給仕モ実ノ思ヒデ勤ラヌナリ（下略）

（『坊守教誡聞書』香樹院徳龍著述　藤谷恵燈編纂　一八九一〈明治二四〉年）

資料48　『校訂尋常小学修身書』〔一八九二年（明治二五）年〕

『校訂尋常小学修身書巻一』

第八　女訓

第十九課

女子は、成長の後、他人の家にゆきて、夫にしたがひ、舅姑につかへ、常に、内をおさむるものなれば、何事も、すなほにして、やさしかるべし。又、すがた、かたちのうるはしきよりも、心ばへのすぐれたるを、よしとするものなれば、つねに、行儀をたゞし、たちゐ、ふるまひを、しとやかにして、よく、裁縫、料理の法などをおぼえ、客のもてなし、朝夕のいとなみなど、ふつゞかならざるやう心がくべし。

（一八九二年〈明治二五〉年七月発行・一八九四〈明治二七〉年九月　訂正四版　国光社発行・『日本教科書大系　近代編第二巻修身（二）』講談社　一九六二〈昭和三七〉年）

資料49　「高等女学校規程」〔一八九五（明治二八）年〕

高等女学校規程

高等女学校規程ヲ定ムルコト左ノ如シ

高等女学校規程

第一条　高等女学校ノ学科目ハ修身、国語、外国語、歴史、地理、数学、理科、家事、裁縫、習字、図画、音楽、体操トス又随意科目トシテ教育、漢文、手芸ノ一科目若クハ数科目ヲ加フルコトヲ得

（中略）

第六条　高等女学校ノ学科目ノ程度ハ左ノ如シ

一　修身

教育ニ関スル　勅語ノ旨趣ニ基キテ人道実践ノ方法ヲ授ケ兼ネテ作法ヲ授ク／修身ヲ授クルニハ躬行実践ヲ旨トシ務メテ貞淑ノ徳ヲ養ヒ起居言語其ノ宜キニ適セシメンコトヲ要ス（下略）

（『官報』三四七三号　一八九五〈明治二八年〉一月二九日・『学制百年史　資料編』文部省　一九七二〈昭和四七〉年）

資料50　「高等女学校令」〔一八九九（明治三二）年〕

高等女学校令

第一条　高等女学校ハ女子ニ須要ナル高等普通教育ヲ為スヲ以テ目的トス

（『官報』四六七九号　一八九九〈明治三二〉年二月八日・『学制百年史 資料編』文部省　一九七二〈昭和四七〉年）

資料51　「高等女学校令施行規則」〔一九〇一（明治三四）年〕

高等女学校令施行規則

第二条　修身ハ教育ニ関スル勅語ノ旨趣ニ基キ道徳上ノ思想及ビ情操ヲ養成シ中等以上ノ社会ニ於ケル女子ニ必要ナル品格ヲ具ヘシメンコトヲ期シ実践躬行ヲ勧奨スルヲ以テ要旨トス（中略）

第十条　家事ハ家事整理上必要ナル知識ヲ得シメ兼テ勤勉、節倹、秩序、周密、清潔ヲ尚フノ念ヲ養フヲ以テ要旨トス（中略）

第十一条　裁縫ハ裁縫ニ関スル知識技能ヲ得シメ兼テ節約利用ノ習慣ヲ養ウヲ以テ要旨トス（中略）

（『官報』五三一二号　一九〇一〈明治三四〉年三月二二日）

資料52　『家庭』第一号発刊の言葉〔一九〇一（明治三四）年一月〕

「家庭」発刊に就きて　谷 了然

家庭は社会の要素なり、社会生活の基礎なり、箇人と社会とを結合する連鎖なり。若し夫れ家庭にして円満ならざらんか、国家社会の完成は得て望むべからざるなり。家庭治りて社会治り、家庭乱るれば国家乱る。家庭の地位豈に重要ならずや。聞く今回大日本仏教婦人会より雑誌「家庭」を発刊し、大に仏陀の光明を掲げ、円満なる家庭を実現せむことを期すと、社会の進運を裨補するに於て寔に欣喜に耐へざるなり。よりて一言を寄せてこれを祝す

（『家庭』第一号　一九〇一〈明治三四〉年一月）

資料53　『家庭』誌発刊に就いて抱負を陳べる〔『家庭』第一号〕

本誌発刊に就て抱負を陳ぶ

凡そ人間の生涯に於て、其品位《みがら》精神《こゝろがら》に尤も大なる影響を及ぼすものは、人々の家庭これなり。若し其家庭にして正しき秩序と靄々たる和楽を有せんか、其影響として自然玉の如き純潔《きれい》と春風の如き同情心《やさしさ》を有せしめ。之に反して不規則乱雑と風波間断なき家庭たらんか、其影響として自然曲戻《まがれ》せる汚穢なる気風を有せしむ。（中略）而して国家と云ひ社会と云ふは、此家庭の反映《うつりばえ》により、正汚清濁の差別を生ずべき故、国を思ひ社会を思はゞ、先づ此手近き家庭を完備することを期せざるべからざるなり。（中略）／吾人の信ずる所によれば、家庭を治むる根本精神は、慈悲矜哀《なさけふかき》の仏陀《みほとけ》の精神を家庭にあらはし、之により家庭教育と云ひ衛生と云ひ家政と云ひ育児と云ひ、其他万々のことを処理するにあり、（中略）／凡そ人間の行為は、（中略）清き正しき精神ありて始て自然に其行為にあらはるゝものなり、（中略）家庭を完備せんとするものまた然り、（中略）先づ第一に其精神を純潔公正ならしむるにあり、こは大慈悲矜

哀の仏陀の心を心とするより外の道なし、本誌の期する所此処にあり、（中略）此精神より家庭の諸事を論評し、諸姉妹の伴侶たらんことを望むものなり。

（『家庭』第一号　一九〇一〈明治三四〉年一月）

資料54　「『家庭』の使命」　〔『家庭』第一一号〕

『家庭』の使命

貧に泣く人、病に咽ぶ人、死を怖るゝ人、家庭は実にかゝる人の救済者である。／名を欲して苦しむ人、位を求めて悩む人、浮世の恋に悶ゆる人、家庭は実にかゝる人の慰安者である。／夫を怨む妻、舅姑を怖るゝ嫁、継母に泣く少女、家庭は実にかかる人を諭すべき師友である。／苦める母に喜びを与へ、悩める妻に慰みを与へ、苦しめる姉妹に楽しみを与へ、以て暗黒の家庭を光明に、紊乱の家庭を平和に導き玉ふ大慈悲の御恵みを伝ふ、是家庭が有する使命である、家庭は此使命を以て勇猛精進せむと欲するのである。

（『家庭』第一一号　一九〇一〈明治三四〉年一一月）

資料55　「婦人問題解決の枢機」　〔『家庭』第一一号〕

婦人問題解決の枢機

希臘の大賢は『自己を知れ』といふことを申されたが、洵に此自覚といふ事は、吾等が行為の一切の基礎である。自覚なき人は狂人と何の撰ぶ所は無い。自覚なき言論は獣の吠ゆると同じく無意味である。社会に問ふ処のものは先つ自己の霊性に問はねばならぬ。他に責めんとする処のものは先つ自己の胸裡に責めねばならぬ。自から自己の霊性に訴へ、自己を覚つた後に於て、他の言論に耳を傾け、また他に対して思ふ所を語るべきである。／然しながら吾等は暗黒の中に於て自己を観る事は出来ぬ。自己を観るには自己其物を先つ光明の中に見出さねばならぬ。この自覚を要する人は、希くは来りて大悲光明の中に集はれたい事である。

（『家庭』第一一号　一九〇一〈明治三四〉年一一月）

資料56　「吾人の男女同権論」　〔『家庭』第一二号〕

吾人の男女同権論

人あり吾人に問ふて曰く男女同権に就ての説如何と。男女同権といふ語は久しく用ゐらるゝ語で、之を知らない人は恐く少いであらう。が、併し此語は種々に解せられて居る、なかには全く誤解せられて居る。（中略）然るに西洋の文明と共に彼国の男子と女子との状態も知られ、彼国の宗教の渡来、権理義務などの思想の発達により、女権の拡張を主張するに至り、婦人にして男女同権を公衆の面前に演説するものさへ出来たのである。／併し斯の反動力は遽に従来の因襲を破ることは出来なかつたが漸次推移りて今日猶存して居る。而も世人が男女同権の考に成居ることの少いのは何の為であらうか、恐くは男女同権の意義が誤られて居るからではあるまいかと思ふ。学あり才ありて男女同権など口にする女子が往々生意気なるは男女同権の真意を知らぬ故ではあるまいか。（中略）女子は決して男子に依頼せず、独立に女子として世に立たねばならぬ、男子の為す所、女子豈為し難からむや、（中略）と正に積日の鬱憤を以て、取て男子に代らむとする概がある、意気甚壮なりといふべきである。吾人は強ちに之を否定せぬ、唯吾人の見地より男女同権に就て少し云はしめよ、蓋全く徒事ではなからう。／男女同権、勿論吾人は之を是認す、而も吾人は次の如き見地の上より之を是認するのである、万物同體、万物相関といふこと是である。故に若し権理を云はゞ万物同権（語の適否は措き）の上より男女同権を立するものである。人或は云はむ其は余りに漫然たることならずやと、然れども理正に斯の如くなるべきを信ずるのである。試に思へ、（中略）駟馬に鞭ち軽裘を衣て意気揚々たる廟堂の大臣と、日夜営々として梶棒を力に走る痩躯の車夫と何れか優り何れか劣ると決することを得るものぞ。彼の為す所は此の克くせざる所、されど此の克くする所は彼の為す能はぬ所ではないか。其為す所彼此異るが如きも共に本有の妙用を発顕するに異る所はない。（中略）故に若し権理を論ずれば万物皆同じ権理である、独り男女のみではない。／されど誤る勿れ、吾人は斯くの如くして男女同権を拒否せむとするものでない。否、世の男女同権を論ずる兄弟姉妹がこの見地より之を認められむことを希望するのである。／若し吾人の見地よりすれば、女子は必しも男子に対抗し、男子と事を争ふを要せぬのである。即ち女子は女子として自ら其職務を有するのである。而して女子が男子に服従すること決して厭ふべきものに非ざるを知るであらう。固より男子と女子とを問はず、吾人は服従を美徳と信ずるのである。服従なくむば吾人は一日も存することは出来ぬ、広き意味に於て世の一切のものに服従すといふべきである。服従は卑屈でない、因循でない、無気力でない。万物同体を信ずるものは亦実に服従の美徳を認むるものである。男女同権を認むる人は一方に於て正に服従の美徳を認めねばならぬのである。／是に於て初めて温良恭謙にして而も気力ある の婦人たることを得るのである。その温良恭謙なるは万物一体の見地より服従の美徳を有する所以にして、自重あり気力あるは自己の本務を自覚せる所以である。斯の如くして男女同権といふ語は初めて根底ある所のものたることを得るのである。

（『家庭』第一二号　一九〇一〈明治三四〉年一二月）

資料57　「感情教育と家庭と」〔『家庭』第九号〕

感情教育と家庭と

学校教育に於ては人心の奥秘幽妙なる感情を涵養育成するに適すべくもあらず、是時に当り独其好舞台を供して最も適当に最も有効なるべきは一の家庭あるのみ、（中略）一家の主婦は其責の重く其業の困難なると共に其成功の善美なるを思ひ、自ら楽しみ安じて其本務を尽さざるべからず、／（中略）／要するに霊妙幽玄の作用を有する人心秘奥の高潔なる感情を発揮し、枯渇せる社会民衆を霑はさゞるべからざるに当り家庭は実に其好舞台にして其主婦は方に其任に当るべきものなることを信ず、（中略）／わが仏陀無限の大慈悲に浴し、その広大の恵みを喜べる諸姉妹は、仁慈博愛以てその御心をあらはし、和顔愛語以て其徳を示さゞるべからず、仏陀に対する熱誠真摯の真情は溢れて一家を霑はすに足るべく、その潤沢は社会に及び淫靡卑猥の陋習を去り、浮薄軽躁の悪風を除き、熱実真摯の風をなし、優美高尚の俗をなすに至るべきなり。

（『家庭』第九号　一九〇一〈明治三四〉年九月）

資料58

近藤純悟「女子教育の弊」を語る

〔『家庭』第二巻第八号〕

女子教育の弊　近藤純悟

（前略）近時女子教育の著しく進歩せることは今更申までも無之、（中略）而して吾人は大に諸姉の熟考とその父兄諸君の御注意を煩し度こと有之候。其は女子教育に伴ふ一種の弊風に候。（中略）／今日の女子が相当の教育を要することは言を俟たざれども一も二もなく女子は皆学問すべきものと思ひ居るは大なる僻事には候はずや。今其弊風の由て来たる動機を一二申上ぐべく候。／一。徒に時流を逐ふもの、何の為に学問すべきか自ら知らず又その父兄も家にありて遊ぶより学校にてもやれといふ風に候。（中略）／二。虚栄の為にするもの、或意味に於て女子は虚栄の塊と申ほどに候へばこれに駆られて学問せんとするもの多く有之候。（中略）／三。結婚の為に学問するもの、（中略）他の一は結婚の費用を得る為に学問する者に候。（中略）即ち学校を卒業して教師となり、其間に之を得んと欲するものに候。（中略）学問を以て金銭を得るの方便とし、教育を以て一個生計の方法と思惟するものに至りては根本的に教育の本旨を誤りたるものといふべく候。（中略）／吾人は女子に高等の教育は無用なりとはいはずされど其家の境遇と自己の力とを察せず唯徒に世の風潮に駆られて遂に其身を誤るもの多きを悲しむものに候。思ふに斯の如き弊風を生じたるは総ての女子が家庭を離れて独立し得べきものと思惟せるには非ずやと存候。女子が本来有する家庭の主婦たる尊き本務を忘れたるには非ずやと存候　其良人と相待ち内外相助けて以て其本務を尽すべきものたることを忘れたるが為には非ずやと存候　諸姉は如何思召され候や。

（『家庭』第二巻第八号　一九〇二〈明治三五〉年八月）

資料59

「唖女《をしむすめ》」

〔『家庭』第二巻第一一号〕

唖女　筆名：小花生

私の故郷の村はづれに、一軒の家がある。前には槙の籬がある、西側より後から東側へかけては、いろ〳〵の雑木で囲まれて居る、其中に一本の松が、高う聳へて棟を覆ふて居る。門口には小き畑があつて、私が此間の休暇に帰省した頃は、南瓜の黄い花が、美はしく咲いて居つた。／この家の前を通る者は、いつでもとはいへぬが、まづ大概の日には、籬の中から元気よく聞こゆる機の音を耳にせぬことはない。それも此村中で近頃盛に起りはじめた機織場のやうに、沢山の機の音が喧しく聞こゆるのではない、たゞ一つの機の音が、ちやんからッ、ちやんからッ、と静に聞こゆるのである。この機の音の主は、村の中、誰知らぬ者はない、年は二十を過ぎた、顔の白い、眼のぽつちりとした、可愛気な一人の唖女である。この女子について、こゝに趣の深い話がある。／家は可なりの身代である。あたりまへの娘であつたらばとは、両親の忘れやうとしても忘れ兼ねた思であつた。殊に姿容が多くの娘に劣らぬ程であるのに加へて、此少女は性質極めて和かに而も敏くあるのが、唯口がきけぬばかりに、憐れな生涯を送らねばならぬことは、人しれず両親をして抑へがたい涙に咽ばしめた所の種であつた。／けれども両親は、夙くより宗教の信念を味つて居た、とりわけて母親は、厚く仏の御力に帰依して居つた、それ故、つねなみの親のやうに、かやうな娘のあはれな行末を思ふて、たゞ徒に愚痴にばかり沈むやうなことはなかつた。凡情は断ちがたい故、をりをりは小言もいひ、悲みもした、が其底から、之は犯しがたい前世からの宿縁であることを悟つた、そして此娘の行末を、仕合せ多いやうにする途は、決して田地を与へて置くのでもなければ、貯金を其ために備へて置くのでもない、たゞ此たよりない少女の心に、仏の御慈悲を認めさせるより外はないといふことを感じた。／それ故、両親は常に之に骨を折つた、口もきけぬ、耳もきこえぬ故、外に仕方はない、たゞ仏壇の前に坐せしめ、寺の本堂に伴ひ行き、又は黄金色の夕雲、もゆらむばかりにかゞやける西の空を伏し拝みては、其手と眼と口と、あらゆる形相の上の方法で教へ示した。天性鈍からぬ少女故、漸く其心を覚り得たらしくある。それ故、両親が仏壇の前に御礼を上ぐる折は、自分も喜ばしげに共に御礼を上げ、父が『和讃』を繙いて勤行を為す時は自分もたのしげに母と共に其後に坐して、奇なる聲で仏名を称ふる風をするやうになつた。が、まだ真に仏光の照護を感じて、真に大悲の御力にたよつて居るやうには見えなかつた。／然るに偶々此少女の全心を震動せしめた一事実が起つた。此少女に、たつた一人の友達があつた。それは一二町隔つて居る隣家の娘であつた。年の頃は同じ程であつて、夙くの昔から、真実の姉妹よりも親しく交つて居た。其隣の娘はあたりまへの女子である故、さほどにも思はなかつたであらうが、身体不行届のため、交る友達もない此少女の身では、むかふの娘は、我が唯一の友であり、唯一の相談相手であつた。それ故、帯を買ふについても、襟を求むるについても、両親に求むる前、先づ第一に彼娘と相談をした。かやうな工合で終には、彼娘は此少女の為めには、両親よりも大切な者と思はれたのである。斯様に此方で思うて居る故、彼方も亦同じく此方を思うて呉るに間違はないとは、此少女の固く信じて疑はぬ所であつた。／然るに此頃になつて、隣の娘が少しも来ない、今までは顔を見せぬと云ふ日は殆ど無い程であつた其娘が此四五日少しも来ない、初めは何か忙い仕事でもあるためであらうと思うて居たが余り永く顔を見せぬ故、この少女は少からず不審に思うた。それで両親に尋ねた。両親は、彼娘が既に五六日前に、他の村へ嫁いだことを語つた。之を聞いた折の、此少女の驚きは、実に申様のない程であつた。友達が去る。通常の者の考では、なんでもないことである。之に驚くなどゝいふ事は、寧ろ滑稽である。けれども此少女にとつては、さうでない。彼娘は自分の唯一の友である。たつた一人の相談相手である、時としては親よりも大切だと思ふた者である。然るに此友達、今や自分を捨てゝ去つた。此方では両親に打あけ得ぬ事までも打あけ来つたのに、むかふは此程の大事を打あけずに自分を捨てゝしまうた。此少女は今や殆ど自分の最も大切なたより処を失うたのである。其落胆失望の有様は、実に両親の視るに忍び得ない程であつた。而も其少き胸に収め兼ぬる程の此思を、少しも口に洩すことができぬ其切なさを察しては、両親の袖、幾度か濡はずには居られなかつた。／されど少女のためには、この不仕合が大なる仕合の因であつた。渠女は之によつて、始めて人間の少しも憑むべきものでないことを覚つたやうである。どれほど親しい者であつても、それは行末ながくたよりとすることのできるものでないことに気付いたらしくある。之に気付くと共に、確に仏の御力こそは唯一のたより所であることを信じ今までの人間をたよりとする心を打捨てゝ、一すぢに此仏の御力にたよるやうになつた様である。それで唯今では母と共に仏壇の御前に跪く折、仏の御坐を仰いで、我が身の懐き上げらるゝ真似をしては喜び、仏の御相を指しては、我が躰の引きとらるゝ風を為しては楽むで居る。其外、平生の様子、全く以前と違ふやうになつて参つた、蓋し偏に仏の御心に融け合うて、其大なる慈悲の光にあたゝめられて見れば、心の奥底から沸き起る、限りない喜に堪え得られぬのであらう。それから後日々元気よう楽しげに起臥を致して居る。／嗚呼、仮の友達に捨てられた此憐れな唖女は、その捨てられた不仕合の為めに、まことの慈悲の御親に摂めとらるゝといふ大なる仕合を得た。人は相変らず渠女を不具者としてはねのけて居る、気の毒な者と憐む者も居る。けれども渠女は、今やいひ得られぬ神聖の栄光に満たされて居る。世の中では、常人と肩を並ぶることのできぬ下等の者でありながら、仏の国では既に最も尊い最も大なる者と定められて居るのである。／この話を聞いて、私は深く有り難う感じた。其後は相変らず聞こゆる其機の音が、今までとは違うて、何となう極めて尊い厳かな教を、一聲一聲私に宣べ伝へて呉るゝやうに思ひました。／身、今や故郷を去りて、京に居る。関山相隔つること百里、少女の家も見えなければ、其姿も見えぬ。けれどもあの、静かな機の音が猶ほ私の耳に聞こゆるやうである。

（『家庭』第二巻第一一号　一九〇二〈明治三五〉年）

資料60　河崎顕了の講話「変成男子」

〔『家庭』第一一号〕

変成男子　河崎顕了

私共の恭敬し奉る。阿弥陀如来様は。わが諸姉妹の為に、『変成男子』と云ふ、一大本願を建て給ひたのである。（中略）『変成男子』、其辞既に奇である。文字の示す所によると、婦人の変じて男子となると云ふことである。どうも妙である。（中略）今其故をば少しくお話申さん。／前に掲げました、本願の文の中に、命終りし後と云ふ一句があるが、此の命終ると云ふとは、単に此の肉身の生命の終るとのみ解すことは出来ぬ。これは肉身の生命の終る外に、又別に精神上の変化の起る、其別れ目の点にも名づけらるゝ辞にして、此の本願にも、たしかに其意味が含まれてあるのである。即ち『執持鈔』の内に『善知識の仰の下に、帰命の一念発得するとき、やがて娑婆の命終る。』と云ふことがある。又『最要鈔』には、『善悪の生処をさだむることは、心命のつくる時たり、身命のつくる時に非ず。』とも申してある。孰れにしても命ち終ると云ふことは、単に肉体の寿命の終る外に、又精神の変化の上にも、用ゐると云ふことは、明白である。そして自分は、此の本願の命終ると云ふことをば、此の意味の方より、伺ふて見んと思ふのである。／既に此の意味の方より伺ふこととすると、『変成男子』と云ふことは、是非共現在、此の私共の肉身に就て、精神に一変化の起りたときに名づけたものとせねばならぬ。（中略）／此の精神上の区別と云ふことは、仏教上では、常に用ゐることでありて、即ち次の経文の如きは、最も明白に、其意味を顕はしてある。

　如来の性、丈夫の法なるか故に、若し衆生ありて、自身如来の性あることを知らず、世間に称して、男子と為すと雖も、我説く、此輩は是女人なり。若し女人ありて、能く其身に、如来の性あることを知らば、世間に称して、女人と云ふと雖も、我説く、是等男子と為すなり。（『大般涅槃経』）

如来の性を知るか、男子にして、知らざる者は、女人である。髭あるが故に、男子に非ず。髪長きが故に、女人でない、子を生むか故に、女人でない。生まさるか故に男子でない。形骸は頓着のない、精神に如来の性を知ると、知らぬが、男子と婦人と別るゝ所であるのである。自分は此の意味を以て、本願の文を伺ふ者である。爾らば如来の性とは如何、

信心よろこぶその人を、如来とひとしとときく給ふ、大信心は仏性なり、仏性即ち如来なり。(『和讃』)

即ち大信心が、如来の性である。されば信心を得ると、得ざるとか、男子と婦人との、別れ目である、言をかへて申さば。わが諸姉妹か、『変成男子』の願益を、得給ふと否とは、一に、信心の有無に関するのである。而して信心の大用は、生ける現身に活動するものなれば、此の『変成男子』も、亦生ける現身に活動すべきことは申す迄もないことである。これ即ち、自分が、始めに此の現在の肉身に於て、たしかに婦人が、男子に変化する事実を、認むると申した訳である。／自分は、わが諸姉妹に対して、深く反省を仰き度きは、かゝる大力用ある大信心は、何人か尤も得易きかと云ふ一事である。如来の大慈悲心の溢るゝ所よりして、わが諸姉妹は、有髯男子よりも、一倍この信心の、得易きのである。

十方の如来も、三世の諸仏にもすてられたる、女人なるけるを、かたじけなくも、弥陀如来は、ひとりかゝる機を、すくわんとちかひ給ひて、すでに四十八願をおこしたまへり。そのうち第十八の願において、一切の悪人女人を、たすけたまへるに、なお女人につみふかく、うたかひのこゝろふかきによりて、またかさねて、第三十五願に於て、なほ女人をたすけんといへる願をおこしたまへり。(『御文』)

思ふに己か諸姉妹は、宿縁深厚にして、如此き如来の愛愍を蒙り給へるのである。わか諸姉妹の如く、幸福なる方々は、広き世の内に、復とあらざるべしと信す。／世の多くの婦人は、猜疑に泣き、嫉妬に泣き、怨憎に苦しみ、愚痴に悩めるに反し、如来の哀愍を蒙むれる、わが諸姉妹は心に猜疑なく、口に怨言なく、身に悩乱なし。これわか諸姉妹が、『変成男子』の、大益を、蒙むれるに因るか故である。(中略) 自分はわが諸姉妹が速に此の大益を蒙むり給はんことを、深く希望して止まさるなり。《完》

(『家庭』第一一号　一九〇一〈明治三四〉年一一月)

資料61　『婦徳』発刊の辞「本誌の発刊に就て」〔『婦徳』第一号〕

本誌の発刊に就て

何が為に本誌は世に生れたるか。(中略)／もし世に他の美服を羨み、己が境遇をはかなむ婦人あらば、本誌は必ず其人に語らむ。或は其家庭のため悲み歎き、果敢なき愛に悶え苦しめる女子あらば、本誌は特に其人の好伴侶となつて、必ずや楽しき慰安を与へむ。特に後生の一大事に疑惑晴れやらず、救ひの道を求むること飢ゆるが如き婦人あらば、何処までも相談相手となつて、其人を導かんこと、本誌の深く期する所也。／たゞ如来の大悲まします。いかに罪深き婦人も必ず救はるべし。尊き如来の大御力、既に其身に加はりなば、六字の御名によつて、自ら其心をも磨き、美はしう其徳を養ふこと、決して難きにあらず、是れ本誌の世に生れ得たる所以なり。／(中略) たゞ如来の慈光に触れて、懺悔の心、慚愧の思ひより、日夜念仏励む身の上ともなりなば、恐らく世に是ほどの幸福はあらじ、

(『婦徳』第一号　一九〇八〈明治四一〉年三月一〇日)

コラム3　異色の僧侶高木顕明

高木顕明は、明治時代に廃娼論や非戦論を説いた数少ない僧侶であった。

廃娼論　沖野岩三郎「T、Kと私の関係」より

非公娼論者の僧侶

T、KはS町唯一の東派本願寺末の真宗僧侶であつた。彼は僧侶になつて寺を得ないで名古屋に客僧をして居る頃天主教の説教を聴いて夫れに心を傾け、もう洗礼を受けるといふ間際になつて親戚から妨げられた事もあつたさうな、夫れかあらぬか私の前の牧師とも交際をして居て、教会でも説教した事があるさうな。／私が此の町へ来て間もなく、彼は立派な法衣を着て私の書斎を訪れた。色の黒い、顔の円い、眉の長い、そして目の細い、少し仰向いて物を言ふ四十一二の僧侶でつた。面会の第一次に斯う言つた。『私はあなたに協力して頂きたい事があるのです。外でもありませんが、此町へ今度初めて女郎屋が出来て風儀を乱す事夥しい。伯爵である知事様の許可した事に対して我々風情が苦情を申出た所で仕様が無い。けれども女郎屋の存在は嫖客の存在が原因となるのだから其の嫖客を根絶するのが手取早いと思ふ。だから私は毎朝疾くあの遊郭の入口に行つて目星しい朝帰りの人々を手帳に控へて、其の人々に忠告をしたり、新聞へ投書したりしようと思ふ。どうせ頭の一つや二つは擲られる覚悟ですが、どうかあなたの御助力を願ひたい。』／私は救世軍の事業の有様などを語つて別れたが、彼は熱心なる非公娼論者であつて、彼れの此の計画は実行に到らなかつたがこれが為に彼は現代制度の不備を攻撃する導火線を得たらしい。（抄録）

（『生を賭して』沖野岩三郎　弘栄堂・警醒社書店・『高木顕明の事績に学ぶ学習資料集』真宗大谷派宗務所　二〇一〇年）

資料62　加藤緑著「『新らしい女』について」

〔『青鞜』第三巻第一号〕

「新らしい女」について　　加藤緑

もう「新らしい女」という言葉はこの頃では耳馴れてて古い響きを伝えるようになりました。新聞に雑誌にこの言葉が繰り返されてまあこのような人までがと思ほどによくも新らしい女を解しもせずにとやかくいうのが私らの目には実に片腹痛く思います。（中略）世間ではちょっと目新らしい従来の習慣よりも突き出た事をすればすぐ「新らしい女」という名をつけて騒ぎ出す。（中略）／現今のかりにも真の「新らしい女」といわれる者には、深刻な時代の煩悶があります。ただ外見の行為のみを見てとやかくいう男子の決して解することのできぬ真面目な考えがあります。（中略）／「新らしい女」はどういうところから現れるか？　国乱れて忠臣出で、家貧にして孝子出ずの如くこの宗教道徳、混沌として乱れた過渡時代はついにこの「新らしい女」を生みました。／従来男子という者に頭を押えられて三従の教えに縛られて文字さえ世間さえ勿論自分の影さえ顧るを許されなかった女それが突然に重い圧迫の手をはねのけて頭を突き上げました。（中略）女に対する男子の権利が減じたと同時に女子の権利が上がって来ました。これではならぬ！と思うようになって従来の首を垂れて何事も御無理《ごむり》御理《ごもっと》もでいた女が男子に対して頭を上げ自分の位置を守るようになりました。第一に女は一人で生きねばならぬ男子を手頼《たよ》ってのみいる事はできぬと、しかる時に男子と同じ位置に立って生活を争うようになりました。ああ！　今まで男子にのみ特別に許された道徳、自由、それを黙していた従来の女も男子の理不尽を責むべき権利を有して来たと同時に、男子と同じような自由を得べき者だと自覚して来ました。「女」という名の許に縛られていた者が、人間として目を覚まして来ました。
（『青鞜』第三巻第一号　一九一三〈大正二〉年一月・『『青鞜』女性解放論集』岩波文庫）

資料63　『香山院師坊守訓』（一九一一〈明治四四〉年一一月）

香山院師坊守訓

序（中略）

今や社会の進運と共に、婦人の地位も漸く高まりて、到る処に婦人会の設けあり、坊守諸姉の活動を催すもの、また昔日の比にあらず。もし各々能く本書を熟読して、その趣旨を服膺しなば、啻に寺門の花となつて、一生之間能荘厳の匂ひしめやかなるのみならず、必ずや竟に臨終引導生極楽の美はしき菓を結ばん。是れ編者が世の坊守諸姉に対し切に望む所也。

明治四十四年十一月　大須賀秀道誌す（中略）

五　坊守心得の条々

一ニハ、門徒を一大事の御客人と心うるべき事。

ニニハ、節倹を守りて、門徒に難儀かけぬやうに心うべき事。

三ニハ、家内和合門徒の手本とこゝろうべき事。

四ニハ、子を育ること、在家に異なる大役と心うべき事。

五ニハ、宗風を堅く守るを王法と心うべき事。

物をいまはしく思ふ心、現世を祈る心をもつべからず、又いかに報謝をつとめたればとて、これを往生の為めと思ふまじきこと（中略）

一七　在家よりも厚く求むべし

その中から後生こそは一大事、これほど御縁を結んで下されたのに、地獄へ落ちてはならぬぞと思うて、たとひ住持が身持があしからうが、それはそれこれはこれ、仏法聴聞は大切にいたさねばならぬ。（中略）

一九　五障三従

それについて女人の身の上は、男にまさりたる罪のあると云ふことはつね〴〵に聴聞のことゆえに、今はつぶさには申さぬ。五障三従の身の上、五つのさはりと云ふは、この迷の中でも、帝釈天、梵天王、転輪王など、云ふすぐれた自在のからだに生れられぬ、魔王でさへも果報のすぐれた自在天ゆえに、女は生れられぬ況や大楽自在の仏にはなられぬ。／三従と云ふは、若き時は親に従ふ、壮んにしては夫に従ふ、老いては子に従ふ。世間の上では女のあたり前の道なれども、仏道修行になるとこれがさはりとなるは、すべて物の道理として、上からおふはれおさへられると、うちうらで混雑する。つね〳〵に女人はおさへられると思ふ故に、むねの内で煩悩が甚敷い、上へ発することがならぬ、それゆえ女があら〳〵しき手足で、あらき罪をつくると云ふではない、からだの所作にあらはさずとも、むねの内の煩悩が手づよくなる。それゆえ、心の中は、夜叉の如く八万四千の煩悩のもとたる三毒は各手強くなる。

二〇　三毒の胸

心で云へば小児はなくを力とする、女人はいかるを力とすると云ふやうに、はらの立つ心が手づよい故に、人をにくみねたむ。／さて貪欲愛欲はなほ手づよい、執着すればうるしにかはでつけたやうに只一つの執着する。愚痴が手づよいゆへに、心が転じ変ることなく、義理もなさけもなく吾身勝手をはたらくと云ふが、三毒の煩悩の手づよきなり。これが生々世々の煩悩が手づよき故に、どうぞ未来は助かりたいと思ふ女人は甚だ少い。／これは因縁ありて寺に生れ、寺に嫁し付いても、その性分ありて仏法を大切に喜び、後生に心がける人は少いものぢや。さりながらこれほどの御縁にめぐりあふて、地獄へ落ちてはならぬぞといよ〳〵地獄へ落ちることがいやならば、今日よりして心中を相改めねばならなぬ。（中略）

四一　両肩に荷ふ罪

爾る処、もしわがわるいと云ふたら、きつと云ひ訳をしてみせると云ふなら、門徒のもの、年よりたものでも、坊守様にはものは云へんなど、顔をしがめてをる。さやうなことを知らずして、わが後生に気が付ずに居るならば、折角御縁ありても御膝元まで御召よせにあづかりたからは、とりはづしてはすまぬ。在家にまさりた坊守の罪と、男にまさりた女の罪とを、両の肩に荷ふて落ねばならぬ。（中略）

四五　女の寺に棲むは何の為か

女人の身の寺に棲むことは、あまたの女人もこゝろおきなう参詣して聴聞するため。／又とても戒行たもたれぬゆゑ、妻帯を許し給ふ。みなこれ仏法弘通のため、迷の衆生を助けんがため。／然るを坊主分も心得ちがひ、坊守も心得ちがうて、たゞこの浮世にのみ執心して、この世の不足のみ思うてゐるは、大なる心得違なり。（下略）

（『香山院師坊守訓』大須賀秀道編　法蔵館　一九一一〈明治四四〉年）

資料64　村上専精著「昭憲皇太后陛下を送り奉りて」〔『救済』第四編第五号〕

昭憲皇太后陛下を送り奉りて　村上専精

皇太后陛下の御聖徳の優れさせ給ふたことは何人が御嘆美申しても同じ事で、唯々恐れ入るの外はないが、第一に陛下に於て感じ奉るのは、御内助の御功労の偉大に渡らせらる、といふことである。／先帝陛下は日本空前の英主で在しまして、明治維新の御鴻業は実に世界に比類なき、世界万人が仰いで驚嘆し奉つて居ることであるが、此の明天子の赫々たる御聖績の裡面には皇太后陛下の御内助の御功労が如何に偉大で在らせられしかといふことが拝察し奉ること が出来る、畏れ多い事であるが下々人民の一家に就て見ても、亦た古今の英雄豪傑に就て見ても。立派な家庭、偉大な人格には必らず賢母良妻の婦人の内助の力が伴ふて居る。之から拝察して見ても明治天皇の御鴻業があれ程立派に御成功遊ばされたのには、必らず皇太后陛下の偉大なる御内助が与つて力あらせられたと云ふことは申す迄もないことであらう。（下略）

（『救済』第四編第五号　一九一四〈大正三〉年五月）

資料65　皇太后の死去に際し『婦徳』に追悼文掲載

〔『婦徳』第七五号〕

崩御の悲み

婦徳の模範　／伏して惟みるに　皇太后陛下の御坤徳の高きこと、歴代の国母陛下の中にも其比儔を見奉らず、御貞淑の誉れ玉の如く、御賢明の聞え露よりも滋し。内外仰ぎて儀表とせし所也。（中略）／日本の女子たるもの、宜しく陛下を婦徳の摸範として、永く仰ぎ慕ふべきに非ずや。／内助の御功績　／且又　皇太后陛下の御徳を慕ふもの、誰かその内助の御功績について思ひ及はざるものあらんや。（中略）皇太后陛下が内より之を助けて、常に之を慰め力づけ給ひし内助の御功績甚だ多く、その御勲は一々挙げて数へ奉るに遑なき程なりと謂はるゝを聞かずや。（中略）／信仏の御徳　／殊に忘るべからざるは、陛下が仏法に対する信仰の御徳なり。（中略）陛下が深く仏法を崇めて、御心を常に如来の大道に寄せさせ給ひしこと、世に隠れもなき事実也。

（『婦徳』第七五号　一九一四〈大正三〉年五月号）

資料66　「高等女学校令中改正ノ件」

〔一九二〇（大正九）年七月〕

高等女学校令中改正ノ件

第一条　高等女学校ハ女子ニ須要ナル高等普通教育ヲ為スヲ以テ目的トシ特ニ国民道徳ノ養成ニ力シテ婦徳ノ涵養ニ留意スヘキモノトス

（『官報』一九二〇〈大正九〉年七月六日）

資料67　国民精神作興詔書に関する「御垂示」

〔一九二三（大正一二）年一一月〕

御垂示

恭シク惟レハ／叡慮深遠ニシテ民心ノ機微ヲ鑒察アラセラレ／鳳詔ヲ渙発シテ国本ノ安固ヲ訓勗シタマフ普率ノ臣民誰カ感奮興起セサランヤ益国民精神ヲ涵養振作シ国体ヲ尊ヒ淵源ヲ重シ忠孝信義ノ大道ヲ昭ニシ勤倹醇厚ノ美俗ヲ奨メ荒怠ヲ誡メ節制ヲ尚ヒ以テ国家民族ノ昌隆ヲ期スル（中略）／輓近人心維レ危ク民風漸ク頽廃ノ虞アルニ際シ偶々無前ノ災厄ニ遭フ国民反省自覚シテ更張恢復ニ努力セサルヘカラス此時ニ当リ精神振作ノ　明詔ヲ拝スルコトヲ得タルハ誠ニ雲霧ヲ抜キテ晴天ヲ観ルノ想アリ　先帝ノ　勅詔ト並ヒ懸カリテ国民精神ノ宝鑑トナリ万世ニ照灼シテ渝ルヘカラサルヘシ光演等在家念仏ノ宗ニ居リ二諦相依ノ教ヲ奉スル者恐懼感激尤モ切ナルモノアリ宗門ノ同朋ト共ニ均シク／聖旨ヲ奉戴シテ其ノ実践ヲ期シ

浮華ヲ警メ道義ヲ重シ協力一致世務ニ力メ以テ万一ノ報効ヲ図ランコトヲ庶幾フ所ナリ

大正十二年十一月十二日

右之通御垂示アラセラレ候条御趣意ヲ体シ宗徒ノ本分ヲ全フセラレ候様致サルヘシ

寺務総長　阿部恵水

（『宗報』一九二三〈大正一二〉年一一月号）

資料68　婦人法話会会長、婦人の「教条」を説く

（『婦徳』一九二七（昭和二）年一月号）

教条

かねて聴聞いたされし二諦相依の御宗風によりて婦徳を養ひ現当二世の幸福を期するこそ此会の目的なれ幸に仏祖の御冥祐と会員諸姉の熱心とにより会運ます〳〵隆盛におもむき支部支場も年を逐うて増加すること誠に喜ばしき事なりされどいかに人数おほくあつまりぬるも内に金剛の信心なく外にその功用の見るべきもの無からんにはいかでか御冥加にかなひ又師主知識の恩に報ゆることを得ん況して今の世のありさまを見るにひとしほ婦人の自覚と奮起とにまつこと少からざるものあり仍て茲に数項の要目を挙げて用心のしをりとなし諸姉と共に相いましめ相すゝめて本会の精神を明にせんと欲す諸姉夙夜この旨趣を服膺せられんことを望む。

一、他力の信心を決定して女人成仏の素懐を遂くべき事

一、報謝の称名怠りなく常に皇恩師恩を忽諸にすべからさる事

一、子女の教養に心を用ひねんごろに仏種を扶植すべき事

一、勤倹家を治めまめやかに内助の務を全うすべき事

一、温良貞淑よく女子の本分を守り社会平和の中心たるやう心がくべき事

大正十五年四月十日　真宗大谷派婦人法話会　会長大谷智子

（『婦徳』第二二七号　一九二七〈昭和二〉年一月号）

資料69　嗣講多田鼎「寺族の仕事」を語る

（『真宗』一九二七（昭和二）年一月号）

寺族の仕事―宗門に於ける女性の奮闘者―嗣講　多田鼎

寺はつまらぬか

清沢満之師は漫に他人を晒ひ、又嘲る人ではありませなんだけれども、若し他を羨み妬んで自らを詰らなくはかなむやうな者にあふと、口を極めて罵られました。それは自らはかなむ事は、自ら己を虐める事であるからである。己を虐める者が、どうして己を幸にすることができませうか。私は、度々、寺族の口から、「寺などは詰らぬ、寺にをる程、愚かな事はない」といふ声をきゝますが、其程に詰らぬならば、さつさと寺を去るが善い。寺が詰らぬといふのは、其の実私共自ら寺を詰らぬやうにしてをるのではありませぬか、詰るか詰らぬか、其の本は我にある。（中略）私は曾て此の灰色のやうな寂さに鎖されて、泣くにも泣かれぬ思に悩んだ事がありました。之は仏の大法が、些も受け込まれてをらぬからである。此の寂さに悩む者は、急いで仏の大法を聞かねばなりませぬ。是が啻に寺族としてゞはなく、人間としての第一の仕事である。頂かれぬならば頂かれるまで、頂かれたならば益々歩を進めて、大切さに道を聞かねばならぬ。さうして此の聞法が、やがて伝道である。之によつて其

の寺は必ず栄える。（後略）

坊守の重大な仕事

（前略）私は禅門の古徳が、厠の掃除を自分の作務としてゐられた、めに「雪隠」の名ができたことを思ひ出しては、慚かしさにたへられませぬ。暇があれば畑を耕すもよい花をつくるもよい。或る寺の令室は、自ら骨をつて開かせた花をば、同行にわけては、法の御縁を結ぶことに努められた（〇）自ら学問に励むのは、更に善い。さうして之を児女につたへる。之は又更に善い（〇）南条文雄師の母君は、師が其の胎にあられた時、三経の拝読を続けられたやうに承はつてをる。母や妹などから、御経を授けられ、勤行を教へられた人は少ないでありませう。住田智見師も「祖母から、『御文』を教へられた」と申されました。私もさうでありました。住職に対する内助並に児女の教養が、坊守の重大な仕事であることは、今更申すまでもありませぬ。

門徒の慰藉者

台所における同行に対しての応接、固より坊守の大きな作務である。其の火鉢の側における世間話に加へて、少しづ、でも語る法の語は、本堂の長い説教にも劣らぬ。縦ひ法の思召でなくとも、坊守の柔かな慰藉や策励が、如何ほど同朋を和げ又引き立てるか分りませぬ。時によつては、先方の愚痴を聞きとるだけでも、彼等は救を感ずる。加賀安田の明達寺は、一種特別の和ぎの漲つてをる寺であるが、之は此寺の暁烏敏師の人格にもよりますが、其の母堂の温和な徳風が其の本になつてゐたことを否むことはできませぬ。蓮如上人は、田舎から参つた同行の名を申上げる事が、少しく遅れてさへ御叱になつた。私共は台所における同行に接する事を卑しんではなりませぬ。女人講、婦人会の指導、亦怠つてはなりませぬ。長谷得静師は、其の近江の寺にあつては、其の母君や令室が、村の結婚式に列せらる、事が殆ど常規となつてをるために、其が寺と村人とを極めて親しくする事を語られた。富山県地方の寺院の坊守にして其の地方の婦女会のために働いてをられるのは、一人や二人ではないやうに聞きました。日曜学校、少年会及び幼稚園において、坊守の尽力を要する事は、今日、誰も感じてをる所である。（中略）

模範的坊守

明治三十七八年役の戦酣なるや、今川覚神師の令室は、寺にはゐられなかつたが、熊本にあつて、出征軍人の家族の慰問を初めて、其の見舞品を集めるために、自ら荷車をひいて市内をまはられた。誰も感動せぬ者がなかつた。播磨の西秀寺の暉峻令室は、随分、地方の同朋を導くことに力をつくされた。私自ら此の令室によつて激まされたことが誠に多い。越前の日下部成道師は、笠を被り草鞋を穿つて、鈴を鳴らしながら、其の寺を中心として一二里の村々を巡り、一銭の礼をも受けずに、道をす、められましたが、其程でなくとも、此の志を志として、寺族が常に其隣人を疎かにせず若し病める翁があれば之を慰め、愁に泣く寡婦があれば之を労はるやうに心がけたならば、如何ほど其の近隣が、其の寺族の心によつて温められ又導かれるであらうか。（中略）仕事は、如何程でもある。寺族は決して怠つてゐてはなりませぬ。

恵信尼を理想に

我が宗門は、宗祖を中心として、之に事へられながら、教団の母となられてあつた恵信、覚信の両尼公によつて、其の基礎を固うすることができた。宗門の寺族は、此の大なる両女性の高風を仰ぐことを忘れてはならぬ。愛国婦人会の創立者奥村五百子は、肥前の光徳寺から出られた。私は我が宗門の寺族をして、総べてが奥村五百子のやうにならねばならぬといふのではないが、併し只今の処でも常に三人や五人の五百子はなければならぬ。五人や十人の瓜生岩子もなければならぬ。（中略）先年、報国義会が占守島行きを企てた時、女子の参加を望んで之を募つた。直に之に応じた者は基督教の女性であつて、仏教徒はなかつた。癩病院又は其他の慈善事業に従事してをる仏教の女性が、幾人あるであらうか。（中略）宗門の寺族が、其の勤むべきを勤めずにゐて、愚痴や小言のなかに、自分を埋めてをるといふは、何たる情けないことぞ。（中略）何とぞ恵信、覚信の御あとをついで、宗門のため、仏祖の大法に立ち、其の理想をかため、其の努力を加へて、宗門のため、人類のため、而して近くは自分自身のために、只今から其の神聖なる奉仕の道に踏み出さねばなりませぬ。（十二、四、午前九時。京都経長旅館の客室にて）

（『真宗』一九二七〈昭和二〉年一月号）

資料70　稲葉円成「婦人の特質と人生」を語る

〔『真宗』一九二九（昭和四）年二月号〕

寺族講座　婦人の特質と人生

男子を支配する婦人の力　感情の純化と婦人の教養

大谷大学教授　稲葉円成

人知れぬ罪

蓮如上人が『御文』に「それ一切の女人の身はひとしれず罪の深きこと上臈にもよらず下主にもよらぬあさましき身なりとおもふべし」と仰せられたのは、よく女といふもの丶心の動き方をつかんだものである。「ひとしれず罪が深い」といふことはいかにも女のもつ罪が男の罪と異つた著しい点である。同じ罪悪にしても男は大概大びらにやつてのけるが。女はこそ〳〵と悪いことをする。（中略）女自身は何等手を下さないで、人形使の役目をつとめ、堂々たる男子を人形の如くに使ひこなすものである。刑務所に収監されて居る犯罪者の数からいへば女囚は男囚の十分の一もないが、その男囚の犯罪の裏面には一つの例外なしに酒と女とがついて居るということである。少くとも男囚をして犯罪せしむる罪の半分は女子が引受けねばならないのであるが、「ひとしれず」罪を犯して居るお蔭で法網をくゞつて、うしろ手が廻らずにすんで居るのである。

人知れぬ功

そうなれば男こそ誠に気の毒な役廻りで、女の為に罪を犯し、その刑罰はすつかり自分で引き受けねばならないのである。（中略）婦唱夫随でない家庭がどれだけあるであらうか。妻君が優越な地位を占めないで夫の為に奴隷の如く取扱はれる夫婦が幾組存在するであろうか、それは現代ばかりでなく古往今来今も昔もかはらぬことではなからうか。此点に於いて婦人が人生に於いてより大なる力を持つて居ることを見るべきである。そして人生に立派な功績を立てるのも又反対に醜い罪悪を造るのも、功罪共に男子よりもより大なる責任を負はさるべきである。（後略）

理性と感情

一般的に言へば男子はより理性的であり、女子はより感情的であるといふことは、体質の関係からも否まれぬ事実である。この事実がやがて前に述べるやうな人生にはたらきかける男女の役廻りに相違を生ぜしむるものであらう。（後略）

仏教の婦人観

感情はわれ〳〵の人生にはそれ程大きな力を持ち大切な役目を勤

めて居るものである。この事が明になつたならば、感情的な婦人が、理性的な男子よりは人生の上に実質的に大切な役目を負うて居るといふことは否めぬのである。（中略）仏教の上に女子が男子よりも罪が深く障りが重いといはれ、又仏法の器ではないとまで厳しく言はれてあるのは、婦人が男子より、より感情的であるといふ特質から見て否といはれぬ事であらう。殊に正しい真理を見極めて行く理性的な仏教の上に非器とまで言はれるのも、決して殊更に女子を蔑んだものではない。又感情的に動き易い婦人が男子より一層迷の筥が深く、堕獄の道を急いで居ることも間違ひのないことである。

婦人の教養

しかし悪に強いものは善にも強い。同じ理由でもし感情が教育され純化されて行くならば。その純化された感情の婦人がお浄土参りの正客として、男子の信者よりも、より美はしい信念を持つことが出来、仏法のため世のために大きな功績を挙げ得るのである。仏法の非器である女人が弥陀の本願の前には女人正客と迎へらるゝのも無理のないことである。／これによつて婦人の教養はどこまでも感情の教養を主とし、情操の教育を先とせねばならぬのである。そして情操教育はどうしても宗教殊に本願を宗とするわが真宗の御教に依らねばならぬ。そして理性的な男子の方より卒先して感情の豊かな婦人の方々に先づ聞法に力を入れて貰はねばならぬ。（つづく）

（『真宗』一九二九〈昭和四〉年二月号）

資料71

相続講五十周年に出された「昭和御消息」

〔『真宗』一九三〇（昭和五）年一一月号〕

御消息

重ねて申入候。夫れ女子は常に家庭の内にありて薫化の力も大なれば、みづから法義相続の中心となり、又子女の教養には格段の意をとゞめて、家庭の間に永く仏種の断えざるやう心がけるべく候。抑、弥陀の本願に別に一願を発して、女人成仏を誓ひたまひしは、誠に大悲の至極なれば、いよ〳〵仏智の不思議をたのみて、我が身は罪深くして出離の縁なきものなれども、弥陀如来ひとり諸仏にこえすぐれまし〳〵て、必ずたすけんとちかひたまへりと、ふかく信じて、一念も疑ふ心なく、ひとへに摂取の光益を喜び、報謝相続せしむべきものなり。然れば各々進んでこの相続講員につらなり、別にかき示したる四ケ條の旨趣をよく心得て、ゆめ〳〵油断あるべからず候。あなかしこ〳〵

昭和五年九月二十四日

（『真宗』一九三〇〈昭和五〉年一一月号）

資料72

布教使竹中慧照「寺院の使命と坊守の任務」を語る

〔『真宗』一九三二（昭和七）年三月号〕

寺院の使命と坊守の任務　布教使　竹中慧照

「本年は恰も、わが本願寺の基礎を創めたまひし覚信尼公の六百五十回忌に相当します。されば御本山に於ては来る陽春四月の候、これが追恩の御法要を勤修まし〱、一方、これを記念するため婦人教化の体系的躍進を期し、「坊守諭達」や「婦人教化施設条規」などが発示せられ、先づ寺院坊守の自覚を促す施設を講ぜらるゝこと、なつたが、今こゝには編集者の依嘱により「寺院の使命と坊守の任務」といつたものを執筆し、敢てわが真宗寺院の坊守各位の前にこの一文をさゝげることといたします」

真宗寺院の使命

私は、先づ第一に「坊守の使命」といふことを考へて見たいのであるが、その以前に先決問題とでもいふべき「寺院の使命」といふことから考へて見たいのであります。（中略）それならばいつたい真宗寺院の使命は何れにありませうか。

寺院の二大使命

それは今更いふまでもありません。真宗寺院なるものは

一　仏祖崇敬　二　布教伝道

なる二つの大きな使命を有する道場であります。（中略）

寺院坊守の使命

（前略）しからば、かゝる二大使命を有する寺院の「坊守の使命」が何物であるかは自ら明かなことでありませう。一月二十七日付を以つて発示された諭達第二号の劈頭にも「寺院は仏祖崇敬、布教伝道の道場にして殊に在家宗風血統相続の真宗に在つては、之が坊守たるもの大悲伝普化の大任を負へる住職の内助者として其責務亦最も重大なるを覚悟せざるべからず」とあつて、実に坊守はさうした寺院住職の内助者でありますから、住職と共に力を協せて、かゝる二大使命の遂行に努力せなければならぬのは当然のことであります。／（中略）布教伝道といふことは単に住職や布教使の専有物ではありません。庫裏へ訪問する門信徒にお茶を出しながらも、坊守の道念によりて、一口の法話もなされ、一声の念仏もすゝめられるではありませんか。

時代の趨勢を見よ

いまゝで、寺院の坊守《おくさん》といへば、うす暗い庫裏の奥に年中ひつこんでゐて、余り世の中のことには交渉なさらぬものと思はれて来ました。（中略）しかし、時代は寺院の坊守《おくさん》に対するさういつたやうな固陋な思想から解放されなければならぬ趨勢となつて来ました。（中略）寺院に日曜学校を開設すべき必要は、さういつた意味からも充分機運が熟し切つてゐるのであります。（中略）／（中略）寺院の坊守達も、せめて日曜一日なりとも、本堂へつどひ来る可憐な児童の友達となつて、オルガンを弾き、讃仏歌を唱ひ、「正信偈」を教ゆるよき住職の内助者となつて頂きたいものであります。（中略）

坊守としての教養

（前略）み仏に仕へまつる敬虔な心持と真摯な態度を持つて、うす暗い寺院の庫裏から、明い社会の街頭へ、もつと〱奉仕することが新時代の坊守の任務でなければならない。／しかし、私はかく坊守の社会的進出といつたことを提唱しますが、かの徒に時流を追ひ、家庭を他所にして街頭に立ち出て、あられもないいかゞはしい事業に走り廻れといふのではありません。坊守には先に記した寺院の二大使命を遂行するといつた重い任務がある外に、内には次代の住職を養成し子女を訓育すべき所謂子弟の教養といふ責任があることを決して忘れてはならぬのであります。／私は、わが宗門の根基を創めたまひし覚信尼公逝きまして茲に六百五十年、そが遠忌の御法要を迎ふるを一時劃として、寺院の坊守たちが、範を尼公の行績にとり、わが真宗寺院の使命のため、また、ほんとうの意味に於け

る住職の内助者として、先づ坊守としての教養を積むことに精進すると共に、自分自らの任務のため努力せられんことを念じてやまぬ者であります。

（『真宗』一九三二〈昭和七〉年三月号）

資料73　大須賀秀道「女性と真宗」を語る
（『真宗』一九三二（昭和七）年四月号）

念力に眼ざめよ「女性と真宗」その三　大須賀秀道

一、精神的牽引力

昔から「女の髪毛の一筋に、荒れ狂ふ大象も繋がれる」といはれるけれど、これは恐らく物質的の意味でない。（中略）眼に見えぬ精神的の牽引力に異常な強いもの、あることを表はせる諺に相違ない。／（中略）これを離れて私共の宗教の救ひは考へ得られるものでない。（中略）

二、本能の悪用

所でこの念力は男子にもある、固より男子が強い念力の所有者たること勿論であるが、女子に於ける念力は更に深く根強いものがある。まことに女性は愛念執念の権化とも見るべく、たゞ愛を生命として朝夕に寤寐に思念するといふことの外に彼等の生活はないのである。（中略）これ即ち女人が男子にまさつて罪の深しといはる、所で、畢竟この念力が悪用せられたからである。兎かく仏教で女性を悪視し、これを大蛇だとか地獄の使だとか言うて罵るのは、この持つて生れた大切な本能が善用せられずに、いつも悪用せられづめであるが為めではあるまいか。（中略）

三、心の転廻

されば女性の迷ひ悩むのも念力であれば、それが助け救はれるのも亦この念力である。（中略）／これを韋提希の上に見ても、たゞ愚痴な女の心で、良人や吾児の愛念に真暗な生活が、一たび提婆阿闍世の逆害に眼ざめたところ、即ち光台現国のその中に安楽世界を選ばしめたのであつた。（中略）

五、遺弟の念力

何にせよ、子供の育つのは母性愛の力に由るがやうに、世の何もかも人の念力でなうては育つものでない。（中略）／これは単に一身や一家の上のことばかりでない。国家にとつても、仏教にとつても、また此に女性の念力が働いて、愛児を養ふやうに、それを大に護り育ててゆかねばならない。申すまでもないが、日本の現状は容易ならぬ時運に直面してゐる。これには男子は勿論、女子も大にその念力を運ばなくてはらない。彼の上海廟行鎮に於ける肉弾三勇士を見ても、それがいづれも親鸞聖人の門徒であつたばかりか、本願寺の戦死者追弔会に、揃ひも揃うて三勇士の母親が参詣してゐる、全く三勇士はこれら母親の念力で育て上げたものであつたに相違ない。新聞に出てゐた三人の母親が揃うて並んだ姿を見ると、私は涙と共に大に感激せずにはゐられなかつた。戦の捷つのも国家の栄えるのも、それは男子ばかりの力ではない。（下略）

（『真宗』一九三二〈昭和七〉年四月号）

資料74

「大谷派婦人聯盟結成の諭達」

〔『真宗』一九三三（昭和八）年二月号〕

大谷派婦人聯盟結成の諭達

昨年一月覚信尼公六百五拾回忌御法要ノ御発示アラセラル、ヤ斯ノ機会ヲ以テ婦人運動ノ躍進ヲ念シテ総御門末婦人ノ奮起ヲ促シ殊ニ全国坊守ニ対シテ特ニ訓諭スルトコロアリ即チ現時思想ノ動乱社会ノ不安益激化シ殊ニ婦人ノ徳性日ニ頽廃ノ傾アルノミナラス文化ノ興隆社会ノ完成其一半ノ責務必スヤ婦人ノ双肩ニ在ルニ鑑ミ今回ノ御法要ヲ好機トシ茲ニ総御門末婦人ヲ糾合シテ婦人連盟ヲ結成シ婦人運動ノ第一線ニ進出シテ社会浄化ニ奉仕シ聊カ以テ報国ノ一端タラシメントセリサレハ全国坊守タルモノ大悲伝普化ノ重任ヲ負ヘル住職ノ内助者トシテ其責務ノ最モ重大ナルヲ自覚シ範ヲ覚信尼公ニ偲ヒテ愈金剛ノ真心ニ徹到シ門末婦人ニ卒先シテ挙ツテ此運動ニ参加シ挺身尽力以テ真宗婦人ノ精神ヲ顕彰致サレタキ旨ヲ翹望シ既ニ着々其実動ノ効果ヲ収メタリ然ルニ時恰モ国家非常ノ時局ニ際会シ一時御延期ノ処愈本年四月賑々シク厳修アラセラル、ニ付全坊守タルモノ此際一層新タナル努力ヲ捧ケ宗門ノ為メ国家ノ為メ奮起以テ所期ノ目的ニ向ヒ報謝ノ誠ヲ表セラルヘシ

昭和八年一月十一日　　宗務総長　阿部恵水

（『真宗』一九三三〈昭和八〉年二月号）

資料75

布教研究所参与竹中慧照「真宗婦人の自覚」を説く

〔『真宗』一九三三（昭和八）年四月号〕

真宗婦人の自覚　布教研究所参与　竹中慧照

二　（中略）一昨年九月十八日に、満洲鉄道の線路が、支那の軍隊によりて爆破せられたがため、これが導火線となつて突発いたしました日支事変は、昨年に至つて一段落を告げたやうであります。（中略）

三　いま〻で、かうした国家非常時の問題は、同じ国民のうちでも、それはたゞ男子のみに関係のある問題であつて、婦人には何の交渉もないことであるといふ風に考へられてゐたやうな傾向があつたやうであります。（中略）いふまでもなく、家庭の主婦には、家庭の主婦としての重大な任務が与へられてゐます。婦人には婦人独特の仕事があります。何も、さうした主婦の任務と、婦人の仕事をそつちのけにして、男子と同じやうに「それ国家の非常時だ」といふので、直ぐに婦人が銃剣つけて戦場へ馳せ向へといふものではありません。（中略）たゞ今の時代は、国民のすべてが一致協力して、それ〴〵国難の打開につとめなければならぬのであります。特に現下の国家非常時に処するには、いはゆる国家総動員でありまして、単に血気盛んな男子のみではない、老人も小供も、婦女子も、国民一人も残らず、挙げて、これに参加せなければならぬのであります。（中略）

六　それに就て、思ひ出されてならぬのは、わが真宗婦人の典型としての恵信尼公や、覚信尼公や、蓮如上人の母君であります。／

親鸞聖人の奥方恵信尼公は、つねに聖人を観世音菩薩として崇めたまひ、聖人もまた恵信尼公を観世音菩薩として敬ひたまふたことは、如何にその御家庭がなごやかな宗教的な気分にみち〳〵てゐたものであり、また尼公が聖人のこよなき内助者であらせられたかを知ることが出来ます。（中略）

七（中略）／かく、真宗婦人の典型として挙げた恵信尼公をはじめ、覚信尼公や蓮如上人の母君の御事績を偲びまひらする時、私共は、わが浄土真宗の今日ある、その影にはかゝる御婦人方の偉大なる力があつたことに気付かねばならぬのであります。「弱き者よ汝の名は女なり」といはれてゐますが、さうした一見可弱さうに見へる女性の力が如何にわが真宗教団の上に働きかけたかは、これによりて知られるでありませう。

八（中略）／いまや、わが日本の国は、内憂外患、こも〴〵至るといつた、実に「非常時日本」であります。この「非常時日本」の前途をして朗かなものたらしめるか、また憂鬱なものたらしめるか、その責任の一半は、婦人の双肩にかゝつてゐるといはねばなりません。／されば、わが浄土真宗に流を汲める婦人は、たま〳〵、この度六百五十年忌にあたらせる、覚信尼公をはじめ、恵信尼公や、蓮如上人の母君を真宗婦人の典型とし、内には深く他力の信心をたくはへ、外には報仏恩の至誠より、朝家のため国民のため念仏を申し、世界の平和、人類の福祉、社会の安栄のため、まづ婦人の本領を自覚し、真宗婦人としての任務をつくされんことをのぞむのであります。

（『真宗』一九三三〈昭和八〉年四月号）

資料76

大谷智子裏方「仏教と女性」を語る
〔『真宗』一九三三（昭和八）年五月号〕

仏教と女性　大谷智子

四月八日夜京都放送局より放送遊ばされた御裏方の御講演筆記

（前略）男性と女性とを比べますと、女子は男子よりも一層宗教的気質を持つてゐるといふことが言へると思ひます。（中略）従つて、仏教といふやうな代表的な大きな宗教におきましては、その信者の中には女子の信者の割合が非常に多いのであります。普通に男子は理智的であり、女子は感情的であると云はれます。或は男子は利己的であり、女子は献身的であると云はれます。兎に角理智的な男子の行動が自己を中心として動いてゆき、感情的な女子が他人を中心として動いてゆくといふ傾のあることは、昔も今も余り変りがないやうに見受けられます。（中略）／（中略）さて、かやうに考へてまゐりますと、宗教的な心持こそは、女性にピッタリとあてはまつた心持であることがわかります。（中略）この宗教的な気持が純化すればする程、その婦人の生活には慥かさと力強さとが加はつて来ます。しかし、また女性本来の気質が宗教的に純化されない場合は、その生活が浅く、或は荒んで、もつと悪くなつた場合にはその婦人自身をも亡ぼし、社会にも害を与へるやうにもなるのであります。こう思ふにつけても、私共の遠い祖先以来今日に至るまで、この東洋の人々の心の上に滲み透つた仏教の無我の教といふものの悠久不変な意味と、それが我々女性の心の上に与へてくれた深い恵とを想はずには居られません。（中略）仏教が渡来しましてからさうした国民性の上に、更に仏教的な味を附け加へてまゐりました。即ち日本の女性の上に一層しみじみとした深い慈愛が現はれ、あくまで己を捨て、物を育てあげるやうな女性独特の強い活動ともなつてまゐりました。この慈愛を育て上げるための犠牲的活動こそ、仏教女性に著しい特質ではなからうかと思はれます。恵信僧都の母君や、親鸞聖人の奥方などは、さういふ方の代表的な方でないかと思はれます。（中略）この内室の心の中に力となつていたのはたゞ念仏でありました。念仏を光として年老いても心の暗くない、がつしりした生活をせられたのが恵信尼であります。この恵信尼は親鸞聖人を、観世音菩薩と信じ、その聖人の導きによつて念仏を深く信じて居られたことは、京の娘に送られた御手紙を見るとよくわかるのであります。（中略）これを通じて特に感じることは、母性の輝き、仏教によつて深められた母性の輝きといふことであります。母性といふことは女性の有する根本的な特質の一つであります。最も大切な物を育てる力の源であります。智恵と慈悲と忍耐とを備へる時、母性が真に偉大な活躍をするのであります。仏教の信仰が女性を、真に女性を生かしてゆくのみならず、その女性の本質の一つである母性をも真に力強く生かしてゆくものであることを、私共はこれ等の生きた例によつて見ることが出来るのであります。／今日の我々女性に課せられた問題は随分沢山あります。（中略）それを乗り切る力は信仰から来ます。今日私が敢へて昔の方方のことを述べましたのも、仏教の信仰が女性の特性そのまゝを生かし切つて、真に女らしい然も確かな道を歩ませるものであるといふことを見たのであります。

（『真宗』一九三三〈昭和八〉年五月号）

資料77　大谷智子著「軍国の母を想ふ」〔『光華抄』一九四〇（昭和一五）年〕

軍国の母を想ふ　大谷智子

今次聖戦勃発以来すでに一年有半、赤禍侵略の魔手より隣邦四億の民衆を済ひ、八紘一宇の天業を恢弘して、東洋永遠の平和を確立せんがために海に山にはた空に、忠勇無双の奮闘をつづけられる皇軍将士の御辛労に対しては、国民一同、たゞ合掌感謝の外はございません。／私は今春、中支北支に、聊か前線の御慰問をさせていただきましたが、汗に塗れ泥に埋れ、あらゆる困苦欠乏と闘ひながら、生死一如の従容たる覚悟を以て勇猛精進し給ふ勇士のお姿は、全く菩薩捨身の聖行でございます。この尊い勇士たちが、露営の夢にまで慕ひ念じてゐられるのは、故郷に居られる懐しの母御の面影であると承りました。／誉れの赤襷凛々しき我が児のうしろから「今ぞ日本男子の本懐、ゆめおくれをとるなよ」と、雄々しくも励ましたまふ母の一語は、いかなる砲煙弾雨の中にも、不屈不撓の大和魂となって燃えあがるのであります。殊に一人ならず二人ならず、三人四人まで、この精忠の勇士を　天皇陛下に献って下さった皆様方こそ、ほんとうにみ国の誇、世界の宝であると、心から景仰せずにはゐられません。／去る十月二十七日には、これらの勇士方は、みごと武漢三鎮を陥れられました。国民一同、一しほ感激新たなるものがございます。長期戦下、どうか皆様方には益々御健康に御留意下さいまして、御愛息方が武勲赫々としてめでたく凱旋なさる日をお迎へ下さいますやう、謹んでお礼とともに御願ひ申上げる次第でございます。（大毎・東日主催「軍国の母に感謝の会」にて）

（『光華抄』一九四〇〈昭和一五〉年）

資料78　大谷智子著「戦歿勇士の遺族に」〔『光華抄』一九四〇（昭和一五）年〕

戦歿勇士の遺族に　大谷智子

海ゆかば水く屍　山ゆかば草むす屍　大君のへにこそ死なめ
かへりみはせじ

一死報国の赤心に燃えて、みごと護国の花と散りなされた将士の方々を、或は名誉の子に、親に、はたまた兄弟に持たれて、尽きせぬ縁を結んでをられる皆様と、こゝ、祖師聖人のみ前で、眼のあたりお目にかゝりますことは、まことに感慨無量でございます。／このたびのみ戦に、畏くも　大君のたませられる股肱として、すめらみ国の御楯として、皆さまの御血縁の勇士は、勇躍戦の庭に立ち、あるひは北支に、あるひは中支南支の地に、死して悔なき武勲をお残し下さいましたことは、国民ひとしく、永久に忘れることの出来ないところでございます。／その一寸の地も一塊の土も、私たちは涙なしに踏むことは出来ませぬ。否、内地の土を歩むときすら、私たちは、それらの方々の御かげによつて、この国土が安穏に護られ、私たちがさはりなく過すことの有難さを憶ふのであります。まして御遺族の皆さま方には、雨につけ風につけ、健気なお覚悟の中にも、をしつゝむ切ない心の流は、堰きあへず止められぬものがあらうと思ひます。まことに猛きばかりが大和心ではありませぬ。ひとの心は強いばかりでも、弱いばかりでもないのであります。／しかし、止めあへぬ心のなかに、断ち難い恩愛の情を縁としてこそ、さはりなき道は拓けてくるのでありませう。「仏、我を離れ給はぬ」との祖師聖人のみ教に導かれて、清く、雄々しく、朝な夕なを送らせて頂きたいものでございます。かく申すことも、今日はからずも御同朋として、皆様と倶に、この一つ処に相会ふことの深き縁であると喜ばせて頂く次第でございます。（支那事変戦歿者追弔法要に際して）

（『光華抄』一九四〇〈昭和一五〉年）

資料79　大谷智子「銃後婦人の覚悟」を説く〔『光華抄』一九四〇（昭和一五）年〕

銃後婦人の覚悟　大谷智子

聖き今度のみ戦は、申すまでもなく、東洋に於ける多年の禍根を絶ち切つて、まことの平和を永遠に齎らすために起つたものでありまして、今日までに、これほど重大な、み国の非常時はなかつたのであります。幸ひに世界の歴史にも未だ曾て見ない戦果を収め、皇威の広く八紘にかゞやかせ給ふことは、畏くも　大御稜威によりますことはもとより、一死報国を誓はれた諸勇士の御奮闘によることと、たゞ〳〵感謝感激の外はないのであります。／顧みますに、戦ひは既に一年有半にも及ばんとし、戦線は実に一千五百里の広きに延びて居りますが、更にその宣撫開発の尊き事業を想ひますと、国民挙つて将来永く苦みをともにする覚悟をかためるとともに、いよ〳〵銃後の生活をひきしめ、艱難に打ち勝つてゆかねばなりません。特に事変下の日常生活を護ることは、婦人の大切な務めであると思ひます。（中略）何時までも、倦まずたゆまず、我が家を護り、生活を活かすのが、日本婦人の伝統的精神でありませう。況して「仮令身をもろもろの苦毒の中におくとも、我が行精進して、忍んでつひに悔いじ」と仰せられた、み仏のお誓ひを仰ぎまゐらす私共真宗婦人といたしましては、み国の御恩なればこそ安らかに暮し、御仏の御力なればこそ雄々しく日を送らせて頂くのでありますから、ひとしほ艱難に堪へ、勤労を楽み、堅忍持久、世の人々に先んじて、非常時女性の力を発揮せねばなりませぬ。／我が大谷派婦人聯盟諸姉には、ますく今次聖戦の意義を弁へ、いやましにかたく「志願倦むことなかれ」の仏誡に随ひ、清く雄々しく、朝家奉仕の務めにいそしまれんことを、深く念じてやまぬ次第であります。（大谷派婦人聯盟大会にて）

（『光華抄』一九四〇〈昭和一五〉年）

資料80　日中戦争に際し裏方銃後支援を訴え全国巡回〔『真宗』一九三八（昭和一三）年一一月号〕

全国各地、呼応して開く銃後々援の花

総裁殿、顧問殿各地を御巡回

全国代表者会議

御一派に於ける事変下宗門総動員の一翼として、全国的に銃後婦人運動の展開を期して、その前奏曲たる大谷派婦人聯盟全国代表者会議は、銃後々援強化週間を目前に控へた十月二十七日午前十時より、山内議事堂に於て開会、先づ全国地方部代表、宗務役員家族婦人会幹事、聯盟役員並に宗務役員着席についで聯盟顧問たる大谷参子殿はじめ、各連枝方御内室の御臨席、ついで総裁殿御裏方の御臨場あり、常任幹事円山教学課長の司会で、君ケ代斉唱、宮城遙拝、戦死将兵感謝黙想が行はれ、続いて理事為郷教学部長の開会の辞が終れば、総裁殿には別項の如き懇な御訓示をお優しく述べられ、一同感激のうちに御退場、理事長安田宗務総長の告示があつて式を閉ぢたが、／午後一時より白書院に於て再開、為郷理事を座長に推して協議に入り、（中略）協議事項並びに宣言・決議は左の如くである。

協議事項

一、各教区に於て「大谷派婦人聯盟大会」を開くこと
二、教区婦人聯盟主催の下に左の大会を開催すること
（イ）戦病死者追悼法要（ロ）戦病死者遺家族慰安大会（ハ）傷病将兵慰問
三、各組又は各寺に於て銃後託児所・保育園を開設すること
四、寺族婦人講習会を開催すること
五、銃後運動を拡充すること
（イ）資源愛護による皇軍慰問バット献納（ロ）傷病兵招待慰安会の開催（ハ）時局相談所の設置（ニ）遺家族慰藉（ホ）出征遺家族慰問（ヘ）出征将兵に対する家族よりの慰問書送付（ト）時局認識講習会の開催

宣言

支那事変勃発以来既に一年有余を閲し時局は一層重大性を加へました今日、東亜永遠の平和建設の大目的貫徹には益々銃後の護りを堅め飽くまで聖戦の使命達成に国家の総力をあげて邁進致さねばならぬ秋、われ等日本女性は克く家庭を守り真に後顧の憂なきやう固く決意致さなくてはなりませぬ。／ことに真宗精神に生き、王法為本の道をふましめて頂くわれ等真宗婦人は深く大御心を奉戴し篤く

仏祖の冥祐を念じて協力一致報恩の至誠を捧げまつり、堅忍持久其の本領を発揮して　皇恩の万分の一に報い奉らんことを期します

決議

一、我等は真俗二諦の教旨を遵奉し同信報国の実を揚げんことを期します

一、我等は時局に際し有効適切なる施設を為し銃後後援の強化を期します

一、我等は国策の線に沿ひ家庭生活改善の実践躬行を期します

（『真宗』一九三八〈昭和一三〉年一一月号）

資料81　宗務総長「時局と婦人」を語る〔『婦徳』三八一号〕

時局と婦人　宗務総長　安田力

今次聖戦の幕が切つて落されてから既に三年の歳月を閲しました。大御稜威の下、皇軍向ふところ敵なく、国光普く輝き亘り、東亜新秩序建設といふ世紀の一大聖業その緒に着くの秋に当り、国民たる者愈々　天壌無窮の皇運を扶翼し奉ると共に既に大君のために身命を捧げ又我等及び我等が子孫のために尊き犠牲となられた幾多殉国の将士に応へるの覚悟がなければなりません。／実に今次の事変は日本民族に与へられた一大試練であります。然らばこの曠古の大試練に打ち勝つには銃後の我等はどうすればよいでせうか。（中略）以上時局下における婦人の任務に就て述べましたが、之を要するに戦争の三大要素たる（一）智仁勇の三徳を具へた優秀なる人的資源、（二）家計上の無駄を省いた貯蓄、（三）有難い勿体ないの心から節約再生した物資と云ふものが、この婦人の心構えから出来て来るものとすれば、婦人の良き働きの総和こそ聖戦の目的完徹の鍵であり、殊に平素二諦の教に導かれる真宗五十万婦人の自覚に基く精神総動員が希求せらるゝ所以であります。

（『婦徳』三八一号　一九三九〈昭和一四〉年一一月）

資料82　「靖国神社英霊に捧ぐ」〔『婦徳』三八六号〕

靖国神社英霊に捧ぐ

おん命捧げましけるいさをしを
　あだにはすまじ命にかけて　桑原静子

すめぐにのみたみと生れし君は今
　かへりきませり神垣の内に　真野ゆり子

我里の新三柱も靖国の
　はえある神となりませるかと　猪原家女

紙小旗振りかざしつゝ幼子は
　九段の坂をのぼりゆきたり　千原啓子

ますらをの命に代へしまごころぞ
　ひとつに凝りて国鎮めます　菅沼百合子

（『婦徳』三八六号　一九四〇〈昭和一五〉年四月）

資料83

「教化部　第五回銃後保育講習／婦人修養会」（『真宗』一九四三（昭和一八）年四月号）

教化部　第五回銃後保育講習／婦人修養会

　現下強健なる次代国民の育成こそ、大東亜共栄圏建設の為最大の要務であり、又食糧増産、人的資源確保の叫ばれる折柄、教学局では、三月二十九より三日間寺族檀信徒婦人、一般婦人、保育園保母の中教務所長の推薦せる約百名の婦人を集め、三河詰所に合宿修練を行ふと共に本山議事堂に於て左記の講師を招き講演、講習を行つた。受講者達はこの体験を以て、よき子を育成御奉公の一端をと、それ〲満腔の熱と意気を抱いて引上げた。

講題及び講師

農村保育に就て　川崎大治氏　育児医学と栄養食　福島満帆氏

幼児舞踊　新宮博氏（下略）

（『真宗』一九四三〈昭和一八〉年四月号）

資料84

厳如上人五十回御忌法要にて「誉の母」顕彰式（『真宗』一九四三（昭和一八）年五月号）

厳如上人五十回御忌法要　報告

尽忠に薫る　遺族を招待

―戦殁者追悼法要―

　大東亜戦争に護国の華と散つた戦殁者の追悼法要は九日午後一時より大師堂に於て法主台下御直修のもとに荘厳盛大に執行された。ハワイ空襲の威勲を立て、二階級の特進をされた牧野三郎中佐夫人節子さん始め、武勲輝く殉国勇士の遺族千余名は全国津々浦々から参拝焼香をした。法要後法主台下、御裏方より全遺族に懇ろなる慰問の御挨拶稲葉道意布教使の慰問講演あり、希望者に対し帰帰式が行はれた。

―誉の母顕彰式―

　午後四時より軍国の母顕彰式を挙行、国民儀礼の後、瀧教学局長の式辞あり表彰状授与、宗務総長殿の顕彰の辞につぎ御裏方より大略次の如き慰問の御言葉あり、遺族は感泣した。／皆様遠い所をよくお参り下さいました。今御仏の前にひざまづき皆様にお目にかゝつて私の心に先づ浮んで参りますことは我が愛子をお国に捧げて下さつた誉のお母様のことで、私は皆様に先づ感謝の言葉を捧げねば居られません。戦死なさいました方は我身を捨て衆生を救ふ為に奮闘の道を歩んで下さつた方で御座います。天皇陛下の仰せ一つをひたすらにいたゞいて大東亜新秩序建設の為に尊い命を捨てゝ下さつた方こそ菩薩でなくてなんでありましよう、その菩薩方をお育て下さつたお母様方として、私は皆様の今日迄の御苦労を偲びまして感激に胸が一杯になるので御座います。けれども愚痴の多いのは凡夫の思ひ恩愛の情はなか〲にたちきることが出来ません。念仏の御法は洗除心苦で御座います。心の垢を洗つて頂くのはお念仏より外にないと教へられて居ります（○）どうか念仏諸共苦しみにたへ淋しさをこらへ菩薩の御母様として清く雄々しい御奉公の道を歩んで頂き度いと存じます。／お言葉の後森舞鶴海軍人事部長（代読）、柏京都師団兵務部長の祝辞、遺族代表牧野少佐婦人の答辞の後「海行かば」を斉唱、瀧教学局長の講演あり、御裏方の「すめらぎに命さゝぐるますらをのみたまはながく国をまもらむ」の御歌の扇面及び法主台下御愛用の緋綾地白浮織抱牡丹五條袈裟で大谷高等実業女学校生徒の謹製になる数珠袋其他を送つて、意義深く式を閉ぢた。

寺族婦人表彰式

戦時下寺院坊守として子女の発育、寺門の経営維持に住職を援け或は自ら代務者となり、献身努力し、戦局下に挺身奉公の誠を致しつゝある真宗婦人の亀鑑たる寺族を一教区一名宛表彰する事となり十日午前十時より表彰式が行はれた。御裏方御臨席のもとに国民儀礼あり教学局長の式辞の後、宗務総長より二十五名に対し表彰状が授与せられ堀前不二恵さん之を受け御裏方の御言葉あり、福井教区原露子さんが答辞をのべ、真宗々歌を以て式を閉ぢた。

（『真宗』一九四三〈昭和一八〉年五月号）

資料85　婦人法話会総裁大谷智子の「御訓示」

〔『婦徳』第四二二号〕

御訓示

このたびのたゝかひは、世界のまことの平和を実現せんとの大御心によるものでありまして、御稜威のもと、将兵の方々の御奮闘により、赫々たる戦果のあげられてをりますことは感激にたへぬ次第であります。しかしながら、敵はあくまでも皇軍に反抗をつゞけてをりますために、たゝかひは日に日に熾烈となり、今や全国民悉く戦場に立つの思ひをもつて、はげまねばならぬ時となつてまゐりました。婦人の身と致しましても、家庭のことを処理するにも、子女の教育をなすにも、今までとはちがつた。強い覚悟を持つべきことは申すまでもなく、更に、御国のために必要とあらばいかなるいかなる部門に亘つても、挺身して御奉公いたさねばならぬのであります。／それにつきましては、愈々法義に心を傾けて、速かに金剛不壊の信心をいたゞき、かぎりなきみのりの功徳を受ける身となりまして、その上より、わたくしの心を去り、姑息の思を捨て、ひたすら報恩のまごゝろを以て、聖業を翼賛し奉ることが、何よりも肝要であると存じます。／本会はもとより、法義の相続と報謝の活動とを、その旨と致してきたのでありますが、今日ことに、会員たるもの一人も残らず、大いなる決心を以て奮ひ立ち、皇恩仏恩に報ひ奉らねばならぬ大切な時であります、なにとぞ日頃のみ教を十分に身に生かし、真宗婦人としての働に、心残りのなきやうにいたされたく、切に希望いたします。

昭和十八年四月十日　真宗大谷派婦人法話会総裁大谷智子

（『婦徳』第四二二号　一九四三〈昭和一八〉年五月）

資料86　「大谷婦人教化委員の創設」

〔『真宗』一九四三（昭和一八）年一〇月号〕

大谷婦人教化委員の創設

今や時局は日を追ふて悽愴苛烈なる様相を呈しつゝあり、この決戦下、銃後国民はその団結を一層強固にし、国家目的に邁進せねばならない。前大戦に於けるドイツの敗因、そして今枢軸より脱落せしイタリーの敗因は両者共銃後国民、特に婦人間に於ける戦意の欠除より敗退を来してゐるのである。一国の存亡はその国民そのものにより決定せられるのである。この度大谷婦人教化委員の創設を見たのであるが、それは宗門婦人としての本分を自覚して、総力を結集し、戦時下婦人生活指導と戦時下寺門経営の確立を計り、下部組織より銃後国民特に婦人の教化並に堅固なる団結をなさしめ以て国家目的に挺身せしめんとするにあるのである。

（『真宗』一九四三〈昭和一八〉年一〇月号）

資料87　横超慧日「仏教と婦人」を語る

〔『真宗』一九五二（昭和二七）年四月号〕

仏教と婦人　横超慧日

終戦後婦人の社会的地位は大分たかめられてきた。これは欧米の男女同権の思想が直接その原因となつてゐることは確かである。長い間の封建的な組織の中に生きてきた苦難を思へば誠に喜ばしいことであるが、その為に東洋社会の封建制には仏教や儒教が支柱をなしてゐたと見られて、仏教自体の婦人観が誤解せられて居りはせぬだらうか。／法話の席に列すると、五障三従の女人だとか、罪悪深重の女人悪人だなど云つて、女性を蔑視したり悪人扱ひするやうな言葉をきまつて聞かされる。なぜ女性だけがそんなに罪が深いのか、又そんなに嫌はれねばならぬのか。婦人の側からは大いに不満が出て来ると思う。尤もな話である。然し抗議をする前に、先づその正しい意味を理解して貰いたい。又宗教の特質を知つて貰はねばならぬ。／五障は印度思想で、三従は支那思想である。五障とは、女身では梵天王と帝釈と魔王と転輪聖王と仏とに成ることが出来ぬのを云う。三従とは婦人は一生涯人に従ふものであつて、幼にしては父母に従ひ、嫁しては夫に従ひ、夫死しては子に従ふのを云う。前者は宗教上の信仰としてそう信ぜられてゐたのであり、後者は社会上の現実を説明してそう云はれてゐたのである。然しそれだからと云つて、五障三従を説く仏教が女性に対して宗教上の差別待遇をし、服従を強制しやうとしてゐるのではない。否、五障三従は現実への反省であつて、決してそれが理想とされてゐるのではないから、そこを混同すると話はすべて混乱する。／三従については今暫く措いて、五障説を考へてみるに、なぜ女性だけ天や転輪王や仏になれぬと云はれるのだらうか。（中略）女性が仏になれぬといふ一点だけは不問に附するわけには行かぬ。／更に大無量寿経を見よう。法蔵菩薩の四十八願の中で第三十五番目の願は女人成仏の願と云はれてゐるけれども、実際は、女性が仏心を発した上でつくづく女身であることを厭ふならば、仏の力によりその人は再び女身となることがないやうにと云ふのである。なぜ女性に限つて女であることをそんなに厭ふのであらうか。／一体、仏教思想は、仏陀の教として天下りに押しつけられるものではなく、その中には仏を求め仏に随はうとする人間の願が反映されてゐる。従つてその中にには男性の側から見た女性観もあるが、女性の側から見た女性観もある。女性は美しくやさしい。しかし又嫉妬心も強く意志が強固でないやうな嫌ひも感ぜられる。そういう点から、男性にとつて誘惑の原因として警戒されると共に、修道上の困難が目につく。更に又女性は宿命的に特殊な生理的な苦痛がある。就中妊娠と分娩はその最も著しいもので、医学の進歩した今日でも此は婦人にとつて仲々の負担らしい。又古来社会的地位が低かつたことに対する不満も確かにあつたでらうが、歴史上釈尊が男性であつたといふ事実も、女性では仏になれぬとして嫌はれることになつた。こうして女性を蔑視するといふよりもむしろ女性が自ら女身たることを嫌うといふのが、仏教の中に女性差別観を起した起源である。／然し仏教はそうした差別観を肯定し是認するものではない。以上は反省の立場から起つた起源の分析であつて、それが第一義的な理想の立場であると云ふのでは断じてない。男女の差は宗教的な解脱の前には何等の意味も持たぬのである。階級の尊卑も学識の有無も能力の勝劣も財産の多少も、人種の不同も、一切そうした差異が現世的なものに過ぎぬと見る宗教が、どうして男女の性別のみを固執する筈があらう。だから法華経の提婆品では龍女成仏と云つて女でしかも畜生である龍女さへまたたく間に仏となると説かれてゐるが、浄土教では大無量寿経に女人の成仏を説く。極楽へ生れるにも化生であつて、母胎を煩すといふことはないとせられる。極楽には男も女もないのである。／極楽に男女の別がないといふのはどういふ意味か。それはさとりの世界には性別がもはや問題でないといふのは、男性は男性のまま女性は女性のままでそこに生きた仏道が展開するといふことである。女性には女性としての愛情の濃かさがあり、子を生み育てる無私の念がある。これが仏心とは大慈悲これなりと云はれる仏への道でなくて何であらう。／更に進んで云へば、宗教は反省懺悔の上にのみ成立つ。自らの善を誇り我を押し立てる所に何の救いがあるか。罪業深重と気付いた時に仏の慈悲が初めて知られるものとすれば、女性が女性としての弱さを顧みた時に初めて助けずば止まぬといふ仏の強い願がしみじみと喜ばれることであらう。観無量寿経が韋提希夫人の家庭悲劇を縁として浄土教を開顕されてゐるのは、この意味に於て最も考へさせられるものを含んでゐると思ふ。

（『真宗』一九五二〈昭和二七〉年四月号）

資料88　常本憲雄著「花を咲かせる女性」
（『真宗』一九五四（昭和二九）年六月号）

花を咲かせる女性　常本憲雄

（前略）お浄土を家郷として約束づけられたものは、生きる日の人生を、これまでより以上に大切にしなければならない。どうせ、この世は、などと云う棄て鉢的なあゆみかたは止めて、たとい一日であれ、一時であろうとも、おのが人生を軽くみることはできない。一日々々が、一時々々が、ふたたび得がたい尊い人生の一日であり一時なのである。／（中略）／生きる日を惜しむものは、人生の道のりが遠くないことを知つている。そこでは、つめたい家庭で生きてはならない。われらは、われらの家庭を、こころのおくぞこからの、あたたかい家にしなければならない。そのためには、殊に女性であり、婦人である人々の役割が大きい。／家庭の女性は、「花を咲かせる女性」であつて欲しい。家庭を氷の室にする女性であつてはならない。家庭の女性は、ふくよかであり、にこやかであり、やさしくあり、あたたかくもあり、うるほいがあつてもらいたい。／世のなかの花は、気候のあたたかな春に咲き、家庭における女性の花は、聞法にもとづく念仏の生活から咲き出る。（下略）

（『真宗』一九五四〈昭和二九〉年六月号）

資料89　「坊守のつとめ—坊守の道」

〔『坊守教本』一九五八（昭和三三）年〕

坊守のつとめ—坊守の道

さて寺院にあってわれわれ坊守の最も苦労するところのものは子女に対する教育であろうと思われます。今日寺院の世襲制度ということも問題にはされていますが、恐らく今の時代では本当の出家発心の僧というものは容易に求むることはできません。却って世襲の伝統の内から父祖の願いを体せんとするものが出てくるのでありま す。この点に於て寺院に於ける子女の教育には住職も坊守も大いなる責任があります。わが子の個性資質の伸張も大切なことながら、わが子をして真に仏子たらしめんとの願いに於て育くまれたいのであります。特に精神教育の面における母の力は絶大であります。恐ろしい感化力をもつものであります。それについて日本の仏教史上横川の源信和尚の母公はあまりにも有名であります。あのつつましい、ゆかしい源信和尚の人がらを通して、その母公を偲ぶことができます。（中略）この母公までにはわれわれは到底及びもつきませんが、しかしこの母公の心を心として仏の正法を子孫に遺こしてゆきたいと存じます。

（『坊守教本』真宗大谷派宗務所教学局編　一九五八〈昭和三三〉年）

資料90　藤島達朗「恵信尼公」を語る

〔『恵信尼公』一九五六（昭和三一）年〕

恵信尼公　藤島達朗
東関の境

それにつけて思うのは、先に述べた六角堂観音の夢想の事実である。あれは聖人三十一歳のことであるが、それを高田の真仏上人が書きのこされたのとは、先もいうように、聖人が、はるかその後、真仏上人に語られた結果である。三十一歳の時から少なくとも、二、三十年後でなければならぬが、今更の如くそれを語られたということは、如何なることであろうか。それこそは尼公と結婚されて後、聖人があの夢想の事実を、尼公の上に信ぜられたことを示すものでなくてなんであろう。／やがてそなたは家庭をもつ、その時は私が妻になる、一生共にたすけ合い、やがて導いて往生せしめるであろう、とあった六角堂観音のお告げは、ここに実現しているわけである。即ち聖人は、ひそかに尼公を、観音の化身と信ぜられていたのである。／このようにして、聖人と尼公とは、生涯共に遂に口には出さず、しかも心中互いに観音の化現と信じ合って生きてゆかれた。うるわしい人間のあり方かな、人類は、このような夫妻をもったことに、誇りと喜びを感ぜねばならぬと思うことである。そして聖人から、そのような厚い信敬をうけられた尼公その人を、改めて仰がずにいられないのである。

（『恵信尼公』藤島達朗著　法蔵館　一九五六〈昭和三一〉年初版・一九八四〈昭和五九〉年再版）

資料91

安田理深著「誓願一仏乗―大義門功徳によつて―」
〔『教化研究』第二三号　特集「婦人問題」〕

誓願一仏乗―大義門功徳によって―　安田理深

女人というは何であるか。儜弱怯劣。弱き者である。儜にして弱。女の嘘つき。これは正当防衛で悪ではない。男が嘘をつけば悪であるが、女は嘘をついて平気である。これは責められぬ。弱き女の唯一の武器である。各々身に覚えのある事であろう。男が嘘をつくのとは異つている。正当防衛である。男は力があるから嘘をつく必要はない。／女は儜である故弱である。又弱から儜がでる。これは女を侮蔑しているというかも知れぬが、これが仏教の立場である。ヒューマニズムに立つて考えるなら平等であろう。人間はヒューマニズムに立つて考える。仏法では人間をどう見るかというと修道的人間としてである。人間が道を求めるのでなく、道を求めることに依つて人間が成り立つ。人間存在の根底の所に仏道も出発している。人間の成り立つ所に仏道の出発がある。人間が仏道を求めることによつて、人間そのものが仏道的なのである。／（中略）人間は念仏しなくても人間であると思つているが、人間は念仏において人間になるのである。人間が人間になることによつて、人間であることを見出すのである。ただあるものではない。菩提心によつて、あるという人間がなるものに転ぜられる。ただ在るものではない。さらにいうと、菩提心によつて存在としての人間が、一つの道になる。止まつている処は道とはいわぬ。歩む処である。人間存在それ自身が道になる。白道、人間を白道として成り立たしめる。人間はそれ自身人間を超えてゆかねばならぬものである。人間を超えて人間に還る、人間が一つの円環になる。人間は人間自身を超えて自己に還える者として存在している。だから自己に還つたのを安心という。自己に還るまで安ずることはできぬ。（中略）そういう所に人生問題の根拠がある。一大事といわれる所以がある。／だから人生の意義は、道において自己を見出すことである。人間が生れて死ぬ迄の時間のあるのは、ただ遊ぶ為でなく、自己を無上仏道の転機とするという意義がある。それを掴まねば一生棒に振つたも同じである。そういう所に、人間において女人とか根欠がいわれる。そういう修道的人間に立つて、女人・根欠が考えられるのである。／それで女人は弱い者という。ヒューマニズムからは弱いから、却つて美しい、女は美しいものだといわれる。弱い故に美しい。瞬間に咲いて、やがて散る。いとほしい。あまり何時までも生きている人間は美しくもない。ヒューマニズムからはそう考えられる。然し大無量寿経には「女身を厭悪せん」とある。厭い憎む、悪いというのではない。譏嫌も、悪いということでなくて好ましからぬという事である。弱いことは何故好ましくないか。これはヒューマニズムでは判らぬ。修道に立つて始めていえることである。修道的人間において、弱さは好ましからぬものである。悪いのではないが、厭うべきものである。（中略）女は悪党でないが、弱い故に厭悪される。女人を厭うは修道においていわれるのである。道を求める問題についていうと、弱いことは悪いことではないが、悪いこと以上の意味を持つているといつて良い。それは弱い故に純粋に徹底せぬからである。これはどうも仕様がない。仏道を求めるには、悪人でも強い者の方がよい。押せば逃げるようではどうにもならぬ。（中略）／（中略）我々は荘厳浄土というと、飾ること、化粧することのように思うが、そうではない。すべて女性的に考えるが、実は男性的である。これは大事なことである。男性的であることが菩薩道の内面である。女人とか二乗は女性である。菩薩道は男性的で、龍樹菩薩は丈夫志幹といつておられる。それが群生を荷負するということである。人類を双肩に荷なう。龍樹菩薩の十住毘婆娑論を見ると、仏道が男性の道であることがいかにも力強く表現してある。一切衆生は天上にあり、我は阿鼻叫喚にありて、一切衆生を天上に捧げん、といつている。それは男性の道であることを現わしている。人類の問題を我一人の問とする。人類の問題を我一人において経験する所に、男性がある。女が厭われるのは無理からんことである。／（中略）／教えてもどうすることもできぬ者を機として、本願の教を現わすのである。選択本願をとると、どうにもならぬ、どうにもならぬものを機とするのが、本願である。だから女性というて侮蔑するのが仏法ではなく、女性を絶対的に高める教である。どうにもならぬ者を通して、本願の不思議の徳が現わされてある。ここにおいて初めて浄土は大乗一味、平等一味の本当の意味の僧伽が明らかになる。／何人にも遠慮する必要も、卑下する必要もない。浄土は安心する世界と共に、立上がる世界である。（中略）弱い者、不完全なものを包んで、一変して菩薩として清算する世界である。

（『教化研究』第二三号　特集「婦人問題」　一九五九〈昭和三四〉年）

資料92

米沢英雄「本願の臨床」を語る

〔『教化研究』第二三号　特集「婦人問題」〕

本願の臨床　米沢英雄

従来「女、子供」という一語で一括され、男よりは程度の低いものとされて、女自身もこれに甘んじて疑わず、（中略）よくても所謂「奥様」として陽のあたらぬ場所におかれた自主性のない存在が、一躍社会の表面に、歴史の動きの上に直接乗り出して来て、在来の内助の椅子が空席になつてしまつたのは、敗戦後の多くの変化の中でも、最も華かな一つであつた。これによつて婦人は大いに自信を得、男子もいささか女性観を変更せざるを得ない破目に陥つたことも事実である。それでは従来は女子供を完全に無視し得たかというと、それは表向きの話であつた、裏面では娘は父親にとつて大きな負担であり、妻は夫にとつて煩わしい存在（時には山の神として敬して遠ざけられる程祟りの恐ろしい）であり、婆さんは爺さんにとり口やかましい厄介者であり、嬶天下は只に上州のみの特産物でなく、大奥が政争の地下室であつたり、クレオパトラの鼻の高さが世界歴史を左右する程に隠然たる勢力があつた。（中略）この頃は土佐日記を反対に「男もすなる××を女もしてみんとてするなり」とあらゆる分野に女性の進出が目覚ましく、男女同権がいささかフエン現象を来たしている嫌いがないでもない。男性の分野を女性が占領すればそれで男女同権というわけでもあるまい。そもそも人間関係の均等を、人間の力で均等にしようというところに、又人間に均等にし得る能力ありと確信するところに、致命的な錯誤を犯していることに目覚めなければならぬであろう。人間を同権にし平等にすることは、仏のみよくなし能う問題である。今日の一切の混乱は、仏のみなし得ることを人間に可能なりと錯覚して日夜妄動している為の報いではあるまいか。越権に対する仏罰ではないか。尤も仏は罰せんとしているのではない。無自覚なる衆生が自ら求めているのであるが。／仏法では最初女人は成仏出来ないことになつていたのであろう。一人前に認められなかつたのは宛も戦前の社会に於ける婦人の如きものである。何故婦人が求道の器に価しなかつたのであろうか。仏道は男子の見出した道であるからであろうか。（中略）今日行われる大経に第三十五願として女人成仏が別記されたことは、求道の歴史に於ては、敗戦後婦人が選挙権を獲得した比ではない一大変革ではなかつたかと思う。されば宗祖も和讃の上でこの願について特別に讃嘆していられるのであろう。必しも宗祖がフェミニストであつたというわけでなく、むしろ人間実存に対する鋭利な大経の眼が、女性なるものの本質をも見極めたことによるので、これによつて皆当往生の誓願の心が始めて具体化するのであろう。それにしても女性に対して何故特別に一願を必要とするのであろうか。（中略）女性が感情的であるとか、視野が狭いとか、思想性がないとか、一般にいわれていることが女性の本質的なつまずきとはならないように思われる。女性が、女人と特に呼びかけられねばならないのは、女性には求道心が稀薄であるか、人間的関心が過剰であるか、求道心を目覚ましめる機会に恵まれていないか（ら）ではあるまいか。（中略）男は単に男性であるというだけでは生きられない。何らかの形で職業をもたねばならないのに、女性は「女であること」唯それだけで生活して行かれる存在であるということに何か深い意味があるのではなかろうか。山下清君が「男は裸になると罰金をとられ、女が裸になると金が儲かるは何故か」と世人の意表を突く警句を吐くが、私はこの句の前に足踏みさせられる。男女同権というのは極く表面的な問題にすぎないのではないか。男女同権というのは本当はむずかしいのではないか。男がこれを破るよりも、女自身が破ることになるのではないか。目下まだあいまいなこの辺りのところを極めると、そこに三十五願が活きて働いてくるように予感される。（中略）女人とは女性一般であろうか。女身という時、肉体をもつた現実の個が問題とされ、「女であること」唯それだけで生活出来、そのことの故に無意識的に又意識的に、むしろ殆んどが無意識的に増悪造罪しているその肉体を厭うという、ここに女人の求道が端を発くのではあるまいか。「女であること」を利用すれば何の面倒もなく生活できる、その「女であること」が女像（歌舞伎の女形、ゲイボーイも何らの関連があろう）であつて、再びその上に隋眠をむさぼらない、求道にふるい立つて行く力が与えられてくるのが変成男子といわれる所以でもあろうか。今日婦人会とか「書きますわよ」とかでうごめいてるのは存外女人界の表層的な動揺にすぎなくて、更に女人の実存の底を、本願を探照灯としててらし出してみなければ、女人にも、そして男子にも救いがないのではないか。

（『教化研究』第二三号　特集「婦人問題」一九五九〈昭和三四〉年）

資料93　『教化研究』第二三号　特集「婦人問題」——「編集後記」

編集後記

〈前略〉今女性問題についても私達はともすれば時代にマッチするように、性急に大慈悲をだし、ともにひとしく救われることを力説する傾向があります。そして亦、そのことに間違いもないわけです。ただもしそのために、仏教においてとくに変成男子の願をとき、女性を議嫌する、その真意までをも無にしてしまうなら、それは単にヒューマニズムの立場に堕したものとなってしまいます。／仏教において、とくに女性についての罪業のふかさをいい、変成男子を誓われたには、時代を越えたふかい意義があるはずであります。もしそれがないのならば、人間は仏教などを必要とせず、事はヒューマニズムだけで足りるわけです。仏教が女性問題において、説こうとしている真義は何なのか、それを明確に自覚した上で、はじめて私達は今日の女性問題に対処すべきなのです。本号編集の意図も第一にそこにおいたわけです。〈下略〉（宮城）

（『教化研究』第二三号　特集「婦人問題」　一九五九〈昭和三四〉年）

資料94　仲野良俊「女性」

（『婦人シリーズⅠ』一九六一〈昭和三六〉年）

女性　仲野良俊

女性は悩みが多い、といわれる。女性にはさまざまな特徴があろうけれども、悩みが　多いということで、女性の特質が捉えられるのではなかろうか。女人は仏になることが出来ないというのも、実はこのことをあらわしているのである。これは決して女性を侮蔑して言っているのではない。〈中略〉男女同権ということは当然のことである。しかしそれだけで話はすまぬ。仏になることが出来ないというのは、なにも仏が女性を拒んでいるのでない。女性自身が仏を拒むようなものを持っている。それが悩みが多いということである。／家庭にあっても、女性は、夫を悩みながら愛している。子供に対しても悩みながら愛している。人と人との交りも、それが楽しい筈の友達同志であっても、悩みながら交際しているのではなかろうか。たとえば、どんなに仲の良い友達でも、その人が余りに美しかったり、他から褒められすぎたり、幸せすぎたりすると、友情と嫉妬で身をさくような思いがするのでなかろうか。「女性には本当の友が無い」といわれるのは、そういうことから来ると考えられる。〈中略〉／次に問題になるのは弱さである。仏教で女人といわれるのは、なにも性を問題にしているのではない。精神的傾向、女性的なものということである。仏になることが出来ない、といわれるのは何を示すかというと、弱さである。〈中略〉自分の幸、不幸を他人のせいにする。自分の不幸は夫に甲斐性がないからということにもっていったり、〈中略〉近所の人が馬鹿にするのは夫がおとなし過ぎるというためであったりする。息子が嫁に巻かれているから私が粗末にされるのだということにもなって愚痴が出る。／このように自分が自分を引受けられない。押せば逃げる、弱い故に純粋に徹底することが出来ない。〈中略〉勇敢に真理に邁進することが出来ない。仏になることが出来ないといわれるのも、この弱さが指摘されているのである。〈中略〉何でもいい加減にやったり、押せば逃げるようではどうにもならぬ。そこから女々しさが厳しく批判されていいのである。

（『婦人シリーズⅠ』真宗大谷派宗務所編　一九六一〈昭和三六〉年）

資料95

稲葉秀賢「真宗における女性観」を語る

〔『教化研究』七〇／七一号　特集「真宗と女性」〕

真宗における女性観　稲葉秀賢

女性を代表して大菩提心を発して仏性を開覚し、気丈の気焔をあげたのが、『勝鬘経』にあらわれた勝鬘夫人である。（中略）まことに勝鬘夫人は一切の女性を代表して、女性も菩提心を発せば仏性を開覚し得ることを証明したのであって、ここに到れば、男女の性の差別の如きは、全く問題にならないのである。かくて仏教的に云えば、菩提心の有無が却って男女の性別に転換せられることになるのである。／（中略）『御文』に「女人の身はいかに真実心になりたりというとも、疑の心は深くして、又、物なんどの忌はしくおもふ心は更に失せ難くおぼえ候、ことに、在家の身は、世路につけ又子孫なんどの事によそへても、ただ今生にのみ耽りて、是れ程にはや目に見えてあだなる人間界の老少不定の界と知りながら、ただいま三途・八難に沈まん事をば、露塵ほども心に懸けずして、徒に明し暮すは、これ常の人のならひなり」／とあるように、子女の養育や家事の整理に追われて、悲しいことではあるが、菩提心を発して、ひたすらに摂受正法の大行にいそしむなどは思いもよらぬのが常である。従って勝鬘夫人は勝れた女性の代表者であっても愚痴の女人を代表するものではない。ここに登場するのが『観経』の韋提希夫人である。／韋提希夫人は勝鬘夫人のような勝れた女性ではない。（中略）／（中略）人間の苦しみと悩みに打ちひしがれて、知もなく行もなく、ただ愚痴のなかにおろおろしている女性、韋提希こそ、女性の弱点を代表するものである。そしてかくの如き女性が如何に多いであろうか。いな、むしろ世の女性のなげきは、現代にあっても親子の破綻に泣き、夫婦の葛藤に悩むのが女性の常なのではないであろうか。かくの如き女性の前に救済の手をさしのべられる教説が実に『観経』なのである。（中略）ここに愚痴の女性を代表する韋提希が信の宗教の正客として迎えられたのである。それは知に闇く、情に溺れ易い女性に恵まれた真実の教法であって、ここに女性は男性との差別なしに、如来の本願に依って純粋に解放せられたのである。まことに本願念仏の教法が真実に女性救済の宗教として、永く女性の光となったのである。（中略）ここにはもはや変成男子も必要ないのであって、第三十五願も宗祖に依って女人成仏の願と領解せられたのである。また勝鬘夫人に代表されるような賢固な菩提心と浄行をも必要としない。女性は女性のままに、平凡な在家のままに、ただ念仏して弥陀に救われるのである。ここにこそ真の女性解放があるのである。ただ、ここで一言しておきたいことは、その女性解放が現実社会に於ける女性解放とは直ちに結びつかないことである。現実社会において虐げられた女性も、宗教的救いの世界では一如平等であるを示すことにおいて、すなわち宗教的世界に於ける女性解放であることを忘れてはならない。蓮如上人の『御文』も五障・三従とて男にまさる罪があるとせられたのは、当時の現実社会に即して、世間的にはかくの如く恵まれない女性も、如来の本願の前に立てば、一如平等であって、それは宗教的世界における女性解放であったことを忘れてはならない。なぜなら社会革命の理を説くものではないからである。ここに我々は親鸞聖人の実現せられた在家仏教の意味を思わずにはいられない。

（『教化研究』七〇／七一号　特集「真宗と女性」　一九七三〈昭和四八〉年）

資料96

大谷婦人会事務局長「婦人教化」を語る

〔『教化研究』七〇／七一号　特集「真宗と女性」〕

「婦人教化」に思う　東沢真静（大谷婦人会事務局長）

だいたい男性が、興味を感じ、家を忘れて血を燃やし、本当に好きなものは五つあります。第一は戦い（戦争）。（中略）第二は革命。第三は政治闘争。第四は金儲け。第五はバクチです。（中略）／ところが、真宗の教義、教団を考えてみますと、この五つのものがありません。政治的にも動けない。革命はきらいだし、また金儲けにはならない。戦いの論理がない。（中略）だから、今日いろいろの御法座がありましても、そこに集まってくるのは女性ばかりでありります。（中略）残念ではありますが、男は真宗をもう捨てたといってもいい過ぎではないかもしれません。それでは女はなぜ男の捨てたその真宗を拾おうとするのかといえば、私はそれは女ははじめから宗教的存在だからだろうと思います。／信仰というものは、未知の世界に自分を思い切り放り出すのが、信仰だと思うのです。パスカルという哲人は、信は一種の「かけ」であり「バクチ」と同じ心理だといいました。丁とかけて、半となれば、いさぎよくあきらめる、煮て食おうと焼いて食べようと、どうぞ御自由にという、クソ度胸をすえなければ信の境地の把握はむつかしいのでしょう。女は生まれながらにして、そういう度胸を持っておるので、その信がなければ自分の場を持つことができない。それが女の宿命みたいなものです。／女の最大の関心事は、結婚と子どもを産むということ、このことが一番大事な問題だと思います。おそらく、女の幸、不幸は結婚の相手によって決まるようなものです。しかし結婚するときに、結婚する相手をいろいろ調べているかといえば、大多数の人はあまり調べていないだろうと思うのであります。だいたい好い加減のところで妥協してきたと思うのです。／結局、だまされることを始めから覚悟して、自分で自分にいい聞かす。（中略）そういう信がなければ女は自分をどうすることもできないわけです。／男性のもう一つの特異な面というのは、思索と哲学であります。この思索と哲学が女には真似ができないのであります。（中略）女は思索することはできませんが、それを思索、哲学して説いてくれる人があれば、女はその法座に喜んで集まって、聴聞し酔うて喜ぶことができる。それが女の才能でしょう。（中略）金子大栄先生の法座にたくさんの人が集まりますように、おそらくそういう形において続くと思います。（中略）今日のように純粋の立場を守るならば、この教団を守るものは女だけになって、真宗は女性の教団になるのではないかと考えております。（以下略）

（『教化研究』七〇／七一号　特集「真宗と女性」　一九七三〈昭和四八〉年）

資料97

「真宗大谷派における女性差別を考えるおんなたちの集い　案内　呼びかけ―宗門にかかわる全女性と共に―」

〔一九八六（昭和六一）年〕

宗門にかかわる全女性と共に

今年（一九八六年）は女性史においては特筆すべき年です。婦人参政権が日本国憲法にうたわれてから、ちょうど四十年。そして、男女雇用機会均等法が施行され、まがりなりにも男女のあらゆる待遇の平等が保証された記念すべき年でもあります。（この法律には多くの問題がありますが、とりあえず、職場における男女平等はここから始まります）／しかしながら、宗門の女の現状を考えますと、その記念すべき年のただ中であっても、なお坊守参政権はおろか、「女が住職になる」ということさえ、いまだ実現されておりません。私たちの宗門は近年の女をとりまく状況の変化からまったくとり残された、まさに陸の孤島ともいうべき現状であります。／つい先日（一九八六年五月）も、研修道場で開かれた「中央坊守研修会」において、全国の坊守たちの数年にわたる地道な活動の成果である「女性住職」等を求める要望に対して、内局の代表として、山崎参務と古賀宗務総長は次のような驚くべき発言をしました。／「女は（住職を）一度手に入れるとなかなか手放さない」「へんなババアが住職になっていつまでも居すわられると困る」／「女に安心が語れるか」／これらは念のために申しますと、いずれも「公」の場における「公式発言」です。宗門の女の状況を今さらながら知り、あらためてガク然としたという、各地から参集した女たちの反感とわだかまりは今なお全国で燻っています。／このことは日本が長い封建時代の夢から醒めて百二十年、しかし私たち、宗門にかかわる女たちは、いまだ、江戸時代と何ら変わらぬ日々を過ごしてきたことの何よりの証明といえましょう。／しかしながら、この一見、非常識とも思える差別発言は残念ながら、全宗門の体質を期せずして露呈したものであり、単に、山崎、古賀、個人の不始末といって片付けてしまうことのできない深刻な内容を持っていることは明らかです。／私たち宗門は「開申」以来、古い宗門感情を持つ大谷家に代表される方々と、熾烈な紛争をくり返して来ましたが、あの紛争は単なる権力闘争だったはずはありません。十五年も続いた紛争にはさまざまな局面はありましたが、大谷家の貴族性を寺族全員の課題として、自らを問う、というところに立って、そこから単なる内紛を越えて、全宗門に開かれた教団の再生運動たり得ようとしたのではなかったのでしょうか。／大谷家の貴族性は問題にしても、自らの内容は何一つ課題にならなかったとしたら、それはもう、信仰運動と呼ぶべきものではないことは言うまでもありません。血みどろの紛争をくぐった末にできた宗憲においてすら、なお、女の立場を何一つ、顧みることのなかった事実は、そのまま、あの紛争の体質、つまり現在の宗門の体質を物語って余りあるといえます。／したがって、先程の山崎、古賀発言は、教団改革運動の中核を成した人たちの体質をまさに言い当てた発言として、私たちは決して見過ごしてはならないと思います。／想えば遠い道のりでした。宗門八百年の歴史の中で、女たちが自らの問題をひっさげて参集したことがかつてあったでしょうか。今こそ、その時が―本当に遠い道のりだったと思います。私たちは教団外の女たちの状況に勇気づけられて行動を起こしましたが、この運動は決して世間並みの待遇を世間並みに要求する運動ではありません。その本質において、宗門の八割以上を支え続けてきた全宗門にかかわる女たちの、まさに地を這うような信仰運動としてこそ提起したいと思います。女たちが寺という場で、私的にも公的にも男（公的には住職）の手足となることを強いられることを拒否して、凛と立つことによってのみ、生き仏（ミニ法主）の地位に安住しようとする男たちを人間（凡夫）にひき戻すことができると私たちは信じます。／宗祖が課題としたものは、つねに、そこからしか始まらないことを「安心が語れない」はずの女たちから提起し続けることを改めて確認して、私たちの主張といたします。

真宗大谷派における女性差別を考えるおんなたちの会（仮称・準備会）

落合誓子／中西真佐子／藤谷不三枝／戸次律子／山内小夜子（五十音順）

（『真宗大谷派における女性差別を考えるおんなたちの会　報告集』第一〇集　二〇一六〈平成二八〉年一月）

資料98　「部落解放同盟中央本部への回答書」（一九八九（平成元）年八月）

部落解放同盟中央本部への回答書

一九八九年八月五日

部落解放同盟中央本部　中央執行委員長　上杉佐一郎殿

真宗大谷派　宗務総長　細川信元

回答

（略）

Ⅱ．教団に相次ぐ差別事件の背景と問題点

① 仏法は仏法、娑婆は娑婆として、現実の社会や教団や生活の上におこる諸問題を信仰生活と切り離す姿勢をつくっている。

② 「如来よりたまわりたる信心」ではなく、自己関心に埋没した心を「信心」であると偏執していることに気づかないまま、その「信心」なるものさえはっきりすれば差別はなくなるのだという偏見となっている。

③ 短絡的に差別の原因を仏教の教義的理解におさめとって、差別の現実を直視することを避け、差別を生みだしてきた縁となる歴史的・社会的な状況・背景を見る視点を欠落させてきた。（略）

このことからも、今後、わが教団の「同和」運動の基本は、

① 糾弾を縁として、差別の実態と原因を明確に認識し、自らが差別者であることの懺悔に立って、差別体質の変革を自らの課題とするものである。

② 差別の歴史と現実を直視し、糾弾によって提起された課題を実践していくことがそのまま親鸞聖人の教えを具現化するものである。

③ その運動は、真宗の教えによる人間解放の運動である。ということを再確認し、教団内に周知徹底させ、部落解放運動に対する予断と偏見をなくすことに尽力していく所存であります。（中略）「同朋会運動で時代社会に応えると言いながら、実際は、時代社会に足をつけていなかった。足をつけようとするときには、避けてきたという、身の事実が差別を生み、差別してきた」ということであります。（略）

Ⅲ．当局の反省と今後の方針

〔2〕今後の方針

（略）

(2)制度・機構に関して

② 女性の住職の問題を始めとする、女性の宗派における資格に関する問題も、（略）手続きをふまえて五年以内を目途として改正に向けての作業に入る。

（『部落問題学習資料集［改訂版］』真宗大谷派解放運動推進本部編）

資料99

「いまこそ女性が考えるとき―宗政の女性参画に向けて―」〔『教化研究』一三五号〕

インタビュー　いまこそ女性が考えるとき―宗政の女性参画に向けて―　旦保立子

坊守制度について思うこと

旦保　坊守は女でなくてはならないという思いがあるでしょう。そのように固定化してしまうと、すごくつらい女性たちも出てくる。結局、夫と妻という夫婦でないとだめでしょう。そうなると確実に結婚を前提にしなきゃいけないということにもなるし。それの正当化のために親鸞さんと恵信尼さんの関係性を持ってきたらだめだと思う。そうではないと思う。親鸞さんと恵信尼って一般的に考える夫婦だったのかなあって思う。在家仏教とか言うでしょう。在家仏教というのは、家庭というか、そういう話を持ってくる先生が多い。そして、そこに子どもがいてというように。それでないと歩めないようなね。それを基盤にしてしまうと、私はちょっと違うんじゃないかなあって思うんです。以前に河田光夫さんの本で恵信尼さんはきちっと自分も道場を開いて、そこで聞法の場を持っていたと。彼女は彼女の自立した道場を持っていた、ということを書いておられます。『恵信尼消息』なんかに出てくる親鸞さんと恵信尼の関係。それを観音・勢至という形で敬ったって、そういうのだけをぽっと取り上げて、あなた方はそういう関係になっているかと話される男性の講師の方がいらっしゃいますが、ああいうのは私は納得いかないのです。（抜粋）

〈『教化研究』一三五号　特集「真宗と女性」二〇〇六〈平成一八〉年五月〉

第四章　女性室開設の願い

はじめに

一九六二（昭和三七）年に私たちの宗門は、前年の宗祖七〇〇回御遠忌を契機として、真宗同朋会運動を発足させ、「家の宗教から個の自覚の宗教へ」というスローガンを掲げた。この運動の願いは、「貴賤・緇素《しそ》を簡《えら》ばず、男女・老少を謂わず、造罪の多少を問わず、修行の久近」（『真宗聖典』二三六頁）を論じる必要のない、一人ひとりが同朋の交わりを絶えることなく開き続ける生き方をいのちとする運動にある。

しかし女性は、主（住職）に対して従（坊守）の関係を生きることが明文化されていた（「坊守規程」第三条　資料15）。果たして同朋会運動の中で坊守にとっての個の自覚、主体的に生きるということはどのように考えられていたのだろうか。「同朋社会の顕現」とはどこまでも水平に位置づけられた関係を生きていく、お互いの声を出し合い聞き合う関係を願うものである。しかし、主従というたての関係を前提とすることは、双方が主体的に生きることにつながらない。

これまでの宗門の歩みの中で、女性たちが与えられた位置（従を生きる）の中で精一杯生きてきたことは、本書の第一章～三章を通じて伺える。近年の女性たちの動きに注目すると、自らを束縛してきたものが何かを問い、主体的に生きようと模索している動きがうかがえるのである。何をきっかけとしてそうした動きが始まったのか。本章では、立ち上がった女性たちの歩みとその後の動きが、女性室開設にいかにつながったかをたどってみたい。

第1節　女性と同朋会運動

1　教団問題

同朋会運動が展開する中で、部落差別問題、靖国神社問題から、教団が問われた。さらに一九六九（昭和四四）年、教団の体質が問われる課題として「開申事件」（第一章 注9参照）が起こった。それに対し、大谷婦人会は「速かに、開申の趣旨が達成されるように」との要望書（一九六九年八月一二日　資料100）を出し、また坊守会連盟は法嗣の管長就任実現を宗務総長に要望したのであった（一九六九年一〇月七日　資料101）。大谷婦人会・坊守会連盟は、ともに大谷智子裏方が会長に就いていたため、法主側の主張に同調している。

その後続いた教団問題に向き合いながら、宗門は一九七三（昭和四八）年には親鸞聖人御誕生八百年、立教開宗七百五十年慶讃法要を厳修し、「生まれた意義と生きる喜びを見つけよう」というスローガンを発表し、改めて一人ひとりの生き方を問いとすることを願いとしたのであった。そして翌年に「宗門崩壊阻止全国同朋大会」、さらに一九七六（昭和五一）年には「宗門危機突破全国代表者決起集会」が開かれ、「宗門正常化を願う全国的署名運動」が展開されることとなる。寺院に住まう女性たちもまた、テレビや新聞などで取り上げられることで、教団問題に関心を抱き始めたのであった。何より坊守たちは、教団問題に関する門徒からの問いかけに応えられないではすまなくなってきていた。

『真宗』誌一九七六（昭和五一）年九月号の「坊守のページ」欄には、中央坊守研修会（一九七五〈昭和五〇〉年六月一日～三日）に参加したある坊守が、教団問題を知り学ぶことを通じて、教団の危機を身近に感じ、「署名運動に立ち上らねばと痛感した」と述べている。その坊守は、自坊に帰り、推進員（門徒）の方と共に各家庭をまわって署名を集めたという。

同号の「坊守のページ」欄には、「署名運動」についての坊守たちの様々な思いが吐露されている。教団問題について学ぶことを通して、坊守たちにもまた、それまで当たり前としてきた宗門や自分自身の立ち位置をも見直そうとする動きが生まれてきたのであった。「開申事件」を契機として、その前後でお寺に住まう女性たちの意識に、明らかな変化が生じてきたことがうかがえよう。全ての坊守というわけではなかったが、坊守たちの中には、自らの主体的な意思で動き始めた人たちが出てきた（資料102）。

そして一九七七（昭和五二）年同朋会運動十五周年に先立って、一九七五（昭和五〇）年頃から準備してきた同朋会運動十五周年の総括と点検に基づき、「事前研修」が計画された。その研修計画では、「近年、同朋会運動推進によって顕わになってきた教団問題の本質をとらえ、これからの運動の中核となる人びとを啓蒙・発掘・養成する」（『真宗』一九七六〈昭和五一〉年一一月号　資料103）ことを目的とし、「昭和世代への啓蒙」が目標に掲げられた。それは、長年見過ごされてきた「僧侶教団的宗門体質」（同前）に目を向けようとする姿勢がうかがえるものであった。

こうした動きは坊守たちに波及し、「一九七五（昭和五〇）年坊守会連盟報告」（『真宗』一九七五年〈昭和五〇〉九月号　資料104）の中で「昭和50年度　坊守会連盟運動方針並びに目標」として、「坊守が同朋会運動を主体的にとりくむために、連盟主催又は共催の教化研修事業を同朋会運動路線にのせ、坊守学習、子弟教育、婦人教化の在り方を模索しながら、坊守として各寺の同朋の会育成に努力する」と掲げられた。具体的な事業計画として次の坊守会連盟教化研修事業計画として、「①坊守会幹部研究集会（新設）、②坊守中央研修会（第三回）、③新坊守研修会（新設）」が計画された。

坊守会連盟の研修計画は、翌年教団の研修計画に取り入れられ、特に「昭和世代」の啓蒙を視野にいれて実施されることとなった。その内容として、「新坊守研修会」は「新婚坊守の宗教心を啓発し、同朋会運動への参加姿勢を養う（新婚坊守対象）」、「坊守幹部研修会」は、中堅坊守を対象として「教区坊守の人材育成」、また「坊守中央研修会」は「同朋の会の促進定着について研鑽」を打ち出した（『真宗』一九七六〈昭和五一〉年七月号　資料105）。

教区にあっては、従来の「坊守会」とは別に、昭和世代の坊守を対象とする「昭和世代坊守会」が発足された教区もあった。そこでは、『現代の聖典』をテキストに「真宗の女性観」の講義がなされた。当時の「坊守会」は、お姑さんの会というイメージがあり若坊守が『真宗聖典』を持って学習会に臨むことは初めてのことであった。まさに次世代を担う坊守が育つ場が生まれたのである。

では、その学習の場で学ばれた「真宗の女性観」とはいかなる内容であったのか（第三章参照）。一九七八（昭和五三）年『真宗』七月号の中で「坊守中央研修会　真宗の女性観を明確にする」と記載がある。学習会のテキストとなった『現代の聖典』は、観経の韋提希を主題とするものであり、浄土を求める理想的な女性像として、男性講師によって語られたのであった。それが、出発当時の「昭和世代坊守会」の実情であった。

2　糾弾をとおして問われた女性たち

次に、同朋会運動の中で課題化されてきた部落差別の問題に女性（坊守）たちがどうかかわったのか見ていく。

一九六七（昭和四二）年「難波別院輪番差別事件」が起こり、一九六九（昭和四四）年部落解放同盟から糾弾を受ける。さらに一九七〇（昭和四五）年には曽我量深氏の講義が『中道』誌に掲載され「特殊部落」の記載があったことで部落解放同盟から糾弾を受ける。そのことを通して、一九七七（昭和五二）年同和推進本部を発足させ、教団挙げて部落差別の問題に取り組む姿勢が示されている。そして一九八〇（昭和五五）年に宗門有志による「同炎の会」が創立した。その三年後一九八三（昭和五八）年女性（坊守）たちも部落差別問題に気づいてほしいという願いのもと、「同炎の会」の会員の妻（坊守）に呼びかけ「同炎の会婦人研修会」が始まった（**注**）。そして、被差別部落の女性たちの声を直接聞く機会を得て、差別が人間の尊厳を奪うことに気づかされ、あらためて自身が差別者であったことに気づくきっかけとなった。

そうした気づきを通して、女性たちは身近にある差別に敏感になり始め、教団の差別体質も見え出した。毎年行われた同和推進本部主催の共学研修会にも女性たちが参加しはじめ、教団の性差別を問う声を出し始めた。そして女性にも住職の道を開くように声を出し続けていく女性たちが生まれていった。このように部落解放同盟からの糾弾は、女性たち自身が持つ差別体質をも問うていた。

一方、靖国問題に対しては、一九六九（昭和四四）年靖国神社を国家護持しようとする政治的な動きに対し、真宗各派が協力して真宗教団連合を発足させ反対を表明した。以降、毎年、首相らによる靖国神社参拝に反対する要望書を提出している。しかし、女性たちは過去、戦争に協力してきた教団の歴史もあり、遺族の門徒との関係の中で課題化することが難しかった。一九八〇年代後半に宗門近代史を検証する取り組みが始まるまでは、教団の戦争中の歴史やその罪責と向き合うことはできなかった。

教団は同朋会運動十五周年の歩みの中で問われた教団問題・部落差別問題・靖国問題を、「宗門の旧体質の根強さと、同朋会運動の弱さの反映」（『真宗』一九七七年〈昭和五二〉五月号　資料106）であると総括している。

第2節　新宗憲公布後の女性の位置

新宗憲公布の前年（一九八〇〈昭和五五〉年）の宗議会で、山本隆議員が宗派における女性の地位について質問している。女性宗務役員の地位という問題と、同朋会館の教導・補導に女性が任命されていない問題、そして女性に住職の道を開くべきとの議論がされている。それについて総長は「これら（の問題）はいま宗憲の改正ということが重大な場に立っておりますので、その宗憲の主旨を踏まえて、それに基づく諸条例が当然のこととして改正されていく」と答弁した（資料107）。

一九八一年（昭和五六年）「真宗大谷派宗憲」が公布された。教団問題をくぐって公布されたこの宗憲は「宗門の運動は、何人の専横専断をも許さず、あまねく同朋の公議公論に基づいて行う」（前文）と誓っている。こうした誓いに基づいて参議会が設置され、門徒の宗政参加が認められた。しかし未だ、女性たちに住職の道が開かれていない教団にあって、住職であることが条件の宗議会（立法府）議員は男性僧侶のみに担われ、女性たちの声を宗政に反映させる機会も場もなかった。宗憲の願いは女性に視点があてられておらず、次代を担う女性たちが育ってはいたが、それが生かされる場は開かれなかった。

一九八三年（昭和五八年）中央坊守研修会で一人の坊守が「住職を失った坊守が住職になれる道は開かれないだろうか」という声を上げた。その声に共感した参加者たちは、一同で「要望書」を当局に提出するという行動を起こした（資料108）。声を出す場がなかった女性たちが、性差別につながる問題を自分自身の課題と受け止め、初めて声を上げたのであった。それは住職をなくした寺院の経営の問題が始まりであったが、宗門の性差別を根本から問うような課題につながる要望であった。その後、中央坊守研修会開催のたびに同様の要望書が提出された。

しかし、要望書を幾度提出しても何の回答もなされない状況が続いた。一九八六年（昭和六一年）五月開催の中央坊守研修会の日程中に行われた内局との懇談の席上で、「なぜ要望書が取り上げられないのか」との質問がなされた。それに対する総長の返答は「えっ？女に安心が語れるのか？」というものであった。この言葉は、女性の宗教的資質を否定し、僧侶（宗教者）として認めてこなかった教団の体質を露呈するものであった。

各地の学習会などの場で「真宗の女性観」として、男性女性共に「同朋」と学んできた。しかし、この発言によって、「同朋」の内実が問われ、あらためて「真宗教団の女性観」の歪みに気づかされるきっかけとなり、その後、各教区や坊守会連盟から男女間の格差是正を求める要望書が出され続けた。その要望書の内容は、①女性の住職就任、②宗議会・教区会への女性の参加、③女性寺族の九歳得度、④同朋会館の女性教導・補導の任命、⑤女性の堂班・衣体の制限撤廃などであった。

さらに、この総長発言を問題視した女性たちは、全宗門に関わる女性に向けた呼びかけ文を作成し、この年の一二月、それまで全国に点在していた人々に呼びかけ、京都市内で集会を開いた。そして、教団内外から女性、男性たちが集まり「真宗大谷派における女性差別を考えるおんなたちの会」（以下、「おんなたちの会」）が発足し要望書を提出した（資料109）。その後、定期的に各地で開かれたこの集いは、当時の女性たちの生き辛さを吐露できる場であったとともに、自分たちが身を置く教団をも視野に入れた提言を出し続ける場となった。

第3節　糾弾で問われたこと

このように女性たちの問題意識が高まっていたさなかの一九八七年（昭和六二年）七月、全推協叢書『同朋社会の顕現』差別事件が起こった。前年の「女に安心が語れるのか」との発言に続き、同朋会運動の中枢を担う人からの差別発言があり、あらためて「真宗教団の女性観」が問われることとなった。同朋社会ということを具体的に表現した講義録の中に、部落差別、女性差別、障がい者差別言辞が入っており、部落解放同盟から糾弾を受けたのである。解放同盟に対する回答書が不十分なものとして幾度も返され続けたことをきっかけに、女性たちもまた、教団の構成員の一人として、ようやく自分が差別する者であることに気づかされ、そこから、自分自身への差別にも気づくことができたのであった。差別者であり被差別者であることへの目覚めである。幾度も繰り返された糾弾の声に込められた差別者を見捨てない「やさしさ」が、女性たちを立ち上がらせた。

糾弾では、「大谷派は女性住職を認めていないのは差別ではないのか」と問われ、それに対し、その回答書の中で「女性住職をはじめ、女性の資格について五年以内の改正に向けて作業に入る」旨を回答した（資料12）。そして翌年一九九〇（平成二）年六月宗務総長が宗議会で、女性の住職就任を一年以内に実現することを表明した。一九九一（平成三）年女性の住職就任が条件付き（卑属系統に属する男子である教師がいないとき）で可能になった。

しかしこの「条件付き」ということは教団の女性たちが長い間声を出し続けて願ってきたことに応える内容ではなかった。そこで「おんなたちの会」は一九九一（平成三）年五月、男性住職と同等の女性住職実現について総長に要望書を提出するも、翌年三月、初の女性住職が「条件付き」で誕生した。これを受けて五月、坊守会連盟研修会参加者が「条件付き」の撤廃を要望書として提出した。女性たちを教団の正当な構成員と見ていない教団への要望であった。

そんな中、一九九三（平成五）年一〇月、「おんなたちの会北陸有志」が要望書を出し、女性住職等の問題を宗門として女性とともに検討できる場の設置を要請した（資料110）。それを受け、翌年一月に能邨英士内局によって、九月に宗務審議会「女性の宗門活動に関する委員会」が開設された。そのメンバーは、女性一五名、男性四名で構成された。委員会の会長を女性が務め、女性の課題を女性自らが審議するという、これまでの宗政にない画期的なものであった。宗門の現実に気づいた女性たちがこの審議会の場で問題と感じていることに一つひとつ丁寧に向き合い、聞き取り、提言をした。

第4節　宗務審議会「女性の宗門活動に関する委員会答申」を読む

宗務審議会答申の前文には、「私たち宗門は、長い間固定的な性別役割分担を肯定し、問題意識から目を背けてきた。今男性自身が女性に対する差別意識から解放されること、そしてその男性のありかたを許してきた女性自身が、そのありかたを問い直すことを抜きにして同朋社会の実現は図れない。女性と男性が平等に生きられる真の共同体になることこそが、信仰的課題であるといえよう」とし、教団の性差別を問う運動は信仰運動であり同朋会運動を推進するためにも解決しなければならない課題として、次の三点を諮問事項とした。

諮問事項

Ⅰ．住職就任とそれに関する問題について

Ⅱ．教導職等、女性の活動分野の促進について

Ⅲ．女性の教化組織について

Ⅰ．では、寺院教会条例第九条第二項で、女性住職が、様々な理由を根拠に「条件付き」となったことを問題として取り上げている。たとえば、その理由としては、継承争いの可能性があること。宗教法人の買収などの不安があること。宗門内のコンセンサスが得られないと難しいことなどが挙げられたが、「条件付き」となった要因に対して、正当な理由は認められないとした。さらに、女性住職完全実施の障害となる問題として、「継襲制」や「候補衆徒制」について議論したが、議決には至らなかった。また、「内事章範」において、門首の世襲制を残すことの問題性について議論されたが、結論は先送りされた。

また、女性住職完全実施のために、以下のような提案をした。すなわち、「坊守」制度について寺院教会条例の「第三章坊守　第二十条」は住職の妻は住職就任と同時に坊守となるという制度であったものを、婚姻を条件としない形で「寺院教会には坊守を置く」とした。その根拠は、今後、夫婦別姓、事実婚、未婚の増加が予測され、また配偶者の信教の自由を考慮すれば、夫の住職就任が自動的に妻の坊守就任となる状態をそのまま続行することは不可能であるというものであった。さらに、共済制度と社会保険についても提案されたが、それは、寺院で働く人の保障を確保する手立てが、住職の負担を減らし、家族の不安を減らすことにもつながり、共済制度の拡充と社会保険の案内は女性住職完全実施への大きな後ろ支えとなるとした。さらに女性の宗政参加が、「宗政参画」へとつながるよう選挙制度の改正についても提案された。それは宗議会に留まらず、「教区会」「組会」を改革し、より広い層の女性たちが、声を出せる場と機会をもてるよう提案した。

Ⅱ．では、教導・補導への女性の登用や、女性の宗政への参画が提案された。さらに「女性問題委員会」を設置し、また「女性参画推進条例」を作成することと、そのなかで、様々な部署部門において女性参画が図れるよう、これまでの条例、施行条規、規則、細則などの見直し、変更をすることを提案した。また「同朋会運動推進委員会」規定や修練スタッフにクオータ制（一定の割合の女性を参加させること）を採用することや、様々な場面での女性問題の研修会実施の義務づけ、青少年育成に携わる団体の指導者に対して、ジェンダーで大きな影響を与えるため、特に念入りな女性問題の研修を義務づけること。さらに宗務役員の職務内容、採用条件、待遇について男女の別をなくすること。日常の細部において女性が不利益な扱いを受けないよう点検を義務付けること。総務部にオンブズ・パーソン制度を設けることなどを盛り込むよう提案した。また、女性や他の職業につく寺族や門徒がもっと学びやすいように教区に真宗学院の設置、通信教育の方法を準備することを提案した。

Ⅲ．では、女性の直接なる宗政参加と宗門活動への本格的参画への道を拓くために、組会における女性議席を確保することを提案した。また、「女性自身が一人の聞法者として自立し、真に人間として解放されていくための女性教化の企画実働組織」として、女性会議の創設を提案した。その女性会議では、とくに教学に関する部会を設置し、男性が、「三十五願」と「五障三従」と「女人不浄」を根底におく女性観に基づきながら行ってきた女性教化の根本を点検し、研究、発表、及び広報、研修の実施、テキスト作成などを各関係部所が連携しながら行うことを提案した。さらに、これまでの出版物に関する部会を設け、女性の生き方を固定化、婦徳（良妻賢母）の要請等の問題点がある出版物の点検と、あらためて読者を女性に特化した教化冊子が必要かどうかも含めた検討を要請した。一方、身近な生活の場に女性自身の主体性を確立していく聞法の場として、各寺院における女性同朋会の設立を促した。

「結び」では、「女性の解放は、同時に男性の解放となることが私たちの願いであって、宗門内においての女性の、坊守の、単なる権利獲得や、地位向上、男並みになることを願ったものではないと明言する。女性の差別状況の是正は、宗門のあらゆる人々の差別の状況の撤廃と同時でありたいと願う所から、多くの問題が対象となった。名実ともに開かれた寺院、教会、宗門となって、教えが私たちの生活を根底から問いただし、地域、時代社会を照らす姿を取り戻したいといよいよ深く願う」とし、この審議会答申を広く公開し、宗門内での周知を図り、女性問題意識の喚起を促すことを要望した（資料11）。

この答申は、一九九六（平成八）年五月の『真宗』誌に掲載された。その後、この答申をうけた宗門は、「女性室」を設置した。

第5節　女性室開設とその取り組み―見えてきた課題―

1　女性室開設

宗務審議会「女性の宗門活動に関する委員会」からの答申を受けて、一九九六（平成八）年一二月宗務所組織部に女性室が開設された【グラビア㉝】。初めて性差別の問題を専門に取り組む部門が仏教教団に設置されたとして教団内外の注目を集めた（資料112）。

「女性室規程」（一九九六年七月一日達令公示第八号）には（設置及び目的）として、

第一条　女性による宗門活動の活性化並びに宗務の執行の方針及び施策に関する企画、検討及び立案への積極的参画を実現し、もって真宗同朋会運動の推進に資するため、組織部に女性室を置く。

と規定され、主任及び掛（宗務役員）並びにスタッフ（女性五名、男性三名）によりスタートした。

女性室開設にあたり能邨英士宗務総長は、「女性室は単に真宗大谷派宗門内の枠の中にとどまるのではなく、さまざまなところで時代の苦悩を背負って生きておられる皆さんとどう手を携え、心を合わせて、人間性喪失の危機を克服していくことができるのかを思いますとき、その使命は誠に重大であります。／この女性室はささやかかも知れません。しかし、今はささやかであっても必ず将来に向けて、これが大きな広がりとなっていくことを深く確信しています」と開設の願いを述べている（資料113）。

後に女性室開設以来の一〇年間の活動を中間総括する意味でまとめた広報誌『あいあう』第一七号（二〇〇五〈平成一七〉年発行）には、「男女両性で形づくる教団」の基本理念を次のように定義した。

・性別によって差別されたり、固定的な役割を強制されたりすることがなく、男女が共に〈一人《いちにん》〉としての尊厳を認め合う教団（〈一人〉の尊厳）
・真宗門徒であるという自覚のもと、同朋社会の実現に向けて、みずからの意思と責任において個性を発揮することが確保される教団（自己選択の尊重）
・男女が、宗門のあらゆる分野における活動に対して平等に参画し、同朋の公議公論の責任を分かち合う教団（同朋公議の責任）

さらに、「男女両性で形づくる教団」実現のための基本目標を次のように掲げた。

・〈一人〉の尊厳が認められ、一人ひとりの個性が十分に発揮され生かされる教団システムを構築する。
・宗門のあらゆる場で性別を理由にした差別的取り扱いを一切許さない姿勢を徹底する。
・宗門に関する諸制度・教学・儀式・慣行において、性別による固定的役割分担を反映して男女平等参画を阻害するものは、これをすべて改善し、必要に応じて積極的格差改善措置（ポジティブアクション）を実施する。
・宗門に属する男女が、宗務所（本山）・教区・組・寺院教会における施策・方針の立案・決定に関し平等な立場で共に参画する機会を確保する。

また、女性室についても、教団の性差別問題に取り組むにあたり、次のような基本的な計画が策定された。

・宗務所（本山）・教区・組・寺院教会の各組織分野で「男女平等のねがい」をもとに、現状の見直しと課題を確認する場を創る。

・機構・制度、教学・教化、儀式・声明作法など各活動分野において現状の見直しを行い、課題を確認する。

・長期的展望をもって、実質的な成果をあげるための数値目標を設定し、総合的な行動計画をつくり、公開していく。

具体的には、①同朋会運動と差別問題との関係とそれに取り組むことの必然性を明確に謳い、差別に対する禁止と罰則を含む規程を設けること。②社会の「平等」や「人権」等の概念をもって示される課題を、真宗の言葉で的確に表現すること。③教学や儀式・声明作法などの見直しを行い、性差別の根拠と課題を確認すること。④教団内に性差別問題について課題提起し差別を克服していくための道筋を設けることなどが議論された。そして、その取り組みに際して、1．長期的総合的な視野をもった行動計画をつくり目標を設定して活動する。2．必要に応じ積極的格差改善措置を取り入れることも考慮する。3．男女平等参画を支えるための法的措置を検討する。という方向性が示された（『あいあう』第一七号　二〇〇五〈平成一七〉年発行）。

ところが、二〇〇五年七月一日、女性室は、事務所管を組織部から解放運動推進本部へと移管されることとなった。このことは、当時の当局が、教団の機構・制度の改革をめざす女性室から、教化活動に重きを置いた女性室へという方向転換を選択したことを示している。

2　女性室の活動

（1）　女性会議（資料115）

一九九六（平成八）年一月二五日付にて宗務審議会「女性の宗門活動に関する委員会」から提出された答申には「女性参画推進条例」の必要性が提起され、そこに「女性問題委員会」「中央女性会議」「教区女性会議」の設置を規定するよう求められていた。

女性室では一九九八（平成一〇）年七月二九日〜三一日に第一回女性会議を「両性で形づくる教団に向けて―坊守制度から問われること―」のテーマで開催した。教団に関わる一人の女性が、直に宗務所（本山）に声を届ける場がない現状の中で、女性会議は組織の代表者ではなく個人として参加し、自由に意見や要望などを出し議論しあう場として開いた。

初回から第三回（二〇〇〇年二月）までは、喫緊の課題である坊守制度の問題が中心テーマとなり、多くの女性たちが其々の思いをもって参加し、活発な議論がなされた。第四回（二〇〇〇年七月）は、三隅佳子氏（北九州市立女性センター〝ムーヴ〟所長―当時）、第五回（二〇〇一年五月）は樋口恵子氏（東京家政大学教授―当時）を講師に迎え、一九九九（平成一一）年施行された「男女共同参画社会基本法」や地方行政の取り組みと課題について学び、教団の方向性について協議した。ここで東京都の条例策定に関わった樋口恵子氏が、「男女平等参画」の意義を話されたことは、女性室の活動に大切な視点を示唆するものとなった（『あいあう』第一〇号　二〇〇一〈平成一三〉年発行）。

解放運動推進本部女性室となった第七回から第一三回まで女性会議は「真宗と人権」をテーマに開催した。近代以降の女性教化の歴史や人権思想と真宗教学、『御文』の「女人」と「五障三従」の問題等、様々な視点をとおして、社会における女性解放運動から問われる真宗教団の課題を確認し共有をはかる方向で開催してきた。第一四回以降は「一人に立つ」をテーマに「現代を生きる女性」や「戦争とジェンダー」など現在の社会問題をとおして女性と男性の在り方を考えてきた。また、第一六回女性会議では、本山御影堂での『御文』拝読に関して、『御文』における「女人」の表現にみられる差別性について、参加者一同から検討を求める要望書が提出された（資料120）。

（2）女性室公開講座（資料116）

宗門の現状と課題を確認し、ビジョンを明確にすべく、大谷婦人会館を会場に男女の現状とまず社会の女性解放・男性解放に向けた取り組みに学ぶところから仕事帰りの人も参加できる時間帯で女性室公開講座を開催し、そこからの解放の意味を学んだ（資料117）。以後、ジェンダーの視点やメンズリブの運動、法律の中の男女の問題等を経て、一九九九年度からは女性史を中心に年間五回の公開講座を開催した。

二〇〇〇（平成一二）年一二月には初めて教区開催として仙台教区東北別院を会場に「女《ひと》・男《ひと》・人間《ひと》―〝らしさ〟からの解放」をテーマに、二〇〇一年四月には久留米教務所で「男であること女であること―何を得　何を失ってきたのだろう―」をテーマに公開講座を開催した【グラビア㉞】。以降、大谷婦人会館での開催と並行して教区開催を行った。それは、各教区において教区教化委員会の体制の見直しが検討されつつある状況があったため、教区教化委員会への女性の積極的な参画を期待してのことだった。同時期に久留米教区や富山教区などでは性差別の問題に取り組むための委員会が設置された。二〇〇四年度以降は年度二教区に限って公開講座を開催することとなり、二〇一八年度までに二七教区において女性室公開講座が開催されている。

（3）「男女両性で形づくる教団をめざす協議会」を開催

二〇〇四（平成一六）年一〇月には公開講座を開催した教区を対象に、第一回目の「開催教区スタッフと女性室スタッフとの協議会」を宗務所で開いた。二〇一二年度からは未開催の教区も加えて、全教区対象に「男女両性で形づくる教団をめざす協議会」を開催し、公開講座開催後の教区の取り組みや、教区で抱える課題等を話し合う場を設けている。機関誌を発行し積極的に活動をしている教区もある一方で、公開講座を開催したものの取り組みを継続することが難しい教区も多い。そこには、性別役割分担を当たり前とする意識が根深いことに加え、性差別の問題を、社会一般の問題として棚上げにし、自らの信心の課題として受け止められないという現状が垣間見られる。

（4）広報誌『あいあう』と『メンズあいあう』（資料118）

女性室では、教団内外に広く情報発信するための媒体として、一九九七（平成九）年三月『女性室創刊準備号』を発行し、女性室開設の紹介をした。ここで広報誌の名前を一般公募している。

同年七月には、広報誌『あいあう』として創刊号を発行し、教団内全寺院と関係機関等に無償配布することとなった。以後年度二回のペースで発行し、教団の制度変更の報告や坊守制度の課題を整理し発信するほか、コラム、読者の声、女性室の事業の告知及び報告、教区の取り組み、性差別問題に関する本の紹介等も掲載した。

また、二〇〇五年度からは『あいあう』に加えて『メンズあいあう』を発行した。これは、坊守の問題や性差別の問題が、単に女性の側の問題ではなく、実際は住職や男性中心社会とそれを作り出す一人ひとりの意識が問われているものであること、そして男性もまた「男らしさ」というジェンダーの縛りから解放されるべきであることを提起する意味で発行したものだった。

また、二〇一一年三月には『女《ひと》と男《ひと》のあいあうカルタ』と『女《ひと》と男《ひと》のあいあうカルタことば集』の冊子を作製した。冊子は、各寺院に無償配布し、カルタは各教区での講座や研修会などにおいて使用できるよう貸し出すこととした。これは第八回（二〇〇七年）から第一〇回（二〇〇九年）までの女性会議や日豊教区、久留米教区、京都教区の委員会などでつくられた、五七五調の言葉約二〇〇句をもとに作成したカルタと冊子である。家庭や社会、寺院などでの夫婦・男女・住職と坊守等の関係に潜む思いこみや矛盾点、疑問等にカルタをとおして気づき、共感しながら男女平等参画という問題を考えていくためのワークショップ等で利用されている【グラビア㊲】。

（5）女性住職の集い

二〇一〇（平成二二）年二月に、第一回「女性住職の集い」が開催され、以降二〇一九年三月まで八回の集いが開かれている【グラビア㊱】。

この集いは、住職に就任した女性たちが抱えている様々な問題を確認し共有していく場がないことから開催されたものであった（注　二〇一九年五月現在一八六人の女性が住職に就任している）。第三回（二〇一三年三月）からは住職代務者、住職就任予定者にも呼びかけ開催した。

それぞれの事情や背景の中で住職に就任した女性たちではあったが、その多くが女性ゆえの悩みを抱えていることや、住職ではなくあえて代務者として寺を運営している女性たちの現状と課題も、この集いをとおして確認された。

「女性住職」というレッテルを貼られることに対する違和感や、周囲の男性たちからの無自覚な排除や偏見、直接的なハラスメントなど、同じ境遇にある女性たちが抱える悩みに共感したり、活動のヒントを得たりする場となっている。

3　これからの課題

（1）　男女共同参画と男女平等参画

一九九八（平成一〇）年蓮如上人五百回御遠忌を勤修するにあたり、「バラバラでいっしょ―差異《ちがい》をみとめる世界の発見―」というテーマを見出してきた。それはまさに男女という性の差異を生きる一人ひとりがどこで共なる世界を見出し得るのかという問いでもあった。

女性室が「男女平等参画」という表現を選択したのは、単にこれまでの男性主導型の教団の在り方にどう女性が参画するかということではない。宗門に関わる一人ひとりが、性別による固定的役割分担を超えて御同朋・御同行として真に平等なる関係を、教団及び社会に回復していきたいという願いからである。

日本の社会では、一九七九（昭和五四）年国連で採択された「女子に対するあらゆる形態の差別の撤廃に関する条約」（以下「女性差別撤廃条約」）を受け、一九九九（平成一一）年「男女共同参画社会基本法」（以下「基本法」）が施行された。この時「女性差別撤廃」という積極的な言葉を日本政府が「男女共同参画」と表現したことで、「男女共同参画」という言葉が広く使用されることとなった。

しかし、一方で二〇一六（平成二八）年二月にジュネーブで開かれた国連の「女性差別撤廃委員会」において、日本政府の「男女共同参画」の取り組みの報告に対し、それは人権よりも経済成長の問題ではないかとの国際社会から批判を受け、夫婦別姓の問題や慰安婦の問題、ＬＧＢＴ・性的マイノリティーに関する問題等五四項目にわたり委員会から日本政府に対し是正勧告を受けた。

日本の「男女共同参画」の取り組みは、国や社会のために如何に女性を「活用」するかという経済対策であって、女性差別撤廃とは別の問題だと国連は指摘した。

女性に対する差別は、女性に原因があるのではなく男性中心の社会ゆえに生じる問題であり、女性側だけの努力では克服はできない。その差別の克服のためには、男性中心の価値観に基づき創り上げられてきた様々な社会通念や機構制度の仕組みを、男女平等参画という視点から問い直さなければならない。

教団においても、女性たちが求めた住職就任の声は、寺院の男性後継者不足を補完する対策として受け入れられたとも言える。坊守の問題を議論する中で、坊守を住職と対等な関係にという声もあげられているが、教団の具体的な変革にはつながってはおらず、未だ課題として残されている。

男性住職を「主」、坊守を「従」として形成してきた「男女共同参画」の在り方が、男女の平等な関係による宗門活動への参画を阻害してきたという問題意識が、女性の住職就任や坊守制度に関する問題の根幹にはあったはずである。

女性室が「男女両性で形づくる教団」という活動テーマを掲げたのは、男女の性別役割分担という固定概念を超えて、真に「平等」なる関係、浄土を生きる（往生）ための道筋を明らかにしていくことが、真宗教団の責務であると確信するためである。

（2）多様な性を尊重する社会へ―LGBTQ、セクシュアル・マイノリティという視点から―

女性室は、男性僧侶中心の教団の問題性を「男女両性で形づくる教団」という表現をあえてとってきた。しかし、そこには同時にセクシュアル・マイノリティの存在への視点をもって問題を考えていく必要がある。

例えば、葬儀の場での男女の和讃の読み替えや、男性が「釋」女性は「釋尼」とする二者択一の法名を付すことなどは、セクシュアル・マイノリティの人にとっては暴力的に作用する可能性があるなど、検討すべき課題は多々あると考えられる。

また、「真宗大谷派におけるセクシュアルハラスメント防止のためのガイドライン」が定められ二〇〇七年八月一日施行された（資料119）。宗務職員を対象にした「相談窓口」も設置されたが、組織の中で被害を告発する場合のリスクや加害の側が職員ではない場合の対応等、どこまでも被害者の側に寄り添うことができるか、また加害の側をどうケアできるかが課題となっている。

（3）儀式と教学の課題 ―『御文』の女人に関する問題―

「五障三従」の文言のある『御文』の拝読は、女性を差別し排除するものであるという指摘が、宗門に関わる女性の中からこれまで幾度となくされてきている。第一六回女性会議（二〇一六年五月一九～二〇日）においても、参加者一同から、『御文』拝読の見直しを求める要望書が解放運動推進本部長宛に提出された（資料120）。

『御文』にみられる蓮如の女人往生論は、存覚の『女人往生聞書』や法然の『無量寿経釈』による女人観を踏襲しているとも言われている。そこには、女人とは五障三従の身、罪深く障り多き身であるがゆえに十方三世の諸仏に捨てられたものであるとし、その罪深き女人をかたじけなくも阿弥陀仏のみがたすけましますのだとの論理展開がなされている。

またその後には、ここに言う「女人」とは『涅槃経』の「仏性を知る能わざる者あらば、われこれらを説いて名づけて女人となす」などの教説を根拠に、女性を言うのではなく、仏性を知らざる者であり、菩提心の有無を問うものであるとして、教団では「女人性」と説かれてきた事実もある。

五障三従や女人罪業観を、前提に説かれた『御文』の「女人往生論」に対して違和感を指摘する現代の女性たちの声を教団はどのように受け止めていくべきであろうか。

蓑輪秀邦元教学研究所長は、

　このような往生論は、その前提として女性の罪業の深さや汚辱の身をことさら強調しますから、これが真宗の伝統的女性観となっていくなら、近代における女性解放を妨げ、女性差別をながく温存することに真宗教団が加担することにもなりかねない、危険な問題をはらんでいたと言わざるをえません。

（「御文」に学ぶ―女性差別の問題をとおして」月刊『同朋』一九九五〈平成七〉年一二月号）

と述べている。

また、日本史学者の平雅行は、第一八回女性会議で、「今や蓮如さんの目指した方向が実現して、男女平等論が一般的となりました。こういう時代状況のなかで、誤解を招きやすい「五障三従」の『御文』を、わざわざ取り上げるというのは、むしろ蓮如さんの真意から外れるのではないでしょうか」（『あいあう』三〇号 二〇一九年六月）と指摘し、さらに「時代にあわせて変わってゆかないと伝統は守れません。変えるべきものと、変えてはならないものとを、きちんと見分ける。そして怖れることなく大胆に変える。こうして、はじめて伝統を守ることができるのです」（同前）とも述べている。

女性たちからの『御文』拝読に対する指摘は、決して蓮如を差別者として貶めるためのものではない。むしろ聖教の言葉を「伝統」という理由で、時代社会の変化を考慮することなく、儀式等に用いている現代の教団の姿勢に対する提言として考えていくべきであろう。

『御文』等における女人の表現や聖教に見られる女人に関する教説の検証とは、現代社会において「女人往生」とは、いったいどのような具体的内実を伴うものであるのかが問われる課題である。蓮如が課題とした「女人往生」という問題を、今の我々が現代において引き継ぎ、真宗教団としての「男女平等」の視点を社会に向けて発信していくことこそが、本当の意味で真宗の伝統を守るということではないだろうか。

（注） 一九八〇（昭和五五）年二月二一日「部落差別の克服を宗門的課題として実践する」として、有志により「同炎の会」が創立された。滋賀県彦根市の普賢寺に事務所を置かれた。その三年後に「同炎の会婦人研修会」が始まった。第一回、第二回は普賢寺で開催。その後は全国各地で年一回開催された。この研修会は、増田富江氏（門徒・鳥取県）を中心に、講師は園田久子氏（福岡県人権研究所理事）が継続してつとめた。毎年夏休みには子連れで参加でき、食事や子どもの世話は開催教区の男性たちが担うことで、女性たちは研修会に専念できるという、当時としては画期的な形で開催された

資料100　管長問題に関し大谷婦人会、要望書提出

〔一九六九（昭和四四）年〕

揺れ動く宗門世論　大谷派の管長問題

速やかに開申の趣旨達成を　大谷婦人会宗務当局へ要望書

（略）

大谷婦人会の要望書は、さる十二日、京都・大谷婦人会館で開かれた北陸、東海、近畿の各連区理事、評議員の会合でまとめられた。

要望書は次の通り。

「御法主台下には、先に開申をさらに御親書をお示しになられ、新門さまを管長にとお望みになられてから、すでに幾月かを経過しましたことは、まことに遺憾に堪えないところであります。私どもは台下の深厚なる思召しを推察し会長・お裏方さまのお心を御拝察申し上げるとともに、時代に応える輝かしい宗門の進展を期待し、ご意趣の達成の速かならんことを念願し、宗務当局の善処を要望する次第であります」

この要望書は出席した理事・評議員十四名が連名で署名した上、同日、訓覇内局に提出。さらに大谷婦人会の五百八十支部宛に、経過報告書とともに送付することにしている。なお、大谷婦人会は会員約十五万人といわれている。

（『中外日報』一九六九〈昭和四四〉年八月一六日）

資料101　管長問題に関し坊守会連盟、要望書提出

〔一九六九（昭和四四）年〕

新門の管長就任を　大谷派坊守連　当局へ再度の要望

真宗大谷派の坊守会連盟（坂東信子会長）では、さる七日、東本願寺で緊急常任委員会を開いた。この席上で、管長問題をめぐって宗門が混乱をつづけていることに対して「話し合いによる宗門平和」と「宗門の将来へのビジョンの発表」を訓覇信雄宗務総長に要望することを決めた。

その要望書要旨は次の通り。

「宗門の重大な危機に立っている今日、従来の情実で去就を決め、お互いに他を陥れる発言、行動に終始されている。これでは宗門の将来はまことに危いものである。この際、何人にも納得のできる方針をはっきり示してほしい。宗門の中に育てられてきたみ親の子でありますから、宗門を大切に思う一念があれば、話し合いのできない筈はないと信じる」

この要望書を提出して、坂東会長は「私たちは、さる七月にも訓覇総長に、管長問題の円満解決を要望したが、今だにそのきざしがないので、第二回の要望を出すにいたった。宗門が、このように混乱している以上、何よりもまず、新門さまの管長就任を実現していただきたいと考えているものです」と話した。

（『中外日報』一九六九〈昭和四四〉年一〇月一〇日）

資料102

宗門正常化を願う全国的署名運動における坊守の活動〔一九七六（昭和五一）年〕

坊守のページ

手をあわせる思いで　日豊教区　横川嘉子

私は六月一日からの中央坊守研修会に参加し、宗門の危機を身近に感じ、二日間の教団問題のお話をきき今さらに全国各門徒の署名運動を私たち坊守は立ち上がらねばと痛感いたしました。それについて私のご門徒の署名についてお話し申し上げます。

私は署名運動の用紙を受けとった時、さっそくこの四月十四日の全国同朋大会、十五日の危機突破全国大会に出席された推進員の方に相談しましたところ、これは私の役目だ、私が本山の当時の模様を詳しくお話しして署名をしていただこうと申し出てくれました。それからさっそく昼夜にわけて昼に留守の方は夜にと、各家庭をまわりました。

手に念珠を持ち各家庭に入りますと最初に仏壇に向かって手をあわせ、それから教団の現在の模様をお話しして納得して署名していただいたようです。

門徒全部にまわっていただいたので、用紙がたりなくて教務所に追加をお願いしたそうです。そのご苦労に私の方が手をあわせる思いでした。おかげさまで期日内に無事署名運動もでき、推進員の方、同朋会の方々が本山によせる熱意にただ有難く、感謝の気持ちでいっぱいでございます。

署名運動とは、「真宗」とは　高田教区　龍池朗子

四月下旬のある日、組長さんが「急用」ということでおみえになり、激動する本山の動向に対して、門信徒から署名を集めてもらいたいとのことでした。新聞や聞きかじりの程度で「こと」の真相を知っていないので困惑しました。締切の日時が切迫しているため、住職（兼職）に相談してからでは、とても間に合いそうもないので趣意書を読み、月詣りの際に署名をしてもらいました。

「署名運動に立ち上がって」は、私が深刻に考えた末、強固な意志をもって署名運動に立ち上がったかの余韻をもっています。しかし事実は決してそうではなかった。立ち上がったのではなく集めるための使いはしりでしかなかったのです。幸か不幸か、門信徒で署名を拒否する人はなかった。寺の坊守の言うことなら、ということだったのでしょうか。内容に立ち入る人は皆無でした。要望の三分の二くらいを住職帰寺の前に集めたのですが、その署名の「素直さ」が、「恐い」という思いをいよいよ募らせるのでした。内容や原因を知らないで、ただ諾々となされる署名は、結果的には署名の意味を知りつくしていないことになりはしないでしょうか。こうして集められた署名が圧力となり、一方的な説得の材料となると考えると本当に恐いことだと知らされたのでした。

住職も帰寺して署名は完了、組長さんへ？の責は果たしましたが、それが内局側の署名は何十パーセントだという相手方への圧力となり材料となっているように思います。

私が教わった釈尊の教えは中道でした。同朋会運動は相手を責め、自己をよしとする運動ではないはずです。今は教団の中にあって自分は何をしてきたか、という懺悔の時機だと思います。署名運動は、私には「真宗」とはの問いかけとなりました。

署名の意味するもの　久留米教区　増田アキ

大谷派教団問題は四十四年開申問題を機に六条山問題、その後次々と宗門人の心を傷める事件が公表されることとなった。門末寺院はそのつど如何に対処したであろうか。寺の住職、坊守は門徒の人より本山の問題をたずねられては正しく現状を報告すべき時期がきたのである。それが署名運動の発端であった。

総代、壮年幹部、婦人会、若妻会でも聞法の会と同時に本山問題が問われてきた。教団とは、法主とは、内局とは、如何なるものかもおおよそを説明せねばならないことになる。「明るい宗門への教区大会」を機に、いよいよ同朋会は動き始めたのである。署名運動が総代、世話方、婦人、壮年により展開されることにより、正しく念仏の道を明らかにする好機がきたことに気づかされる。

署名運動に参加されない寺院は、この本山問題が内局と内事の紛争と見られているからである。法主をいじめるように受け取られるからであり、教団の内紛と見られるからであろう。それによって傍観者も出てくる。なんとなげかわしいことであろうか。

問題をもつ宗教は生きてはたらいているからであると聞けば、真宗教団は法主が退陣されても決してこわれるものでないことを信じます。

（『真宗』一九七六〈昭和五一〉年九月号）

資料103　「第四次五ヵ年計画同朋会運動推進のための事前研修計画概要」（一九七六（昭和五一）年）

第四次五ヵ年計画同朋会運動推進のための事前研修計画概要

目的　同朋会運動推進十五周年を明年にひかえて、第四次五ヵ年計画を立案するにあたり▼近年、同朋会運動推進によって顕わになってきた教団問題の本質をとらえ▼これからの運動の中核となる人びとを啓蒙・発掘・養成するとともに▼第四次五ヵ年計画の運動の方向・内容等を明確にする。

目標　右記の目的を実現するために、次の通り目標を設定する。昭和世代への啓蒙▼十五周年記念同朋大会は推進員とともに結集▼同朋会運動の担い手を発掘。

テーマ　「真宗門徒としての生活態度を確立しよう」

内　容　本誌「巻頭のことば」の「三点を骨子とした計画」と「手づくりの運動」を参照。

具体策　中央と地方の連携の下に▼昭和世代啓発集会（組において実施）▼育成スタッフ養成集会（中央と教区で開催）を組みあわせていく。（以下略）

（『真宗』一九七六〈昭和五一〉年一一月号）

資料104　一九七五年度坊守会連盟の運動方針を強化する（一九七五（昭和五〇）年）

坊守会連名報告

昭和50年度坊守会連盟の運動方針並びに目標

連盟の運動方針　坊守が同朋会運動を主体的にとりくむために、連盟主催又は共催の教化研修事業を同朋会運動路線にのせ、坊守学習、子弟教育、婦人教化の在り方を模索しながら、坊守として各寺の同朋の会の育成に努力する。

連盟の運動目標　連区坊守研修会と連盟との連帯―改善目標―「同朋」誌購読者千五百名獲得（各教区五十名達成）―努力目標―

昭和50年度坊守会連盟教化研修事業計画

連盟主催のもの　①坊守会幹部研究集会（新設）②坊守中央研修会（第三回）③新坊守研修会（新設）

連盟共催のもの　①連区坊守研修会　②教区坊守研修会

（『真宗』一九七五〈昭和五〇〉年九月号）

資料105

一九七六年度教化研修計画概要

〔一九七六（昭和五一）年〕

同朋会運動の課題と目標

近年、わが宗門は、はからずも露呈された前近代的な体質からくる諸問題に包囲され、宗門本来の道を回復することは極めて険しいといわなければならない。それだけに、「同朋教団」の具体的な形成が切に求められ、そこに全宗門人のエネルギーを結集せねばならない時である。

したがって、真宗の歴史観、社会観、人間観の樹立と実践が急務となる。

本年度は、たまたま同朋会運動が発足して十五周年である。その記念すべき年にあたって全国同朋大会を開催し、全国同朋の願いを結集すると共に、推進員自らが運動の主体者となって同朋会運動に新たな方向が打ち出されていくよう努めねばならない。

ここに第三次五ヵ年計画の最終年度を迎え、同朋会運動を確かな歩みにすべく、本年度は次の三つに重点おき、教化研修事業をすすめていく。

一、昭和世代（壮年・婦人・青年）の啓発

一、推進員の自主的活動の育成

一、教団問題並びに同和問題の学習徹底

宗務所における教化研修事業一覧

（略）

・名称：新坊守研修会　趣旨：新婚坊守の宗教心を啓発し、同朋会運動への参加姿勢を養う　対象：新婚坊守　人員：六〇名　会場：同朋会館　期日：八月二一日（土）～二三日（月）　担当部：組織

・名称：坊守幹部研修会　趣旨：教区坊守の人材育成　対象：中堅坊守　人員：三〇名　会場：同朋会館　期日：十月五日（火）～七日（木）　担当部：組織

・名称：寺族同和研修会　趣旨：同和問題を認識し地方における同和活動推進者の養成　対象：僧侶　人員：一〇名　会場：同朋会館　期日：十二月四日（土）～八日（水）　担当部：同和

・名称：坊守中央研修会　趣旨：同朋の会の促進定着について研鑽　対象：坊守　人員：一五〇名　会場：同朋会館　期日：五月三一日（火）～六月二日（木）　担当部：組織

（『真宗』一九七六〈昭和五一〉年七月号）

資料106　同朋会運動十五周年にあたりあゆみを点検・総括する

〔一九七七（昭和五二）年〕

討議資料　当面する諸問題と今後の課題

運動十五年の歩みを点検・総括した当局は、当局する諸問題と今後の課題について「新たなる出発のために討議資料」として発表した。（企画室）

（略）

◆反省すべき問題点

①同朋会運動発足当初において、その精神が充分に理解されない面もあり、一部に誤解と偏見を生じ、運動のひろがりに問題を残しました。

②同朋の会が、寺院の体質改善の中核となりえず、住職の精神的、経済的負担となって、いきおい定着性に欠けるケースが多く見うけられます。同朋会はできても、家庭及び地域社会とどう関わるのか目標設定が不明確、かつ実践的努力が弱く、点から線、線から面への展開、浸透ができませんでした。

③青壮年（昭和世代）の生活と意識に対応しうる、適切な具体策をたてることができませんでした。

④同朋新聞をはじめ定期刊行物が、運動推進の役割を充分はたしえず、編集内容、頒布方法、利用方法に問題があることがあきらかになりました。

⑤兼業寺族の結束とエネルギーの吸収をはかることができませんでした。職場で現代を生きている兼業者が、同朋会運動と離れた状態のままにあることは、宗門にとって大きな損失であるとともに、運動の弱点でもありました。

⑥宗門の体質改善の目標と手順が明確ではありませんでした。

靖国問題（個の尊厳性の問題）、同和問題（存在の平等性の問題）に充分にこたえられないのは、宗門の旧体質の根強さと、同朋会運動の弱さの反映であります。

⑦宗門財政の基盤を改善するための対策と努力が足りませんでした。

会費志の制度化は、一定の前進はみられたものの、改善の手がかりをうるまでにはいたりませんでした。

（基本課題）

十五年の運動の成果と問題点から次の三点を基本課題としてあげることができます。各教区においても教化委員会を中心として、点検・総括活動を進め、これからの運動を推進して下さい。

一、古い宗門体質の克服

二、現代社会との接点をもつ

三、真宗門徒としての自覚と実践　（以下略）

（『真宗』一九七七〈昭和五二〉年五月号）

資料107　宗議会議員による宗派の女性の地位に関する質問

〔一九八〇（昭和五五）年〕

山本隆議員による宗派の女性の地位に関する質問

昭和五十五年六月（議事録一一〇号）

宗議会　議事録　宗議会

一五番（山本隆登壇）（略）　大谷派の宗門内における女性の地位はどういうようになったおるりでありましょうか、最近宗務所に出入りするようになって、出会う女性は、下足の世話をしてくださるおばさんと、控室へお茶を運んでくれる女子職員だけであります。宗務行政の会議に一切女性はかかわっておられないように見うけられますが、いかがなものでございましょうか。また、たとえば同朋会館の教導及び補導に女性は何人ほど委嘱されておりますか、そうしてその教《ママ》が数人あるいはゼロではないかと思うのですが、もしそうであったらその理由をお聞かせいただきたいと思います。そのようなことが同朋教団の名をなのるわが教団にふさわしい状況とお考えなのであるか。そして今後どのような方向でこのことに対処されようとしておるのか明らかにしていただきたいと思います。さらに女性を住職としないままの制度は、宗会議員、教区会議員、組長、副組長への登用を閉ざしており、宗門が男性中心の体制を堅持しつつある今日の状況は、在家教団のありようとしてあり得ない状況でございます。また今日の人間の集団としてきわめて特異なものと申さねばなりません。宗務職制の管理部門に女性の登用を許さないのは、大谷派の宗務職員がきわめて男子だけ優秀であるという理由があるかもしれませんが、皮肉にも一女性のゆきすぎた母性本能こそが教団混乱の元凶であるという内外から指摘されるとき（笑声）（拍手）女性にかかわる諸問題をいいかげんに取扱ってきた教団の機構の欠陥を見る思いがするのであります。（拍手）同朋会運動十五年の中で点検せられた三つの課題を受けとめる材料として三種類の気になる問題を挙げたのでありますが、根は一つであろうと思うのであります。でき得ることについてご返答を賜りたい、こういうように思います。（拍手）

〔嶺藤　亮宗務総長登壇〕

宗務総長（嶺藤　亮）（略）次に、宗派における女性の地位ということであります。誠におおせのとおりであります。これはやはりそれらの中にも宗門の体質を蔵しておるのではなかろうか、かように思うのであります。おそらくこのご質問をなされた山本議員さんのご寺院におかれては、坊守さんの地位はさぞかしと思うのであります。（笑い声）（拍手）ややもすると寺院住職の姿というものはそうであるのか、ここに問われることばとして私はいただきます。ただ行政上に地位を与えてはないではないか、これらについては、必ずしもいま宗務役員の女性はおおせのようなことしかやっておらないというわけではありません。孜々として確実にその業務をやっておる女性の方もおられます。しかし管理職的な地位についておられないことは確かであります。将来はそういった道は当然のこととして開かれていいものであると私は思っております。

なお、教導の中に婦人の方があるのか、これは総会所教導あるいは同朋会館の教導にしろ、そういったことはあるのかということでありますが、現在は通常的なところではご依頼はしてありませんが、間々研修その他の場合に女性の方をお願いをし、講師として招へいすることはやっておることはあるのでありますが、しかしそれは一般化した、通常化した状態にはいまだなっておらない事実は十分に認めます。よって、今後そういった点についても十分配慮してまいりたいということを申し上げて答弁といたします。

なお女性の地位について、ことに一番基礎になるのは、住職になれるのはどうか、いきおいそこに先ほどお話になった組長、教区、その他における中心的な役割を果たす人にそういった場を与えられるかどうか、これらはいま宗憲の改正ということが重大な場に立っておりますので、その宗憲の主旨を踏まえて、それに基づく諸条例が当然のこととして改正されていくと思うのであります。その折に十分これらのことを含めて検討していかねばならぬことではなかろうか、かように思っておることを申して答弁といたします。

五番（山本隆）質問を保留します。

（『昭和五十五年六月（議事録一一〇号）　宗議会　議事録　宗議会』）

資料108　真宗大谷派坊守会連盟委員会より提出した要望書〔一九八三（昭和五八）年〕

要望書

私達坊守は、昨年中央《ママ》坊守研修会において、「真宗の女性像」について研修し、宗門における坊守の役割、及び位置づけ等について協議いたしました。

しかし、この問題は全宗門的課題でありますところから、各教区において時間をかけて検討させていただきました。

この度、臨時、坊守会連盟委員会において、その総意を得ましたので、左記事項について御審議賜りますようここに要望申し上げる次第でございます。

記

宗門における坊守の資格と位置づけを明確にしていただきたい。
一、女性有教師にも住職及び教会主管者への道が開かれますようお願いいたします。
一、この度新宗憲によって発足いたしました参議会には女性議員が誕生いたしました。宗議会及び教区会におきましても女性有教師の参加の道が開かれますようお願いいたします。
一、寺族女性の得度については、九才より受式できるように御考慮賜りますようお願いいたします。
一、堂班・衣体等についても、女性としての制限が定められていますが、これにつきましても御検討いただきますようお願い申し上げます。

以上

昭和五十八年一月二十日

真宗大谷派坊守会連盟委員会
代表　委員長　清澤正子

宗務総長　五辻實誠殿
宗制刷新特別審議会会長　本多敬虔殿

（原資料）

資料109　真宗大谷派における女性差別を考えるおんなたちの会が提出した要望書〔一九八六（昭和六一）年〕

要望書

私達は現在の宗門における女たちをとりまく状況を深く悼み、昨日と今日の二日間にわたって、全国より参集いたしました。

年の瀬も近い十二月、それぞれが寺の中の雑用にふり廻されながらも、やむにやまれぬ気持で馳せ参じた胸の内、それぞれなみなみならぬものがあります。

私達宗門は同朋会運動を軸にして、信仰による教団の再生運動を提起する中で、大谷家をはじめとする古い宗門感情を持つ々との間で紛争を体験し、いまだその余震さめやらぬ状況であることは周知のことですが、それらの十五年にわたる紛争の末も、なお問われることのなかった女たちの現状があったことを、今こそ訴えねばならないと思います。

「十方衆生に開かれた同朋公議たる宗憲」と紛争の末に胸を張って公布したはずの宗憲においてさえ、いまだ女の問題は何ひとつ語られていないということは、期せずして紛争の性格を露呈したものといえましょう。

自由・平等・博愛を旗じるしにして勝利したはずのフランス革命が、市民と定めたのはじつは男たちだけだったという事実。ヨーロッパの近代が背負った課題でしたが、それに遅れること、二百年近くたったこの現代において、真宗大谷派が、なお、この轍を踏むことは民主主義以前ともいうべき惨状といえます。

民主主義を越える課題を提起し続けるはずの念仏教団が、いまだ二百年も民主主義に遅れてなお傲然としていることは、まさに教団の自己崩壊、教学の自滅行為であり、しかも一千万門徒をかかえる教団の社会的責任を考えると、日本の文化の現状を左右する重大な意味を持つといっても決して過言ではないことをわたしたちは、謹しんで御指摘申し上げたいと思います。

かくなる状況の上では、たとえば女性住職の問題は、早晩に検討されるものと推察いたしますが、今、私たち女が問うていることは、ただ女が住職になれさえすればいいということではありません。

教団の中に広く深く巣くっている女と男のいのちの重さの違いに気づいていただきたいということです。

いのちの重さの違いをそのままにして、御同朋、御同行として男と女が出会えることはあり得ません。宗祖の生涯の課題も、同和問題として被差別部落の方々から問われ続けた課題も、実はこのことに外ならなかったことを確信して、私たちは次のことを要望いたします。

一、女性にも男性と同等の住職への道を！
二、同朋会館の補導、修練のスタッフ等のあらゆる宗門内の待遇における男と女の平等を！
三、選挙制度の全面的見直しを！
四、得度の可能な年齢に男女間の格差をなくすことを！
五、衣体・堂班、寺格等の差別構造の全廃を！

真宗大谷派における女性差別を考えるおんなたちの会

安藤保子	藤谷不三枝	伊勢谷邦子	戸次律子
羽向貴久子	本多明美	落合誓子	堀部和子
久保山真喜子	増田富恵	鈴木令子	真木妙子
鈴木道子	見義悦子	高田恵子	望月慶子
中西真佐子	山内小夜子	藤田光代	四衢正子
柳梅菊子			他多数

一九八六年一二月八日

（『報告集　真宗大谷派における女性差別を考えるおんなたちの集い』）

資料110　おんなたちの会北陸有志からの要望書

要望書①　〔一九九三（平成五）年〕

要　望　書

私たち「真宗大谷派における女性差別を考えるおんなたちの会」は一九八六年の発会以来、性差別をはじめ宗門内のあらゆる差別の全廃をめざして活動してきました。そして、毎年、宗務総長にあてて繰り返し要望書を提出してきました。

内容は主として以下の5点に絞ってきました。

1　女性にも男性と同等の住職の道を！
2　同朋会館の補導、修練のスタッフ等のあらゆる宗門内の待遇における女と男の平等を！
3　選挙制度の前面見直しを！
4　得度の可能な年齢に男女間の格差をなくすことを！
5　衣体、堂班、寺格等の差別構造の全廃を！

さて、1の「女性住職」の件は道を開いた、とはいっても条件付きであり、あくまで次の男性へと引く継ぐための代用でしかなく、私たちの要望してきた、性別を理由に不平等な状態を受けないようにするということではありません。また、4の「得度年齢」については男女ともに九歳ということになりました。親鸞の得度が九歳であったということから、「九歳」というのが決められたのでしょうか？　その根拠は何でしょうか？　親鸞は自分の自覚において得度したはずです。本来、得度は本人の自覚した時期にするのが望ましいといえるでしょう。それには九歳というのはいかがなものでしょうか。ちなみに、本願寺派では十六歳となっています。

そこで、私たちは改めて、以下のことを要望いたします。

1　条件付きではない、真に平等な女性住職の道を！
2　選挙制度の全面見直しを！
3　性差別に関する窓口の設置を！
①同和推進本部主催の、共学研修会の講座の一つには性差別講座を入れること
②教団内の性差別に関する教学・条例をはじめとするすべてのことを検討する委員会を設置すること
③手話や通訳を設置すること
4　教団内の差別構造の全廃を！

一九九三年十月十八日
真宗大谷派における女性差別を考えるおんなたちの会有志
連絡係　新潟県西頸城郡青海町大字青海　渡辺智子
真宗大谷派　宗務総長　細川　信元　殿

要望書②　〔一九九四（平成六）年〕

要　望　書

私たち「真宗大谷派における女性差別を考えるおんなたちの会」は一九八六年の発会以来、性差別をはじめ、宗門内のあらゆる差別の全廃をめざして活動してきました。

それは同時に、自分が問われる歩みでもありました。

その中から今あらためて左記のことを要望いたします。

記

一、女性の眼で、宗門内のあらゆる差別の全廃をめざして、教団の制度や教学を見なおすための、女性委員会の設置を！
二、教団が現実に男性社会であるということの確かめを！
その上で女性も教団の構成員と認めることを！
①　条件つきではない真に平等な女性住職の道を！
②　同朋会館の教導、補導、修練スタッフ等のあらゆる宗門内の待遇における男と女の平等を！

三、蓮如上人五百回忌法要にあたり、『お文』の中の〝女人〟という言葉が果してきた役割と歴史を語り合う全国集会の開催を！

四、「障害者」の方々との出会いのために、また国際交流のために、教団として手話や、通訳を担当する部所の設置を！

一九九四年　三月　一日

「真宗大谷派における女性差別を考えるおんなたちの会」

北陸地区有志

見義悦子・野田靖子・生地泰子
源　都子・冨田陽子・辻英莎子
吉野栄敏・堀部和子・加賀田晴美
藤場芳子・菊池真理子・伊勢谷邦子
春秋敏子・大森英子

宗務総長　能邨英士　殿

（原資料）

資料111　宗務審議会「女性の宗門活動に関する委員会」答申

〔『真宗』一九九六（平成八）年五月号〕

宗務審議会

女性の宗門活動に関する委員会答申

宗務審議会「女性の宗門活動に関する委員会」は、平成六年九月二日の第一回の委員会開催以来、一年五カ月計一四回にわたり、鋭意審議を重ねてきたが、さる一九九六（平成八）年一月二五日に同委員会の見義悦子会長から能邨英士宗務総長に対して「答申書」が手渡された。

審議にあたっては宗務総長より、

Ⅰ住職就任とそれに関する問題について

Ⅱ教導職等、女性の活動分野の促進について

Ⅲ女性の教化組織について

の三点が諮問事項としてあげられた。審議会は全体会と各諮問事項についての小委員会が設置されるなかで、関係部署より参考意見を聞くなど、広範な審議が重ねられてきた。

答申書の内容は、宗門の機構、制度、教学的課題など多岐にわたり、今後も、宗門においてさらに論議が重ねられるべき内容となっている。

当局は答申の精神を尊重しつつ、現状において可能な事項についての制度改正や施策の推進をはかり、より開かれた宗門を目指していく方針である。

ここに答申書の全文を公開し、女性の積極的な宗門活動への参画を願うとともに、広く宗門において性差別の問題に関する認識を深めていただきたい。

【委　員】　会長・見義悦子
会長代理・望月慶子　朝倉範子
旭みどり　一島継子　猪飼松子
岩根ふみ子　羽向貴久子
尾畑潤子　加藤代々子　河村光子
黒田龍雄　沢田秀丸　下谷泰史
玉嵜帛子　照岡華子　藤場芳子
堀部知守　南　斎子

前　文

本委員会は、一九九四（平成六）年九月二日付をもって設置され、宗務総長より

一　住職就任とそれに関連する問題について

二　教導職等女性の活動分野の促進について

三　女性の教化組織について

の三つの事項が諮問され発足した。

「女性の宗門活動に関する委員会」は多くの宗門の女性の声の積み重ねによって宗門がその問題性に気づいたことに端を発している。「条件つき」の女性住職しか認められていないということは、生まれながらの性別によって役割を固定化し、排除してきたことを意味している。またこのことは、宗門の議決機関に女性が声を出すことができないことでもある。女性の声を聞くことなくこれまで宗門運営がなされてきたということである。このことに関しては、これまで坊守会連盟が一九八三（昭和五八）年から坊守も正式な宗門の構成員としての位置づけを願って要望書を出して今日に至る。

　また、「真宗大谷派における女性差別を考えるおんなたちの会」でも一九八六（昭和六一）年以来宗門内のあらゆる性差別の撤廃を目指して要望書を提出してきた。しかしこれまで寺の代表を住職とし、その中から選ばれた人により構成されている宗議会においては、女性の参画は認められていない。一方参議会においても、女性議員を阻む条件がないにも拘わらず、発足当時一人の女性の参議会議員をみた以外男性のみで両議会を運営してきた。

　制度面ばかりでなく教学面においても女性はいつも教化されるべき存在としてみなされ、結果、教導補導職に採用されることはなかった。

宗祖親鸞聖人は、仏の救いには男だとか、女だとか、罪がどちらが深いかとか一切関係はないと言い切っておられる。この教えに立ち返ったとき、以上のことは大きな課題となる。

　教法は現代の課題に対して答えられてこそ生きてはたらいていると言えるのである。性差別は今人類の未来に向かって大きな課題となっている。

　私たち宗門は、長い間固定的な性別役割分担を肯定し、問題意識から目を背けてきた。今男性自身が女性に対する差別意識から解放されること、そしてその男性のありかたを許してきた女性自身が、そのありかたを問い直すことを抜きにして同朋社会の実現は図れない。

　女性と男性が平等に生きられる真の共同体になることこそが、信仰的課題であるといえよう。

　ここに立って当委員会は、以下の答申をするものである。

諮問事項Ⅰ

住職就任とそれに関する問題について

　現行の寺院教会条例第九条を「住職又は教会主管者は、寺院又は教会に所属する教師がこれを継承する。」と改める。

　右記の答申を出すについて以下の検討を行った。

（1）「条件つき」になった理由

　第九条第二項によって誕生する女性住職は、「条件つき」と簡略化していいかえてもいいだろう。部落解放同盟の糾弾会において約束した女性住職の誕生は差別をなくしていくという「願い」に応えたものであったのに、残念なことに条件つきになってしまった。その理由を各項で検討する。

a．「継承争いの可能性」

　「継承には人間の計らいが入り、対立し争いが起きる可能性がある。」それを防ぐ意味で「男子である教師が継承する。」という意見がある。しかし一般寺院の実態は継承争いもあるが、やむを得ず自分を殺して継承するという現実もまたある。また「争いを避ける為に」という理由で、「生まれ」や性別など、自分で選択のしようのない理由で排除されることを許すのだろうか。生まれで決定される生き方を説く時代に逆戻りするのか。「寺」を守ることが第一でそのための道具になれと説くのか。たった一度の生を命の限りに生きようとするとき、自らの選択と決定ほど大事なものはない。託された願いに生きるといえばきれいだが、それも押し付けで自らの決定が不足すれば願いそのものが死んでしまう。なりたい人、なってもらいたい人の論議の中で住職が選ばれるように、可能性を開いておくことこそ条例の大事な要件である。

b.「宗教法人の買収などの不安」

女性住職のときに限り不安だという根拠はない。男女どちらにも起こり得ること、ことさら女性住職に対してのみいうのは明らかに性差別である。誤った女性観をこそ見直すべきである。

c.「統一的変更は困難」

「寺院教会規則」の統一的変更は物理的に困難という。しかし一九八一（昭和五六）年の宗憲改正によって、住職の任命が管長から宗務総長に移行したが多くの寺院教会では規則変更をいまだ完了していない。住職任命のときに順次変更している現状である。したがって必要時にそのつど改正の手続きを取ってもよいということであろう。九〇〇〇カ寺が一度に改正することは物理的に困難という理由をもって条件つきにするには当たらない。

d.「宗門内のコンセンサス」

女性住職の無条件実施は「全宗門的なコンセンサスが得られなければ難しい」という。宗門がよって立つ教えに大きく反するのならそのようないい方も成り立つ。

しかし宗祖は『教行信証』の信の巻の中で、「おおよそ大信海を案ずれば、貴賤・緇素を簡ばず、男女・老少を謂わず、造罪の多少を問わず、修行の久近を論ぜず、行にあらず・善にあらず、頓にあらず・漸にあらず、定にあらず・散にあらず、正観にあらず・邪観にあらず、有念にあらず・無念にあらず、尋常にあらず・臨終にあらず、多念にあらず・一念にあらず、ただこれ不可思議・不可説・不可称の信楽なり。たとえば阿伽陀薬のよく一切の毒を滅するがごとし。如来誓願の薬は、よく智愚の毒を滅するなり。」といっておられる。

親鸞聖人の教えに生きたいと願う人たちがなぜに女の罪深さをことさらにいい立てたのだろう。深い迷妄を思わざるを得ない。さらに「別序」には、「…しばらく疑問を至してついに明証を出だす。誠に仏恩の深重なるを念じて、人倫の哢言を恥じず。…」とわざわざ披瀝しておられるのを思うとき、私たちが聖人の「本義」を見失って来たことを確認し、果敢に変革に取り組むことが宗憲のいう「使命」を果たすことになると信じる。

さらに一九九二（平成四）年六月に同和推進本部から発行された『部落問題学習資料集』には女性差別撤廃条約の全文を掲載している。第一条に、

《「女性に対する差別」とは、性に基づく区別、除外又は制約であって、政治的、経済的、社会的、文化的、市民的その他のいかなる分野においても、女性（婚姻をしているか否かを問わない。）が、男女の平等を基礎として、人権及び基本的自由を認識し、享受し又は行使することを害し又は無効にする効果又は目的を有するものをいう。》

と述べる。この条約は国連では一九七九（昭和五四）年に採択され、一九九一（平成三）年九月において一〇七カ国が締約している。日本も一九八五（昭和六〇）年に批准したことから、問題はあるが男女雇用均等法を制定するなどの、条約との整合性を計る政策を実施して、女性差別の解消に取り組んでいる。我が宗門においてもコンセンサスを得るように機会を設け、あるいは機関を設置して、有効に働くよう検討していかなければならないが、差別を学んで来た宗門が「コンセンサスが得られない」というのは許されない。

e.「代務者と住職制度」

一九九一（平成三）年寺院教会条例が改正された。「代務者に就任している女子の教師が住職、教会主管者に代わって十全にその職務を行えるようにした。」「わざわざ住職にならなくても代務者のままでいいのではないかという意見もある。」。しかし寺院教会条例第十二条に「速かに後任者の任命を申請できないとき」としている以上、女性であれ男性であれ、後任者がいるとき、代務者でなく住職につくのが本来の姿である。また代務者と住職では対社会的に意味

も大きく変わり、法制上も制約等差異は大きい。
以上条件つきとなった要因に対して正当で納得を得られる理由は認められない。

（2）女性住職を完全実施するに当たって障害となる問題

a．「継襲制」

寺院教会条例の第九条には「卑属系統であって、男子である教師がこれを継承する。」また寺院規則には「〇〇姓を名乗る男子たる教師がこれを継承する。」とある。「内事章範」には「門首の継承」について第一条で「門首は、世襲により宗祖の血統に属する嫡出の男系の男子が次の順序により継承する。」とある。

「宗教界においては継承制を使う」というが、公において妻帯をしない他宗では子孫が存在するはずはなく、よって世襲はあり得ないから、受け継ぐことを「継襲」と呼ぶと思われる。一方真宗大谷派にあっては妻帯するから卑属、〇〇姓、血統、嫡出などの言葉が条例等にもあるように、これは「世襲制」と呼ぶ方がことの本質を明らかに見せる。「世襲」は「その家の地位・財産・職業などを嫡系の子孫が代々受け継ぐこと」と『広辞苑』にあるが、家と寺とが大谷派においては区別なく考えられて来たのだろう。嫡系を基本にしている現在のありようは「家制度」を内に隠している。「家制度」は人が家のための道具となってしまう生き方を強いられるから、仏教の「独立者たらん」という願いに反し、この宗門の求める「同朋社会の顕現」とも大きく異なる。

さらに「〇〇姓を名乗るというのは真宗大谷派の大きな既得権」「公益法人としての宗教法人に認めるというのは絶対今の文部官僚でしたら許さないと思う」「お寺が解散するようになっても当時の住職に帰属するようになっている。これも非常に公益性に相反するような、真宗大谷派の寺族に与えられている既得権」という認識は、「立教開宗精神と宗門存立の本義を現代に顕現し、宗門が荷負する大いなる使命を果たすことを誓う」のと同じだろうか。私たちが伝えるべきは「自信教人信の誠を尽くし、同朋社会の顕現に努める」ことや、「宗門の運営は同朋の公議公論に基づいて行う」という精神、姿勢であろう。改正案の「寺院教会に属する教師が継承する」という文言は子供が継承していく現在のありかたを否定するものでなく、もっとゆるやかな条件の中からの選出を可能にするだけである。子供が継ぐことで老後の身の振り方を案じる必要がないという意見もあるが、それに対してはいくらかの備えが可能であって（「共済制度の拡充、整備の提案」の項で詳述する）、人権に留意して、開かれた寺にしていくべき時と考えなければならない。それが宗門の使命であり、宗教法人に課せられた願いである。

b．「候補衆徒制」

寺院教会条例第十九条に、

「第九条第一項本文に規定する寺院又は教会が、住職又は教会主管者の後継者を定めようとするときは、当該寺院又は教会に所属する卑属系統の僧侶の中から一人を選定して、申請により宗務総長の承認を受けなければならない。

２　前項の後継者を候補衆徒と称する。」

とある。「人権」が国民の課題といわれるなか、「子供の権利条約」が注目されている。この候補衆徒制は前条約の十二、十三、十四条の思想信条の自由や意見表明権などに抵触する恐れが強い。また寺院教会条例施行条規の第二十四条に「候補衆徒の辞退も宗務総長の承認を受ける」とあって、女性住職の完全実施の障害になっている。ご門徒のお育ては候補になっているかなどを計って行われるような心狭いものではない。「深く真宗の教法を伝承し、伝授していきたいという願い」を継承するなら、候補者を確保しておかずとも必ず教えは受け継がれ寺も生きて働き続けると深く信じる。

しかし審議の中で、性別、卑属系統を問わない、自覚できる年齢からにするなどの条件を付す形にするなどの意見や、候補衆徒制は宗門や寺を守るために必要との意見も出され、決議には至らなかった。よって後述する「女性問題委員会」で継続審議とする。

(3)「内事章範」について

諮問事項となってはいないので詳述は避けるが、内事章範についても女性差別という視点を当てたときそのままにしておくことはできない。女子も得度を受けられ、門首、連枝は性別によって制限を受けない。自己の意志に基づき、その身分を離れられるようにする。また門首、連枝の配偶者については現在法制上地位をもたない。よって希望により、得度を受けること、法制上の地位を得ることができるように改正されるように望む。

さらに「門首の世襲制」を残すことについては、大谷派が一般寺院教会との間で包括関係にあり、「寺院教会条例」の改正の答申とは一貫性を欠いて問題が残る。しかしながら当審議会では時間も不足し、問題も大きいことから後述する「女性問題委員会」で継続審議するということに決定した。

(4)女性住職完全実施に際しての諸条件の整備の提案

A.「坊守」制度について

現在の坊守制度は、一九九一(平成三)年の寺院教会条例の改正によって「第三章　坊守」と変わった。それまでの「寺族坊守」という扱いに比べてその地位を確認され、ようやく存在を認められたように思いがちだが、残念ながらそのようになってはいない。まず任務は与えられたけれどもあくまでも住職の補佐であって、教化には携わらない。そして坊守会は宗門に属する任意団体である。

坊守が得度を許可されるようになったのは一九四二年(昭和一七年)であり、女子臨時教師が認められたのは一九四四年(昭和一九年)のことで、男の多くが戦場に狩り出される中で葬儀や諸法要を今すぐに執行できる人間の必要性に迫られての窮余の策だったと思われる(男子の得度は九歳で、女子は二〇歳であった。)。また、女性住職が認められたものの条件つきであることは、やはり女性を正当な構成員と認めたのではなく、何よりもその内容から分かるように「寺」の存続を第一義に考えての誕生だった。

親鸞聖人の妻は恵信尼であり、河田光夫氏の研究によれば恵信尼は独自の講をもって布教もしている。また蓮如の妻も「尼」であったことに注目したい。

今後夫婦別姓が施行され、また事実婚が増えると予測されるなか、信教の自由を考慮すれば、現在の「夫が住職に就任したとき自動的に妻が坊守となる」とする状態をそのまま続行するのは不可能である。

以上の歴史、経過と現状を踏まえて、次の条例の改正を提案する。

寺院教会条例

第三章　坊守

(定義)

第二十条　寺院、教会には坊守を置く。寺院、教会に所属する僧侶で、住職、総代とともに願い出て、宗務総長が認証した者を坊守とする。

(坊守籍簿)

第二十一条　坊守及び前坊守は、宗務所の坊守籍簿に登録される。

第2項は削除する。

(任務)

第二十二条　坊守は住職、門徒とともに教法を聞信し、寺院又は教会の発展に努める。

B.「共済制度と社会保険について」

a.提案理由

宗教法人法の改正が可決された。オウム真理教をはじめとする宗教の、あるいは宗教がらみの事件や不正が起こって、さまざまな疑惑を多くの国民が抱いたからである。経理、運用の不明確さもさることながら、旧時代のままにおかれている教義解釈や、宗門の実態にも問題を感じている国民が多い。世襲制度や帰属財産の問題も既得権とあぐらをかいて宗門の近代化を図ろうとしない態勢は今に門信徒からも呆れられるに違いない。世襲制にしがみつく理由には老後や病気に対しての備えに対する不安も含まれていると思われる。国民の、門信徒の信頼を得、疑念を払うためにも宗門、寺院教会は実態を今一度点検し、さまざまな条件を克服すべく態勢を整える必要がある。そのためにいくつかの提案をしたい。

さらにいえば、寺院教会の生活は公私の区別がつきにくく、しかも昔と違ってお米さえあれば何とかなるという訳にはいかない。万一のときの用意や、安定のための努力を個人にのみ負わせているところから、勢い子供に寺を継がせることによって自らの生活保障の担保とすることになる。教法が教える「すべての人に開かれた」寺を実現しようとするとき、寺院で働く人の保障を確保する手立ては、住職の肩の荷を減らし、家族の不安も減らすだろう。共済制度の整備拡充と社会保険の紹介は女性住職の完全実施に際して大きな後ろ盾になるだろう。

宗門の共済条例を見ると、在職三〇年を経た住職、教会主管者に対して退職慰労金及び遺族給付金（五〇万円）があり、五〇年以上住職に在任した者に申請した年から終身年一回住職年金（五万円）が給付される。おそらく住職年金制度の恩恵に浴する人は数少ないと思われるし、現実生活においておよそ有効な金額とはいえない。よって、次の二案を検討し、寺院教会に対して知らせ、採用を奨励してはどうだろうか。

b．寺院教会の退職金及び弔慰金の積み立て

宗門は第二種共済制度において火災保険の他に、生命保険会社と団体契約を結び、保険金払い込みの割引制度を用意して、寺院教会に退職金や、弔慰金の準備を図らせる。ただし宗門は奨励するまでで、後は保険会社と寺院教会が直接話し合い、決定するようにすればよい。（一例を挙げると、ある寺院は愛知県仏教会が団体契約を結んでいる制度を利用して契約をした。六五歳を定年のメドに決め、年払いで積み立てている。責任役員会議用の書面も用意してもらい、すべて法人として正式に円滑迅速に行えた経験をもっている。用意したものは宗教法人の登記簿謄本と印鑑証明と、後者の責任役員全員の署名と印である。）

c．社会保険の紹介と奨励

多くの寺院教会が国民健康保険と国民年金に加入しているが、国は一人以上の常勤者を置く法人事業所は社会保険加入を強制適用としている。社会保険事務所に聞くと今までは宗教法人にはこれを強制指導して来なかったという。宗教法人についてはどうも遠慮していたという風であった。今後は宗門が率先指導してはどうだろう。給料を多少減額してでも、その分を回して社会保険に加入すれば、健康保険は本人は一割、被扶養者は通院三割、入院二割である。年金も国保は六五歳なのに比べて六〇歳と早く、最低金額でも国保の約二倍になる。病気や事故にあってお参りができなくても国保は何の保障もないが、厚生年金保険では月額の六割が給付される。もし坊守の給与が年額一〇〇万円以下なら、住職一人が加入すればよく、坊守は被扶養者になって国保と違って納める必要はなくなる。住職が万一亡くなったとき子供が一八歳まででであれば国保では母子年金が給付されるが、過ぎていれば坊守本人に年金受給資格が発生するまで何もない。社会保険であれば、子供の年齢に関係なく坊守の年収が八五〇万円未満であれば、最低六五万円の遺族年金を受け取ることができる。社会保険に加入するためには書類は次のものである。新規適用届、資格取得届け（過去に加入していた年金手帳）、被扶養者届、法人登記簿謄本、源泉徴収関係書類（源泉徴収簿）、大谷派の住職であることを証明する書類、ゴム印（法人印、代表者印、事業所名の入ったゴム印）の以上である。

これらを実行することで世襲に寄りかからざ

るを得ない現実が相当変わる。弔慰金や遺族年金があれば残された家族が、ご門徒たちに対しても卑屈にならずにすむこともあるだろう。住職を支えることに必死だった坊守と家族にとって、不測の時にどれだけ悔しい思いをしたろうか。寺の経営の近代化は女性と子供の人権のためにも早急に図るべきである。

C．「選挙制度」の改正について

女性の「宗政参加」が「宗政参画」にならなければ、抜本的変革は望めない。国も目標に女性の共同参画型社会の実現とうたう。参画には企画段階から参加する意味があり、参加にはできあがったものに入ることをも含まれて、本当の意味の参加にはならない。達成のために次のことを提案する。

a．宗議会

現在の宗議会議員選挙の被選挙権は、住職又は教会主管者に限られる。女性住職が、条件において差がなくなっても、女性の宗議会議員への道は遠いだろう。また異姓衆徒や寺族、坊守の立場にある教師には、全く道はふさがれている。開かれた宗門に程遠い。これらの問題を解決するために、

「宗議会の被選挙権を二十五歳以上の教師と改める。また選挙権は二十歳以上の僧侶に改正する。」

「僧侶条例」を見ると、

第三条「僧侶は、住職又は教会主管者に従い、その属する寺院又は教会の興隆発展に努めなければならない。」

第五条には「得度を出願する者は、次の事項を誓約しなければならない。

一　仏祖を崇敬し、教法を研修聞思すること。

二　真宗本廟を崇敬し、本廟奉仕に努めること。

三　宗規を遵守し、宗門並びに寺院、教会の興隆に努めること。」

僧侶となって、宗門の一員として宗費を負担し（第二条）、誓約を守ろうとするとき、せめて、宗門に選挙権という形で意思表示の機会を与えるべきである。

b．教区会

教区会においては、住職、教会主管者以外は選挙権すら持てない。これも選挙権は二〇歳以上の僧侶、被選挙権は二五歳以上の教師に改正する。教区会議員はクオータ制を導入する。

c．組制

組制においては、組長は行政の下部組織の役割も果たさねばならず、寺院に居住していることが、連絡や事務上において必要と思われる。また組制は地域によって状況が相当異なることを考慮して、正副組長の被選挙権は住職及び教会主管者と有教師の坊守とし、選挙権を二〇歳以上の僧侶とする。組委員選出については、選挙権を二〇歳以上の僧侶とし、被選挙権を二五歳以上の教師とし、少なくとも一人は女性にしなければならないとする。

（組長副組長は同一寺院とはならないこととする。）

組教化委員会は、組会組織とは別に組織する。その構成は寺族と門徒を同数とし、どちらか一方の性が四〇％を下回らないこととする。組教化委員会は組の教化事業を企画・予算立案し、組会及び組門徒会の承認を得て、実施する。

第七編　組制

第三章

（組織）

第十条　組に組会を置き、組内の住職、教会主管者、代務者、坊守、組内寺院に所属する教師及び二十歳以上の僧侶でこれを組織する。

（定足数及び文書による代理出席）

第十四条　組会は組内寺院及び教会の総数の半数以上の数の出席者があるとき、会議を開くことができる。

2項は現行のまま。

d．名簿作成

以上を実行するに当たって、寺院及び教会、

組、教区は僧侶、教師の名簿を点検し、整備する。

（「子どもの権利条約」の定義では一八歳未満を子供としている。国は批准しているから、二〇歳を成人とする現行法とどう整合させていくのだろうか。ちなみに一八歳で選挙権を認めているのは一一三カ国で、世界ではこちらが主流である。国が変更する時まで、国に準じて選挙権を二〇歳にした。）

諮問事項Ⅱ

教導職等、女性の活動分野の促進について

（1） 教導、補導の女性登用に向けて

a．教導、補導任命の現況とその問題点

現在女性の補導、教導は本山同朋会館に各一名で、教区、組において女性の登用は皆無といってよい。

そこで条例を見てみた。まず、

教化基本条例

第一章　総則

（教化の種類及び方法）

第四条　教化は、現代社会の課題に対応するとともに、寺院及び教会、家庭、教育施設、社会福祉施設、矯正保護施設並びに医療施設その他の施設において、対象及び環境に即応して行う。

第二章　教化の施策

（教化のつとめ）

第五条　僧侶、寺族及び門徒は、その家庭、職域及び地域社会にあって、つねに教法を聞信し、その自覚を深めるとともにおのずから教法のひろまるようにつとめなければならない。

とある。「教化基本条例」では、教化の基本的指針として、現代社会に対応することを第一に挙げている。今や国際社会では二一世紀に向けて、女性の地位向上と完全な男女平等を実現することを課題として運動が活発化している。最近の女性会議のテーマも社会的文化的に作り出された男女の性差（ジェンダー）を取り上げ、ここ数年の国連会議でもジェンダーの視点から性差別を見直すことが強調されている。例えば、現在の発展途上国で一〇億人以上の人が極度の貧困の中にあるが、その大半は女性である。これは政治、経済、文化上での性差別の仕組みの象徴であり、ジェンダーの視点で取り組まなくては貧困の撲滅は至難であると国際社会が認識し始めている。この国際的な認識を深める場が家庭であり、教育現場であり、職場であり、地域社会である。教化の基本的指針として現代社会に対応することを第一に挙げていることは誠に妥当であると思われる。したがって教化の努めを積極的に果たす役割を持つ教導補導には、女性も大いに参加しなくてはならない。教導補導の採用について条例を見る限り性の制限も年齢の制限も述べられていない。よって女性の積極登用を促すため次の提案を行う。

b．教導、補導を教区に推薦依頼するとき、「女性の推薦を願う」と明記する。

c．教導、補導に女性を積極的に採用するためにクオータ制を取る。採用にあたっては現在の女性の教師取得比率が全体の一八%であるから、どちらかの性が一五%を下回らないものとする。

d．同朋会館における女性教導、補導の施設の充実を図る。

e．教導、補導の採用年齢を見直す。

f．教導、補導「審査会」を検討する。

g．教導、補導の研修会で宗門の女性に対する教学、教化の歴史、問題を必ず学習する。

h．上記のためのテキストを作成する。

i．修練においては指導、指導補について各回に複数以上の採用をする。

j．修練の特別講師に女性を積極的に採用する。

（2） 女性の宗政参画に向けて

提出された資料を検討して、次の数字を確認した。

同朋会運動発足以降の得度受式者の総数は、一九九四（平成六年一〇月まで）年二一、三五五人で男一三、五二九人、女七、八二六人であ

った。女性の占める割合は三六・六％である。特に近年の増加は著しく、一九八九（平成元）年よりは四〇・七％で、女性が九歳から得度が可能になった一九九二（平成四）年からは男性数に近い数字となっている。

　帰敬式については、一九八九（平成元）年より一九九四（平成六）年九月までで総数は四七、五四三人、男二〇、七八〇人、女二六、七六三人で女性の占める割合は五六・二％である。

　教師補任者は一九八九（平成元）年から一九九四（平成六）年上半期間までで、総数一、九九九人で男一、六三三人、女三六六人、女性の占める割合は一八％となっている。

　教区の教化委員は、一九九四（平成六）年一〇月組織部調べで、一九九〇（平成二）年から一九九三（平成五）年の任期期間に全国総数一、〇三四人、内女性は八三人で、さらに門徒女性は判明分で一五人である。一九九三（平成五）年から一九九六年度（平成八年）では総数一、一四六人で、女性は若干増えて一一三人、そのうち門徒女性は一八人である。帰敬式を受けた女性は一九八九（平成元）年以来で二六、七六三人もおられる。同朋会運動が始まって以来であればどれだけの数字になるのだろう。しかし数字を見る限り、教区において積極的にリーダーとして活躍する場は、ほとんどないのが現状である。組や各寺においてもあまり期待できそうにない。また女性の得度者や教師についても同様のことがいえる。教化の現状のみならず宗門の構成状況とあまりに掛け離れた宗政状況を考えたい。

A．宗政の最高議決機関である宗議会、参議会に女性は一人もいない。

　宗議会、教区会は、現行では住職又は教会主管者にしか被選挙権がなく、このままでは今後も女性の議員が選ばれる見通しははなはだ少ない。参議会、教区門徒会も各寺から選出される時点で多くが男性であるため、女性が選ばれることは現状ではあまり期待できない。寺を構成する住職、坊守、門徒の意識の中にまだ、「代表は男」の観念が強いからである。

「真宗大谷派法規総覧」第七編教区制第二章教区の議決機関を見ると、

第九条　教区の宗務の適正な運営をはかるため、教区に教区会及び教区門徒会を置く。

第十七条　教区会及び教区門徒会で議決した事項については、教区内の寺院及び教会並びに僧侶及び門徒は、これを履行し若しくは遵守しなければならない。

とあって、教区会及び教区門徒会は、そこで議決されたことには教区に属する僧侶門徒は従わなければならないという、誠に重大かつ責任の重い機関である。この中に一人の女性も入っていないということについて、いくつかの大きな問題点が考えられる。

a．時代社会の男女平等、共同参画の理念に反し、同朋会運動の願いにも反している。

b．今日、真宗の教えが大きな力となって働かず、ただ概念や理念で終わっているのは、男性だけの議決機関になっていることにも大きな要因があると思われる。時代社会の状況は高齢化一つを取って見ても、寝たきり老人、否、寝かせきり老人というべき問題、その医療、施設の諸問題、またその介護をほとんど女性が負担している現状、そこから派生する諸問題、介護疲れ、家庭不和、失職など大変な問題が山積している。さらに学校教育では、不登校やいじめ問題は大人社会の価値観や人生観の問い直しを迫る問題であり、他にもごみ、洗剤、水などの資源、環境、公害問題等、枚挙に暇がないというほどである。これらすべて日常生活の中の問題であり、生き方を問う問題で、女性の意見を無視することは到底できない。女性の置かれている立場から出る意見を男性は代弁できないし、その逆もまたできない。

c．出産、育児をめぐる問題が今まで女性の問題として捉えられて来たことから、女性を母性に閉じ込め、さらには「いのち」に対する感覚、観念を誤ってきたのではなかろうか。

以上述べた事柄は全体のごく一部である。一見宗政と関係ないように思われるだろうが、これらは人の生活、社会を理解しようとするときの基本的なものであり、ここを誤れば教化策や諸政策は当然的を外れたものになってしまう。宗門では女性を差別してきた長い歴史を認めながらも、教学や教化、制度のどこにどのような問題があるか、いまだ多くの人に見えておらず、取り組めないのが現状である。これらはまず女性が宗政に参画し、一緒に討議していく中で必ず見えてくる。

B．現行条例を次のように改正する。

第七編　教区制

第二章　教区の議決機関

第四節　教区門徒会

第五十二条　教区門徒会は、組門徒会員の中から互選された教区門徒会員で組織する。ただし、どちらか一方の性が教区門徒会の総会員数の三分の一を下回ってはならない。

2項、3項は現行のまま。

組制

第四章　組門徒会

第十八条　組内門徒会員は、組内の寺院又は教会に所属する成年門徒の中から、住職、教会主管者又は代務者が、門徒総会に諮り若しくは総代と協議してこれを選定する。ただし、どちらか一方の性が組門徒会の総会員数の三分の一を下回ってはならない。

2項は現行のまま。

今後に向けて

審議をしだすと実際には多くの問題があり、すべてを取り組むにはあまりにも時間が足りない。積み残したことを引き続き検討し、さらに答申が生かされるようにしたいと考えて、次のことを提案する。

A．宗務所においての**「女性問題委員会」を設置**し、今般検討が不十分な問題、継続審議となった問題の検討を行う。さらにこの答申が生かされるよう、各部・所に働きかける。また各部・所からの担当者を交えての調査や検討会を行い、連携を図る。なお、メンバーは議員、有識者、女性の住職、坊守、教師、寺族、門徒、青少年五部門、宗務役員らで構成し、その半数は女性とする。

B．**「女性参画推進条例」**について

さまざまな部所、部門において、女性参画が図れるようにするため、「女性参画推進条例」を作る。そして条例、施行条規、規則、細則などの見直しをして、変更する。その中に、次のようなことを盛り込む。

◇上記「女性問題委員会」「中央女性会議」並びに「教区女性会議」を条例に定める。同委員会を有効に活用するために、中央と地方に「女性会議」が創設できるようにする準備を進められたい。

◇「同朋会運動推進委員会」規定などにクオータ制を導入し、積極的に女性の委員を委嘱する。

◇修練スタッフにクオータ制を採用する。

◇修練スタッフ、宗務役員、宗議会議員、参議会議員の女性問題の研修を行う。

◇教区においても組長、議員、教務所員、教化委員、門徒会委員などに女性問題の研修会を義務づける。

◇青少年育成に携わる児童教化連盟、大谷保育協会、大谷スカウト連合協議会、合唱連盟、全国仏教青年同盟などの指導者に対しては、ジェンダーで大きな影響を与えるため、特に念入りな女性問題の研修を義務づける。

◇宗務役員の職務内容、採用条件、待遇について男女の別をなくする。日常の細部について

現にいくつかの問題がある。女性が不利な扱いを受けないよう、点検を義務づけ、総務部にオンブズ・パーソン制度を設ける。

C．年度別各教区別の有教師者数の資料を見ると女性の教師の数が多いのは教区に真宗学院を開いているところであるといえるのではないか。女性や他の職業につく寺族や門徒がもっと学び易いように、教区に真宗学院の設置、通信教育などの方途を用意する。

諮問事項Ⅲ　女性の教化組織について

はじめに

女性差別が、男女両性の本質的な能力差に基づくものではなく、それは歴史的・社会的に創り出されたものとの認識は、第一次・第二次世界大戦後の基本的人権に関する世界各国の主体的な取り組みを促す国際的な動向の中に確認され、それが差別克服のための具体的な運動となって、今日、具体化されつつあるといえましょう。

とりわけ、一九七五（昭和五〇）年の国際婦人年以降、各国の女性差別の情報とともに、一九七九（昭和五四）年の「女子に対するあらゆる形態の差別の撤廃に関する条約」の起点と、それをめぐる各国の動向の中での相互啓発の過程では、改めて女性差別の根の深さと共に、現代社会における女性差別の拡大と潜在化とに関する認識がようやく増大したといえましょう。

一方、私たちの宗門に目を移せば、宗憲や諸条例はことごとく男性僧侶中心であり、しかも、それに気づかない多くの男性によって宗門は運営されているのです。つまり、一般社会の女性差別克服の趨勢に反して、宗門は相変わらず差別的・閉鎖的慣習を温存したままであり、男性僧侶の差別意識は、今なお、差別克服を頑固に否定し続けているのです。

宗憲には「同朋社会の顕現」とうたわれていますが、同朋とは何なのか、その顕現とは何をなすことかを考えますと、まず宗門が開かれ、宗門内の不条理な女性差別を温存したまま「同朋社会の顕現」をうたっている宗門の自己矛盾を自ら明らかにし、その解決のために、まず女性自身が一人の聞法者としての自立を果たし、差別の問題を自己の課題として受け止めることが、今、もっとも必要なのです。と同時に、このことは女性のみならず、差別を肯定し、問題意識すら持たなかった多くの男性僧侶にも強く求められていることです。

この視点に立って女性の教化組織を考える時、新たな聞法学習のための組織づくりを始めるといった小手先だけの政策ではなく、法的にも制度的にも、全宗門挙げての総合的有機的な施策と取り組みが緊急に必要なのであります。

(1)　女性の宗門活動参画のために・組会における女性議席の確保

宗門における女性差別の克服と女性の宗門活動の本格的参画には、総合的多面的取り組みが緊要であることは前述の通りでありますが、隘路を一点突破させるために不可欠なのが、組織の最先端機関である組会での女性議席の確保であります。つまり、組会において男性と共に女性が議席を得ることにより、寺院及び組における宗教活動に女性の主体的参加と責任性を確立し、同時に教区会への参画の道を開き、教区における主体的活動を促し、やがては、宗門における女性の積極的活動参加と、正当なる女性の位置づけの実現を期そうとするものです。

即ち、各寺が男女（住職、坊守及び有教師）各一名ずつの組会への参加を果たすことによって、組長、副組長への女性の進出を可能とし、組における教化活動などの事業へ女性参加を実現させ、同時に男性と共に女性も組の運営に責任を持つという形態が、宗門の閉鎖的な環境と女性差別を克服するための第一歩であると思量するものです。やがてはこのことが、女性の直接なる宗政参加と宗門活動への本格的参画への道を拓くものです。

男女平等の組会への参加は、将来的には、門徒会員の参画をも可能ならしめるものと考えます。

（2）女性の教化組織として女性会議の創設

今回、女性教化について考えるとき、私たちのまわりには、女性を抑圧してきた歴史の痕跡や、そしていまも差別している実態が明らかになり、女性差別の問題を教学・組織構成の面で総点検する必要のあることが、いままでの審議をとおして明らかになってきました。

そこで問題をさらに深く検討する意味からも、また、女性自身が一人の聞法者として自立し、真に人間として解放されていくための女性教化の企画実働組織として、各教区に、教化委員会と同等の力を持った女性会議の設置を条例で義務づけるべきであります。

従来、教区の教化委員会に女性委員が少数存在するものの、その発言力は強いとはいえず、必ずしも女性全体の代弁者にはなり得ていないという事実もあります。このため、女性の意思を教区及び組の活動に反映できるように、教化委員会とは別の発言力を有する、全く新しい位置づけの組織としての「教区女性会議」の設置が望まれます。メンバーとしては、教区内寺院・門徒の女性代表者、男性を含む教区役職者、有識者、その他などが考えられます。

さらに、この「教区女性会議」が三〇教区で実働するようになり、各教区の代表者等による宗門の「中央女性会議」を設置し、宗門の抱える女性差別の諸問題を精査し、その克服のための有効な施策を提言することや、女性の宗門活動への参画の方途を提案できるようにすべきであります。「中央女性会議」は、設置が現実のものとなれば、次の部会を設け女性差別の諸問題に取り組む。

a．教学に関する部会

女性教化の問題を考える時、真宗大谷派の女性教化が、母として、妻として、坊守としての女性に要求した理想的女性の姿は、封建的家父長制を支える役割として、「女は内をつかさどるもの」、「女に学問は要らぬ」という考えと、「女は出しゃばるものではない」という気持ちが男性たちの心の底にある中で、女はかくあるべきだと男性僧侶によって教えられてきました。ですから、女性たちの役割とは、仏法を聴聞することに尽きていたのですが、たしかに聞法が大切な役割ですが、女性も一人の聞法者として自立し、宗門構成員として、責任を持つような積極的姿勢を生んでこなかった教学上の問題としては、女性教化の根本が、「三十五願」と「五障三従」と「女人不浄」を根底においての女性観を男性が説いてきたということであり、その考えを基に組織、宗門が運営されてきたということがあります。

女性教化、教学の歴史、内容の点検、研究、それらの発表及び広報、研修の実施、テキスト作成などを業務とする。そこには教学研究所、同和推進本部、出版部などの各部からの担当者も参加し、連携しながら行う。

b．出版物に関する部会

女性を対象にした出版物は、出版部の提出した資料によると、一九五七（昭和三二）年「女性成仏」教学研究所（編集）以来、一九六一（昭和三六）年の宗祖七〇〇回御遠忌までに、婦人シリーズとして「女性」「母」「家庭」「人のいのち」「虚栄心」が出され、その後「夫婦のこころ」「誕生この子への願い」が出版されているが、現在廃刊もしくは絶版になった出版物の中には、女性の生き方を固定化、婦徳（良妻賢母）の要請等の問題点もあり、一九九八（平成一〇）年の蓮如上人五百回御遠忌に向けて、過去の女性を対象にした出版物の点検と、あらためて女性を対象とした教化冊子が必要なのかを含めて、「教区女性会議」での取り組みやその他の部会で女性差別の諸問題と併せて取り組みが急がれます。

c．組織に関する部会

女性が各部門に参画できる道を開くと共に、教区組織、施策の見直し等の検討をする。

d．その他

等に分けられる。

しかし、いくら新しい組織が創設され、女性たちで組織が運営されても、女性教化の根本が変革されなければ同じ結果になることも考えられますので、「中央女性会議」と「教区女性会議」は連携して論議や意見の集約が諮られねばならないでしょう。

(3) 各寺の女性同朋会の設立に向けて

現在までの「婦人」教化組織の歴史（次頁年表参照）をみるとき、宗門における大きな法要に連動するかたちでの女性の組織化がありましたが、そうした歴史の中でどう女性が主体的に関わってきたのだろうか。そしてどういう役割を果たしてきたのか考えるとき、多くの問題がありますが、私たちの現実をふまえれば、身近な生活の場に女性自身の主体性を確立していく聞法の場として、一カ寺一カ寺に「女性同朋会」の設立が必要であります。

そのことによって教区、組に繋がっていくとともに「女性会議」を支えていく基盤となるでしょう。

〝婦人会の名称について〟

一九九六（平成八）年四月から、労働省婦人局が女性局に変わります。地方自治体ではすでに名称変更が進んでおり、都道府県と政令都市（合計五九）のうち東京都をはじめ、その三分の二近くが女性問題担当部局へ名称を変更しています。

婦人を女性に言い換えるのは、男性側に婦人と対になる語がない、年配の人や既婚者のイメージが強い、さらには婦人の「婦」が女篇に帚からなっていることから、女性を家事役割にとどめようとするかのごときイメージが強いとの理由からです。

宗門の婦人会の呼称をどうするのか、ことばだけをいじっても意味がない、問題は実質だと考える意見もありますが、ことばが意識を変えることもありますので、「男性」の対語としては「女性」が適当であると考えます。

結　び

諮問された事項について一年半にわたって討議を重ねて来た。女性の解放は、同時に男性の解放となることが私たちの願いであって、宗門内においての女性の、坊守の、単なる権利獲得や、地位向上、男並みになることを願ったものではないと明言する。女性の差別状況の是正は、宗門のあらゆる人々の差別の状況の撤廃と同時でありたいと願う所から、多くの問題が対象となった。名実ともに開かれた寺院、教会、宗門となって、教えが私たちの生活を根底から問いただし、地域、時代社会を照らす姿を取り戻したいといよいよ深く願う大事な機縁をいただいたことを感謝したい。

※審議会答申を広く公表して、宗門内の周知を図り、もって女性問題意識の喚起を促すことを要望します。

（『真宗』一九九六〈平成八〉年五月号）

女性室開設に関する報道記事〔『京都新聞』一九九六（平成八）年一二月一三日付〕

第3種郵便物認可

真宗大谷派「女性室」開設

住職夫人の研修充実

「これから正念場」

啓発パンフも

真宗大谷派（本山・東本願寺）は十二日、京都市下京区の本山内に女性対策専門の組織「女性室」を開設した。大規模な伝統仏教教団が、こうした部署を設けるのは珍しく、浄土真宗本願寺派や天台宗、曹洞宗、などでつくる全日本仏教会（事務局・東京）は「人権問題の一環として女性問題に取り組む宗派は多いが、女性問題を専門的に扱う部署を特別に設ける動きは、真宗大谷派のほかは知らない」と、今後の活動に期待を寄せている。

同派は今年六月の宗議会で、女性の宗門活動活性化のため宗務所の組織部内に女性室を設けることを決め、検討を重ねてきた。この日午後、大玄関近くの一室で行われた開室式では、能邨英士宗務総長と女性職員らが部屋の入り口に「女性室」の看板を掲げた。

女性室は、事務職員二人と見義悦子さん(四九)＝富山市・正覚寺住職夫人＝ら非常勤の企画スタッフ八人（女性五人、男性三人）の計十人。当面は住職夫人への研修内容を充実するほか、女性尊重の啓発パンフレットを作る予定。

スタッフらはこの日、早速、初の会議を開き、女性広報誌の創刊や住職夫人の研修内容などについて意見を交換した。見義さんは「女性の声を出す場が宗派内になかったが、十年前から女性問題の重要性を訴え始め、ようやくここまできた。これからの一歩が正念場」と気を引き締めていた。能邨宗務総長は「時代の苦悩を受け止めている人々と手を携え、宗務の機構の枠を超えて幅広い活躍を期待している」と話していた。

女性室の看板を掲げ、早速活動を始めた真宗大谷派の女性室のスタッフら（京都市下京区・東本願寺）

男女平等の実質を

源淳子・光華女子短大非常勤講師（女性学）**の話**

伝統仏教教団で初の女性室開室は喜ばしいが、仏教界は教養や儀礼など根本的なシステムの上で、本質的に男女平等になっていない。世の中の流れを形の上で追うだけでなく、男女共同参画の実質が伴うものであってほしい。

資料113

女性室開設に向けた能邨英士宗務総長の言葉
〔女性室広報誌創刊準備号　一九九七（平成九）年〕

宗務総長あいさつ

はじめに

一九九四年（平成六）九月二日、宗務審議会「女性の宗門活動に関する委員会」が設置され、女性の皆さんが中心となって、宗門でどのように活躍していけるのかという観点からの、具体的には女性が男性同様、機会均等に住職になれる道、多くの研修会や教化活動が宗門においてなされますが、そこに積極的に参加いただくことを、どのように考えていくか、さらには、女性の教化組織をどう考えていくかなど、いろいろな面から本当に大変なご苦労をおかけし、ご審議いただきました。

そして答申をいただき、一九九六年（平成八）六月の宗会（常会）において女性室設置の予算も整い、新年度からの女性室設置の準備が整ったことであります。今日、こうして女性室が誕生したことは、志を高く掲げて、今日までご尽力くださった、特に女性の皆さんのお力の賜ものであろうと思います。

人間性の喪失

真宗同朋会運動が発足した頃、日本は高度経済成長の道を歩み、それこそ経済至上主義といいますか、そういうなかで「人間性の喪失」とか「人間性の回復」こういうことがしきりに言われました。その人間性の喪失ということが、まさに今日の時代社会の中でいろいろな形で現われています。そういうことを心から心配せずにはおられません。「家庭の崩壊」というようなことをはじめ、「いじめ問題」、「教育現場の荒廃」などを思いますとまことに心痛むものがあります。

宗門に女性室ができたということは、宗門において女性の皆さんが、本来の使命を果たすためにより積極的に活動していただく、そのことは非常に大事なことだと思います。そのような女性の皆さんの熱い思いを感じとっております。その意味から、本当にこれからのご活躍を期待しております。

女性室への期待

女性室は単に真宗大谷派宗門内の枠の中にとどまるのではなく、さまざまなところで時代の苦悩を背負って生きておられる皆さんとどう手を携え、心を合わせて、人間喪失の危機を克服していくことができるのかを思いますとき、その使命は誠に重大であります。この女性室はささやかかも知れません。しかし、今はささやかであっても必ず将来に向けて、これが大きな広がりとなっていくことを深く確信しています。

また、私ども内局としましては、女性が宗門の運営や宗門の活動に充分参画いただく場所をまず教区の次の段階すなわち組に関する制度や運営方法について徹底的に一度見直してみたいと思っています。そしてそのことから宗務執行の新たな施策が展開されることを願っています。

そういう私どもの思いとは別に、女性室では宗務行政機構という枠を越えてもっと幅広いご活躍をお願いしたいと思います。

（一九九六．一二．一二）

（リーフレット　女性室広報誌創刊準備号「女性室って？」一九九七〈平成九〉年三月三一日）

資料114 女性室主催「女性会議」一覧（一九九八（平成一〇）〜二〇一八（平成三〇）年度）

年度	回	会 場	テーマ		発題・講師（講師肩書きは講義当時のもの）
1998	1	研修道場	両性で形づくる教団に向けて —坊守制度から問われること—	提言 発題	提言：「初めて教団の課題となった女性問題」 見義悦子 発題Ⅰ：「真宗大谷派における女性教化の歴史」 山内小夜子 発題Ⅱ：「寺に生きる一人として」 藤内明子
1998	2	大谷婦人会館	坊守制度から問われること 「“家”制度と女性」	講師	伊藤公雄（大阪大学人間科学部教授）
1999	3	研修道場	男女両性で形づくる教団に向けて 「男女」「共同」「参画」とは？	講師	松村尚子（大谷大学教授）
				発題	①本間義悦 ②加賀田晴美 ③龍頭千鶴子
2000	4	同上	男女両性で形づくる教団に向けて 《続》「男女」「共同」「参画」とは？	講師	三隅佳子 （北九州市立女性センター“ムーヴ”所長）
2000	5	大谷婦人会館	男女両性で形づくる教団に向けて 「東京都男女平等参画条例」に聞く	講師	樋口恵子（東京家政大学教授）
2004	6	宗務所	男女両性で形づくる教団に向けて	発題	①坊守の位置付けについて：見義悦子 ②選挙制度について：藤場芳子 ③教学・教化について：松本良平
2005	7	研修道場	真宗と人権 近代真宗大谷派における女性の位置と役割	講師	山内小夜子（教学研究所研究員）
2006	8	宗務所	真宗と人権 近代真宗の女性教化論 —『家庭』にみる「女性救済」—	講師	福島栄寿（札幌大谷大学准教授）
				分科会	①女性の視点でお聖教を読む ②ジェンダーを考える〜かるた作りを通して〜 ③自由と服従〜雑誌「家庭」を読む ④“寺”を考える〜同朋会運動を通して〜
2007	9	研修道場	真宗と人権 （同朋会運動を通して寺を考える）	講師	菱木政晴（同朋大学特別任用教授）
				分科会	①同朋会運動を通して寺を考える ②教学教化を考える ③ジェンダーを考える〜かるた作りを通して〜
2008	10	同上	真宗と人権 —女性教化と五障三従—	講師	加来知之（日豊教区淨邦寺衆徒、元教学研究所所員）
2009	11	同上	真宗と人権 —『御文』について・女性差別の視点から—	講師	蓑輪秀邦（教学研究所長）
2011	12	同上	真宗と人権 —なにが受け継がれてきたのか、なにを受け継いでいくのか—	分科会	①なにが受け継がれてきたのか、なにを受け継いでいくのか ②性を語ろう
2012	13	同上	真宗と人権〜一人《いちにん》に立つ・与謝野晶子と平塚らいてうの論争から〜	講師	園田久子（福岡県人権研究所理事・九州大谷短期大学非常勤講師等）
2013	14	同上	一人《いちにん》に立つ 〜この不安な時代に言葉を紡ぐ〜	講師	源 淳子（関西大学非常勤講師）
2014	15	同上	一人《いちにん》に立つ〜現代《いま》を生きる女たち〜	講師	大橋由香子（フリーライター・編集者。母子保健研修センター助産師学校・埼玉女子短期大学・フェリス女学院大学で非常勤講師をつとめる）
2015	16	同朋会館	一人《いちにん》に立つ〜戦争とジェンダー〜	講師	平井和子（一橋大学社会学研究科特任講師）
2016	17	研修道場	一人《いちにん》に立つ〜中世を生きた女たち〜	講師	西口順子（相愛大学名誉教授）
2017	18	同上	一人《いちにん》に立つ〜聖教に見る性差別を考える〜	講師	平 雅行（大阪大学名誉教授・京都学園大学特任教授）
2018	19	同上	一人《いちにん》に立つ 〜近代教学の女性観〜	講師	福島栄寿（大谷大学教授）

資料115

女性室公開講座テーマ・講師一覧〔一九九七（平成九）～二〇一八（平成三〇）年度〕

年度	会場		テーマ	講師（肩書きは公開講座当時のもの）
1997	第１回	大谷婦人会館	“男たちはどこにいる”	伊藤公雄 （大阪大学人間科学部教授）
	第２回	同上	“女たちはどこにいる”	藤枝澪子 （京都精華大学人文学部教授）
	第３回	同上	“男らしさからの解放”	伊藤公雄 （大阪大学人間科学部教授）
	第４回	同上	“女らしさからの解放”	藤枝澪子 （京都精華大学人文学部教授）
	第５回	同上	シンポジウム “ふたたび女であることへ　ふたたび男であることへ”	伊藤公雄 （大阪大学人間科学部教授） 藤枝澪子 （京都精華大学人文学部教授）
1998	第１回	真宗本廟 視聴覚ホール	“あたり前”ってほんとにあたり前？ 女性史をとおして考える ―愛の姿と家族のかたち―	もろさわ ようこ（女性史研究家）
	第２回	大谷婦人会館	“あたり前”ってほんとにあたり前？ 「家」の近代 ―ジェンダーの視点から―	井桁　碧（筑波大学助教授）
	第３回	同上	“あたり前”ってほんとにあたり前？ 男と女の現在（いま） ―男のあたり前？―	中村　彰 （メンズセンター運営委員会座長）
	第４回	同上	“あたり前”ってほんとにあたり前？ 法律の中の男と女	角田由紀子（弁護士）
	第５回	同上	“あたり前”ってほんとにあたり前？ 介護と女性	ホルム麻植佳子（関西電力付属病院高等看護学院講師）
1999	第１回	同上	女たちの　れ・き・し 古代の女たち―古代の結婚と女性―	京楽真帆子（茨城大学助教授）
	第２回	同上	女たちの　れ・き・し 中世の女たち―家とジェンダー―	脇田晴子（滋賀県立大学教授）
	第３回	同上	女たちの　れ・き・し 近世の女たち ―女子の所業を嫌った女―	関　民子（近世女性史研究会）
	第４回	同上	女たちの　れ・き・し 近代の女たち ―女性像の形成とジェンダー―	長 志珠絵（神戸市外国語大学助教授）
	第５回	同上	女たちの　れ・き・し 現代の女たち ―男女共同参画社会を求めて 　戦後女性の歩み―	加納実紀代（女性史研究家）
2000	第１回	同上	女たちの現代（いま） 主婦ってなに…	加納実紀代（女性史研究家）
	第２回	同上	女たちの現代（いま） 共同参画をめぐって	加納実紀代（女性史研究家）
	第３回	同上	女たちの現代（いま） 社会のしくみと私	加納実紀代（女性史研究家）
	仙台	東北別院	女《ひと》・男《ひと》・人間《ひと》 ―“らしさ”からの解放―	伊藤公雄 （大阪大学人間科学部教授）
	久留米	久留米教務所	男であること 女であること ―何を得 何を失ってきたのだろう―	園田久子（福岡市立箱崎中学校教諭・九州産業大学非常勤講師） 宮城 顗（九州大谷短期大学教授）

年度	会　場		テーマ	講師(肩書きは公開講座当時のもの)
2001	第１回	真宗本廟 視聴覚ホール	私たちのこれから 永田萠さん講演会＆『世界中のひまわり姫へ』	永田萠（イラストレーター） 朗読 栗原景子・ピアノ演奏 藤崎由紀子
	第２回	大谷婦人会館	私たちのこれから いのち・あいあう	森崎和江（作家） 宗　正元（日豊教区阿弥陀寺住職）
	富山	富山別院	女たち　男たちの「私」さがし	伊藤公雄 （大阪大学人間科学部教授）
2002	第１回	大谷婦人会館	男たちの現代《いま》 男と暴力	味沢道明（メンズサポートルームコミュニケーショントレーナー）
	第２回	同上	男たちの現代《いま》 男らしさはどう作られてきたか	水野阿修羅 （メンズリブ研究会メンバー）
	第３回	同上	男たちの現代《いま》 女とは何か　男とはなにか。 性の常識をリセットする	蔦森　樹（作家）
	奥羽	奥羽教務所	女も男もここがへん	藤枝澪子（元京都精華大学教授）
	四国	高松市美術館	「らしく」って　何なん？ ―ほんとうのあなたと出遇うために―	味沢道明（メンズサポートルームコミュニケーショントレーナー）
2003	第１回	大谷婦人会館	しくみの中の男たち　女たち 愛のかたちからみた　男らしさ　女らしさ	大束貢生（仏教大学社会学部専任講師　メンズセンター副委員長）
	第２回	同上	しくみの中の男たち　女たち 国家とジェンダー～日常の中の「らしさ」はどのように国家と結びついているのか～	山下英愛（立命館大学講師）
	第３回	同上	しくみの中の男たち　女たち ステキにパートナーシップ	村瀬敦子（桐朋学園芸術短期大学講師）
	金沢	金沢東別院 真宗会館ホール	あなたのあたりまえ、わたしのあたりまえ	汐見稔幸（東京大学大学院教育学研究科教授・同教育学部付属中等教育学校校長）
	名古屋	名古屋教務所	“だカラ”ってなに？　男だカラ女だカラ　住職だカラ　坊守だカラ	伊藤公雄（大阪大学大学院人間科学研究科教授）
2004	高山	高山別院 御坊会館	「男らしさ、女らしさから、自分らしさへ」 ―自分が、そして大切な人が、もっと生きやすくなるために―	伊藤公雄（京都大学大学院文学研究科教授）
2005	三条	三条教務所	「人と人とのつながりの中から」 ―男と女のあたりまえを考える―	太田清史（京都光華女子大学教授）
	山陽	姫路船場別院本堂	「らしさ」って何だろう ―男と女の関係を問い直す―	伊藤 公雄（京都大学大学院文学研究科教授）
2006	高田	高田別院	男《ひと》と女《ひと》とのつながりの中から ―恵信尼と親鸞の生き方に学ぶ―	梶原敬一（教学研究所嘱託研究員・国立姫路病院小児科医師）
	福井	福井東別院	本当の男女共生とは ―思い込みからの解放―	味沢道明 （日本家族再生センター所長）
2007	日豊	四日市別院	私たちのきせき　近世にタイムトラベル　―本当の生き方を見失わないために―	山内小夜子（教学研究所研究員）
	山形	山形教務所	みとめあい　わかちあい　そだちあう　女《ひと》と男《ひと》 ―『女・男』そして『家族』―	天野正子（お茶の水女子大学名誉教授・前東京女学館大学学長）
2008	小松	小松教務所	あなたと私は違うんや！？　―向き合い　聞き合い　始まる関係―	辛　淑玉（株式会社香科舎代表）

年度	会　場		テーマ	講師（肩書きは公開講座当時のもの）
2008	鹿児島	鹿児島別院	ともに語りあえる関係を願って—ほんとうに願っている？—	園田久子（福岡県人権研究所理事・九州大谷短期大学非常勤講師等）
2009	長浜	長浜別院 大通寺本堂	私は縛られる人？　縛る人？ ～共に解放される道を求めて～	酒井義一（東京教区存明寺住職）
2010	（本山）	総会所	～なにが受け継がれてきたのか、なにを受け継いでいくのか～	梶原敬一（教学研究所嘱託研究員・姫路医療センター小児科医師） （シンポジウム）梶原敬一、尾畑潤子（三重教区員弁組泉稱寺衆徒）、平田玲子（奥羽教区秋田県中央組淨圓寺住職）
2011	大垣	大垣教区 同朋会館講堂	女性史に学ぶ～性愛の歴史をつむいで～	園田久子（福岡県人権研究所理事・九州大谷短期大学非常勤講師等）
2011	大阪	大阪教区 教化センター	アニメがうつしだす女像《おんな》・男像《おとこ》	村瀬ひろみ（山口大学非常勤講師）
2012	能登	能登教務所	女の問い、男の問い、私の問い	伊藤公雄（京都大学教授）
2012	京都	大谷婦人会館	悲しみを共に生きる	井上摩耶子（ウィメンズカウンセリング京都代表／NPO 日本フェミニストカウンセリング学会理事）
2013	三重	くわなメディアライヴ 1階 多目的ホール	あたりまえが　あたりまえなのかな？ ～私にとってのジェンダー問題～	船橋邦子（北京 JAC〈世界女性会議ロビイングネットワーク〉代表）
2014	岡崎	岡崎教区会館 2階大ホール	私の「役割」って何だろう？—日々、生きづらさを感じていませんか？—	安冨歩 （東京大学東洋文化研究所教授）
2014	熊本	東本願寺 熊本会館	今のままで何が悪い—あたりまえを問う—	園田久子（福岡県人権研究所理事・九州大谷短期大学非常勤講師等）
2015	長崎	東本願寺 長崎教会本堂	日常の“あたりまえ”や“らしさ”を考えてみよう—自然法爾（“あるがまま”）の人間観—	梶原敬一 （姫路医療センター小児科医長・真宗大谷派僧侶）
2016	岐阜	岐阜別院本堂	「男だから」「女だから」と決めつけていませんか—男も女もいるから成り立つ世界—	石蔵文信 （医学博士　大阪大学人間科学研究科未来共創センター招へい教授　イシクラメディカル代表）
2017	（本山）	しんらん交流館	分断と沈黙を超えて—沖縄と女性—	三上智恵（ジャーナリスト・映画監督）
2018	大聖寺	山代温泉 「瑠璃光」	「浄土を願う」～御文・御消息から問われる私～	菱木政晴（元同朋大学特別任用教授）

女性室公開講座開催を伝える新聞記事

男女の多様な生き方探る

「お東」が公開講座

29日から大谷会館

昨年十一月に正式スタートした真宗大谷派（本山・東本願寺、京都市下京区）の女性室が二十九日から、対外活動の第一弾の公開男女講座「女たちと男たちの寄り合い談議」を、下京区花屋町通烏丸西入ルの大谷会館で始める。

講座は、来年三月末までの五回で、いずれも午後六時半から二時間。女性問題に詳しい藤枝澪子・京都精華大教授と、男性解放運動などにも詳しい伊藤公雄・大阪大教授が講師を務める。

「男らしさ」や「女らしさ」といった固定観念を脱ぎ捨て、男女の多様なあり方を考えるのが目的。各回のテーマは▽男（女）たちはどこにいる▽男（女）らしさからの解放▽シンポジウム「ふたたび女であることへ　ふたたび男であることへ」。

男女の問題を直接宗教と結びつけることはせず、男女の伸びやかな生き方を阻害する要因を指摘する。

同派は一昨年、宗派機関で女性に対する基本的な方針や施策を答申、昨年六月の定期宗会で女性室の設置を決めた。開設以来、スタッフたちが、女性問題を扱う機関紙の編集作業などを進めている。

女性室は「男女の固定意識を変えるのは難しいことだが、両性が参加することがまず出発点。宗教宗派の壁を超えて、たくさんの人に来てほしい。男性にもぜひ聞いてもらいたい」と話している。聴講無料、保育室あり。問い合わせは同室☎075（371）9181へ。

〔『京都新聞』一九九七（平成九）年八月二〇日付〕

広報誌『あいあう』・『メンズあいあう』主要記事一覧

◆あいあう

号	特集記事・寄稿	記事	発行年月
創刊準備号			
創刊号	寺院教会条例施行に関する臨時措置条例をめぐって	新旧規則対照表、公開講座案内…女たちと男たちの寄り合い談義…	1997.8
2	〈特集〉私にとって坊守とは　ーそこから問われるものー	両性で形づくる教団に向かってー坊守制度を問う視点と願い—、坊守制度の論議のゆくえ	1998.3
3	〈特集〉第1回女性会議レポート、提言 初めて教団の課題となった女性問題、発題1　女性教化の歴史、発題2　寺に生きる一人として	全体討議・寺院教会条例説明・参加者の声	1998.11
4	〈特集〉座談会　坊守制度ー課題と展望—	第2回女性会議ー「“家”制度と女性」—	1999.5
5	〈特集〉男女両性による同朋教団の創造ー坊守制度中間総括ー		1999.9
6	〈特集〉男女共同参画社会基本法に学ぶ、〈資料〉基本法抜粋・年表	第3回女性会議開催要項、男女共同参画にむけて今後の課題	2000.1
7	〈特集〉第3回女性会議 報告	アジア女性会議レポート	2000.6
8	〈特集〉第4回女性会議 報告	坊守問題のゆくえ ～「寺院教会条例」一部改正～	2000.11
9	〈特集〉インタビュー「わかりあうために」 —仙台教区女性小委員会の取り組みー		2001.4
10	〈特集〉第5回女性会議　報告		2001.7
11	〈寄稿〉解放のこころ　岡部伊都子	〈座談会〉男女両性で形づくる教団にむけて —本廟奉仕・教師修練の現場から(上)—	2002.3
12	〈インタビュー〉沖縄の女たち　由井晶子 —女性の人権と平和運動—	〈座談会〉男女両性で形づくる教団にむけて —本廟奉仕・教師修練の現場から(下)—	2002.7
13	〈寄稿〉はろばろと…　園田久子	〈座談会〉男女両性で形づくる教団をめざして —教区の現場から—	2002.12
14	〈寄稿〉Women in Black 加納実紀代	〈課題〉セクシュアルハラスメントについて、宗祖親鸞聖人750回御遠忌に向けた課題	2003.6
15	〈寄稿〉男女平等を拒む教科書の中の「女性差別」吉岡数子	〈課題〉男女両性で形づくる教団をめざして　—基本理念の作成のために—、〈インタビュー〉田口タズ子　矢幡登志子	2003.11
16	〈寄稿〉出会い分かち合い、向き合う　馬島浄圭	〈焦点〉宗議会議員の被選挙資格拡大について考える	2004.12
17	〈特集〉「男女両性で形づくる教団」から問われること —男女平等参画の願い—		2005.6
18	〈寄稿〉女性の目で聖書を読む　金纓	〈お知らせ〉女性と仏教東海ネットワーク	2005.11
19	〈寄稿〉「女人禁制」から見える現代の課題　　源淳子	〈特集〉被差別部落の中の性差別	2006.12
20	〈特集〉セクシュアルハラスメント防止に向けて　井上摩耶子	〈特集〉セクシュアルハラスメント防止ガイドライン	2008.1
21	〈特集〉制度の中の男と女～「配偶者」ってなに？～ 舟橋邦子、康由美、高橋晃俊、望月慶子、須貝秀峰		2009.3
22	〈寄稿〉女と男は助け合うから美しい　田中美津	〈特集〉五障三従を問う～なにが受け継がれてきたのか、なにを受け継いでいくのか～	2009.12
23	〈報告〉女性室公開講座　～なにが受け継がれてきたのか、なにを受け継いでいくのか～	一杯のコーヒーから　～カフェあいあうで出あったこと～	2011.12
24	〈寄稿〉命が危機にさらされる時代に　鎌仲ひとみ	〈特集〉戸籍制度と人権問題　二宮周平	2013.3
25	〈寄稿〉これ以上、つめこまないで　大橋由香子	〈特集〉男女両性で形づくる教団をめざして —男女平等参画の願い—	2014.4
26	〈寄稿〉「多様な性」を認め合える社会へ　遠藤まめた	〈レポ〉DV シェルター訪問	2015.4
27	〈寄稿〉選択的夫婦別姓の実現へ～最高裁大法廷の判決を聴いて～　塚本協子、〈コラム〉「塚本協子さんとお会いして」「名のり 夫婦別姓とは」	〈特集〉ジェンダーについて考えよう	2016.4
28	〈特集〉あいさん・あうさんのアイアウすごろく 〈特集〉住職・坊守に関する規則の変遷	〈特集〉知っていますか？ この言葉、〈レポ〉大谷専修学院学習会活動『ジェンダーかるた』の紹介	2017.6
29	〈特集〉カノジョたちの物語〈ストーリー〉	〈レポ〉介護する息子たち　平山亮	2018.6

◆メンズあいあう

号	特集記事・寄稿	記事	
1	〈特集〉なぜ今メンズあいあうなのか　本田祐徹×巨津善祐	〈特集〉私と孫の男女共同参画　中村彰、〈特集〉疑謗を縁として—「変成男子」について考えてみませんか？—	2006.6
2	〈寄稿〉『観経』にみる女のすくい男のすくい　立野義正	〈特集〉男と女のハーモニー　近藤龍磨×河野教明　対談	2007.6
3	〈寄稿〉人間を人間と見ること難し　真城義麿	〈インタビュー〉男の更年期　石蔵文信、〈寄稿〉伝統と苦情～なまはげ事件の教訓　金子雅臣	2008.9
4	〈寄稿〉奇人・変人の受け入れられる街　釜ヶ崎を『特区』として残したい　水野阿修羅	〈探訪レポ〉おやじの会 ～男たちのつながりを地域に～、〈寄稿〉母の介護と男であること　林弘幹	2009.6
5	〈寄稿〉他宗からみた真宗教団 —女性たちの対話から—　川橋範子	〈特集〉ぼくも子どもを産みました!?　～オトコとお産。オトコのお産～　平井和子・土屋慶史、〈報告〉女性住職の集い	2010.6
6	〈寄稿〉変わりゆく寺、変われない寺　鈴木量応		2012.7
7	〈寄稿〉「日本国憲法」を知ること　野村まり子		2013.9
8	〈インタビュー〉パワーハラスメントとは？　金子雅臣		2014.10
9	〈寄稿〉差別を超え、創造性の海へ　安冨　歩		2015.10

◆女《ひと》と男《ひと》のあいあうカルタことば集（宗祖親鸞聖人七百五十回御遠忌記念号）2011.3（第1版発行）、2018.3（第2版発行）

資料118

「真宗大谷派におけるセクシュアルハラスメント防止のためのガイドライン」

〔二〇〇七（平成一九）年〕

真宗大谷派におけるセクシュアルハラスメント防止のためのガイドライン（二〇〇七年内達第十一号）

真宗大谷派におけるセクシュアルハラスメント防止に向け、宗派に所属する僧侶、門徒が性別に関わりなく「一人」としての尊厳を認め合う関係を構築できるよう、広く周知するため、別紙のとおり「真宗大谷派におけるセクシュアルハラスメント防止のためのガイドライン」を定める。

1　目的

このガイドラインは、真宗大谷派に所属する僧侶、門徒が性別に関わりなく「一人」としての尊厳を認め合う関係を構築し、もって宗派におけるセクシュアルハラスメントの防止に資することを目的とします。

2　真宗大谷派のセクシュアルハラスメント防止に関する基本姿勢

（1）宗祖親鸞聖人の立教開宗の精神にのっとり、全ての男女が性別に関わりなく、一人ひとりが同朋社会の実現に努めます。

（2）人権を侵害する行為であるセクシュアルハラスメントの防止に努めるとともに、お互いの尊厳を認め合う関係の回復に向け、被害者の保護と加害者が再びセクシュアルハラスメントを行うことがないよう、その再発防止に取り組みます。

3　真宗大谷派におけるセクシュアルハラスメントの定義

（1）宗派における「セクシュアルハラスメント」とは、教化、聞法、研修、就労等の活動（以下「教化活動」と表記します。）における関係を利用して相手を不快にさせる「性的な関心や欲求に基づく言動」（以下「性的な言動」と表記します。）であり、それは場所（寺院、教会、別院、宗務所及び教務所等）や時間を問いません。

また、「性的な言動」により結果的に教化活動における環境を害すること、あるいは、「性的な言動」に対する相手の対応によって、「性的な言動」を行った者が相手に対し、利益または不利益を与えることをいいます。

なお、セクシュアルハラスメントに該当するかどうかは、基本的には言動の受け手がそれを不快に感じるかどうかによって決まります。

また、「性的な言動」とは、性別によって役割を分担すべきとの意識に基づく言動も含まれます。

（2）セクシュアルハラスメントは、主として男性から女性に対して行われることが多いのですが、女性から男性に対して、あるいは同性間で行われることもあります。

また、一定の権限をもつ者からもたない者に対して行われることが多いのですが、もたない者からもつ者に対して行われることもあります。

（略）

（宗派ホームページ　解放運動推進本部内）

資料119

第一六回女性会議で提出された要望書
〔二〇一六（平成二八）年五月二〇日〕

第一六回女性会議で提出された要望書

解放運動推進本部長　木越　渉　様

要望書

第16回女性会議における貴殿の開会式本部長挨拶のなかで、『仏説観無量寿経』の「是栴陀羅」について、それを読まれると痛みを感じているという部落解放同盟広島県連の小森龍邦氏の提起を受けて「部落差別問題等に関する教学委員会」が開催され、近々報告書が提出されるということをお聞きしました。

つきましては、回を重ねる女性会議において、『御文』で読まれる「五障三従」や「女人」の文言について私たちは痛みを感じていることを常に提起してきました。その痛みの重さは同じです。是非、この問題について信仰の課題として取り組む委員会を、早急に立ち上げてくださることを切望いたします。なお、委員会の構成に半数の女性を選出いただくことを申し添えます。

二〇一六年五月二〇日

第16回女性会議　参加者一同

補資料

真宗大谷派の女性参画の現状（男女比）

〔二〇一八（平成三〇）年六月三〇日現在〕

住職・教会主管者

1999年	合計7,776人	男性99.6%（7,747人）	女性0.4%（29人）
2003年	合計7,767人	男性99.3%（7,711人）	女性0.7%（56人）
2014年	合計7,600人	男性98.3%（7,468人）	女性1.7%（132人）
2018年	合計7,504人	男性97.6%（7,326人）	女性2.4%（178人）

代務者

1999年	合計659人	男性87.6%（577人）	女性12.4%（82人）
2003年	合計646人	男性88.9%（574人）	女性11.1%（72人）
2014年	合計687人	男性86.3%（593人）	女性13.7%（94人）
2018年	合計734人	男性89.1%（654人）	女性10.9%（80人）

教師

1999年	合計17,064人	男性88.1%（15,037人）	女性11.9%（2,027人）
2003年	合計17,235人	男性87.1%（15,004人）	女性12.9%（2,231人）
2014年	合計17,491人	男性85.0%（14,861人）	女性15.0%（2,630人）
2018年	合計17,287人	男性84.3%（14,567人）	女性15.7%（2,720人）

僧侶

1999年	合計32,357人	男性70.8%（22,907人）	女性29.2%（9,450人）
2003年	合計32,625人	男性69.0%（22,515人）	女性31.0%（10,110人）
2014年	合計32,789人	男性66.2%（21,706人）	女性33.8%（11,083人）
2018年	合計32,403人	男性65.4%（21,203人）	女性34.6%（11,200人）

教区教化委員

1999年	合計1,059人	男性86.0%（911人）	女性14.0%（148人）
2003年	合計1,012人	男性84.8%（858人）	女性15.2%（154人）
2011年	合計1,077人	男性81.7%（880人）	女性18.3%（197人）
2017年	合計1,117人	男性80.7%（901人）	女性19.3%（216人）

同朋会館教導

2000年	合計154人	男性96.8％（149人）	女性3.2％（5人）
2003年	合計158人	男性94.9％（150人）	女性5.1％（8人）
2014年	合計155人	男性93.5％（145人）	女性6.5％（10人）
2017年	合計160人	男性93.7％（150人）	女性6.3％（10人）

同朋会館補導

2000年	合計118人	男性93.2％（110人）	女性6.8％（8人）
2003年	合計144人	男性91.0％（131人）	女性9.0％（13人）
2014年	合計195人	男性84.6％（165人）	女性15.4％（30人）
2017年	合計185人	男性87.6％（162人）	女性12.4％（23人）

同朋の会教導

1999年	合計321人	男性99.4％（319人）	女性0.6％（2人）
2003年	合計300人	男性99.9％（297人）	女性1.0％（3人）
2010年	合計402人	男性98.0％（394人）	女性2.0％（8人）
2017年	合計446人	男性98.0％（437人）	女性2.0％（9人）

真宗本廟教化教導

1999年	合計96人	男性94.8％（91人）	女性5.2％（5人）
2003年	合計87人	男性96.6％（84人）	女性3.4％（3人）
2013年	合計98人	男性94.9％（93人）	女性5.1％（5人）
2017年	合計98人	男性92.9％（91人）	女性7.1％（7人）

宗議会議員

1999年	合計65人	男性100％（65人）	女性0％（0人）
2003年	合計65人	男性100％（65人）	女性0％（0人）
2013年	合計65人	男性93.8％（61人）	女性6.2％（4人）
2017年	合計65人	男性95.4％（62人）	女性4.6％（3人）

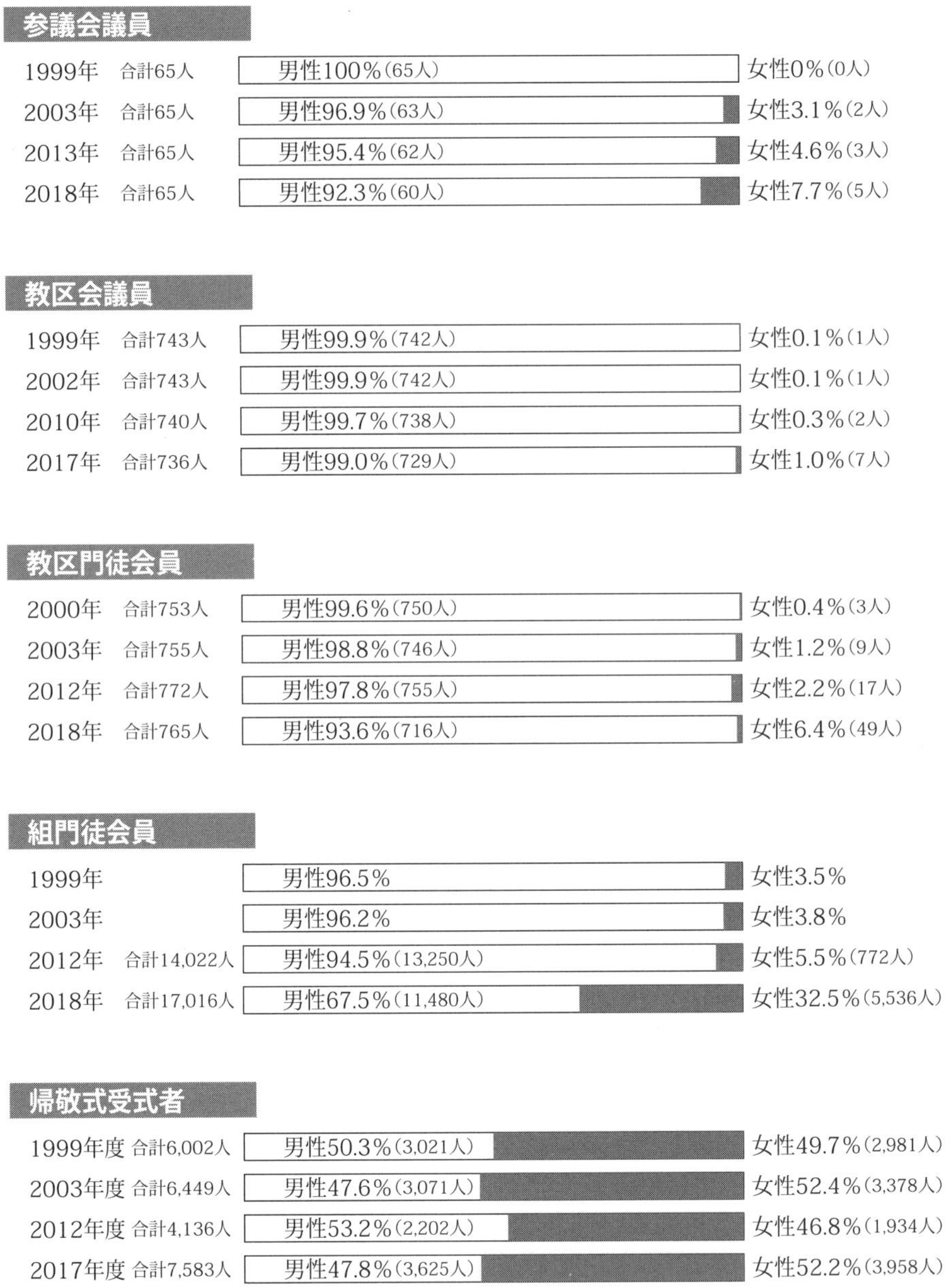
参議会議員
1999年 合計65人 男性100%(65人) 女性0%(0人)
2003年 合計65人 男性96.9%(63人) 女性3.1%(2人)
2013年 合計65人 男性95.4%(62人) 女性4.6%(3人)
2018年 合計65人 男性92.3%(60人) 女性7.7%(5人)
教区会議員
1999年 合計743人 男性99.9%(742人) 女性0.1%(1人)
2002年 合計743人 男性99.9%(742人) 女性0.1%(1人)
2010年 合計740人 男性99.7%(738人) 女性0.3%(2人)
2017年 合計736人 男性99.0%(729人) 女性1.0%(7人)
教区門徒会員
2000年 合計753人 男性99.6%(750人) 女性0.4%(3人)
2003年 合計755人 男性98.8%(746人) 女性1.2%(9人)
2012年 合計772人 男性97.8%(755人) 女性2.2%(17人)
2018年 合計765人 男性93.6%(716人) 女性6.4%(49人)
組門徒会員
1999年 男性96.5% 女性3.5%
2003年 男性96.2% 女性3.8%
2012年 合計14,022人 男性94.5%(13,250人) 女性5.5%(772人)
2018年 合計17,016人 男性67.5%(11,480人) 女性32.5%(5,536人)
帰敬式受式者
1999年度 合計6,002人 男性50.3%(3,021人) 女性49.7%(2,981人)
2003年度 合計6,449人 男性47.6%(3,071人) 女性52.4%(3,378人)
2012年度 合計4,136人 男性53.2%(2,202人) 女性46.8%(1,934人)
2017年度 合計7,583人 男性47.8%(3,625人) 女性52.2%(3,958人)

近現代女性史略年表

年代	大谷派女性関連事項	大谷派関連事項	関連事項
一八五一（嘉永4）	10・25 家中へ本山内での飲酒・畜妾禁止を含む倹約令を出す。		2・7 幕府、諸寺破戒僧四八名、江戸日本橋にさらす。
一八六八（明治1）			1・3 戊辰戦争。 3・13 神祇官再興、祭政一致の制。 3・14 五箇条の誓文。 3・28 神仏分離令発布。 4・4 「戸籍制度」（壬申戸籍）公布。 9・8 明治改元、「一世一元制」制定。
一八七二（明治5）		7・24 維新の功を賞し、政府から金龍置物下賜（西本願寺には銀製孔雀置物）。 9・26 僧侶に姓を付ける布達。東本願寺は大谷を姓とする。 ―― 『配紙』創刊。	4・25 僧侶の肉食妻帯蓄髪を許可（諸宗派）。 8・3 「学制」頒布。国民皆学を期す。 11・2 「芸娼妓解放令」公布。 12・23 大相撲の婦女子見学を認める。
一八七三（明治6）			1・10 「徴兵令」および付録を定める。 5・15 妻からの離婚請求の道ひらく。 7・28 「地租改正条例」公布。
一八七五（明治8）		2・12 「真宗本末寺住職願規則」発布。	2・2 東京に女子師範学校設立。 2・13 平民も必ず姓を称することを布告。 11・27 「信教の自由保障」の口達。
一八七六（明治9）		3・11 真宗四派、「教会結社規則」を定める。 3・－ 真宗四派、「宗規綱領」を定める。	

		6・21 末寺子弟・一般の者で得度許可された者は、その所属寺院の衆徒と称する。 11・28 親鸞に「見真」大師号贈られる。 12・23 「得度式条規」発布。	
一八七七（明治10）	11・- 奥村円心・平野恵粋、朝鮮釜山で布教を開始。	10・27 神仏分離・廃仏毀釈後の復興に向けた取り組みとして「真宗東派教会結社条目」策定。	2・15 西南戦争（〜9・24）。
一八七九（明治12）	4・11 女性の得度と小教校への入学は認めずと達する。 7・- 朝鮮釜山に女人講組織される。	9・29 両堂再建にともない「見真」の勅額下賜。	4・4 琉球藩を廃し沖縄県を設置。 9・29 「教育令」公布、男女別学規定。
一八八〇（明治13）	―― この頃、両堂再建に際し「毛綱」を献納。	7・19 宮御殿と車寄下賜。	
一八八一（明治14）		6・25 東本願寺派を「真宗大谷派」と改称。 7・- 寺格昇階差別事件おこる。	
一八八二（明治15）	8・- 存覚の『女人往生聞書』（一三三四年）西村九郎右衛門編、刊行。	3・22 蓮如に「慧燈」大師号贈られる。	
一八八三（明治16）		3・- 新潟県上越市尾神嶽において献木の搬送中に大雪崩が起き、二七名が犠牲。負傷者多数。	
一八八五（明治18）		4・19 門跡号復活（私称）。 6・12 前住職、前々住職に限り在命院号許可と告達。 6・29 『配紙』廃止。『本山報告』発行。 11・29 相続講設立。	12・22 内閣制度発足（伊藤博文内閣）。
一八八六（明治19）	7・- 東京浅草本願寺で「大谷派東京貴婦人会」発足。（会長・大谷恒子）	8・7 「真宗大谷派宗制寺法」が内務大臣から認可（発布9・12）。	12・6 東京基督教婦人矯風会設立。 12・- 「高等女学校生徒教導方要領」制定。
一八八九（明治22）		4・16 御影堂を「大師堂」と改称。	2・11 「大日本帝国憲法」発布。

		10・7 現如、本願寺二二世継職。	
一八九〇（明治23）	9・20「大谷派婦人法話会」発足。	9・24 教師の等級・称号を改定（宗制寺法）。	5・24 全国廃娼同盟会結成。 10・30「教育勅語」発布。 11・29 第一回帝国議会開会。
一八九一（明治24）	―― 香樹院徳龍『坊守教誨聞書』（京都書林）発行。	9・5「宗制寺法」の遵守を達する。	1・9 内村鑑三の「教育勅語」不敬事件。 11・17 文部省、学校へ天皇真影・教育勅語謄本奉安所の設置を通達。
一八九三（明治26）		2・23 住職就任を有教師資格者に限る。 5・30 満六歳以上の男子に得度を許可（実施11・1～）。	11・- 『婦人矯風会雑誌』刊行。
		8・26『本山報告』を廃し、9月から『本山事務報告』を発行。	
一八九四（明治27）		―― 日清戦争を契機に、戦没者院号法名授与。	8・1 日清戦争始まる。
一八九五（明治28）		4・15 両堂落慶、本堂遷仏式執行。 7・6 彰如、三条公爵息女章子と結婚。 10・25 征清軍隊死亡者追弔法要執行。	4・23 ロシア・ドイツ・フランスによる三国干渉。
一八九七（明治30）		3・12 議制局賛衆定員を六〇人に変更。 5・11 第一回議制局会議開催。 9・30『本山事務報告』廃止、『常葉』とする。	12・17 文部省、男女別学に関して訓令。
一八九八（明治31）	5・- 奥村五百子、朝鮮光州で実業学校を創立。	4・18 蓮如四〇〇回忌法要勤修（～25）。 9・17『常葉』（11月号）から『宗報』に変更。	
一八九九（明治32）			2・8「高等女学校令」公布。（良妻賢母主義女子教育制度の確立）
一九〇〇（明治33）		3・10「治安警察法」により神官・僧侶その他諸宗教師の政治結社加入禁止。	3・10「治安警察法」公布。女子の政治結社加入、政談集会参加等禁止。 10・2「娼妓取締規則」発布。 ―― この頃、廃娼運動起こる。

一九〇一（明治34）	1・15 雑誌『家庭』創刊。 2・14 「浅草別院貴婦人会」を「婦人法話会」と改称。 3・2 奥村五百子らが東京で「愛国婦人会」結成。	1・15 雑誌『精神界』創刊。 4・10 宮御殿再建、竣工。 10・13 真宗大学、東京巣鴨で開学。	3・5 「高等女学校令施行規則」を公布。
一九〇二（明治35）	3・27 機関誌『愛国婦人』創刊。		
一九〇四（明治37）	―― この頃、雑誌『家庭』が『仏教婦人』（第4巻～）に改称。		2・10 日露戦争始まる。 9・― 与謝野晶子「君死に給ふこと勿れ」発表。
一九〇五（明治38）	9・13 常葉婦人会館を仏願寺跡に設立。	4・21 助音地以上へ天牌奉安許可。	
一九〇六（明治39）	3・― 「常葉婦人法話会」・「東京真宗青年修養会」・「東京末寺有志双願会」が、東北3県凶作救済運動を展開。	4・23 日露戦役戦病死者追弔法会。 8・25 海外開教条規発布。	
一九〇七（明治40）	4・― 「大谷婦人法話会」第一回春季全国大会開催（以降全国大会毎年開催）。		1・― 『世界婦人』・『日本及日本人』創刊。
一九〇八（明治41）	3・― 『仏教婦人』後継誌として、「大谷婦人法話会」機関誌『婦徳』発刊。	11・10 彰如、本願寺二三世継職。	
一九一〇（明治43）	5・6 「婦人法話会韓国京城支部」第一回総会。	7・― 大谷派僧侶高木顕明、大逆事件に連座。住職差免・擯斥処分。	5・25 大逆事件起こる。 8・22 「日韓条約」調印（韓国併合）。
一九一一（明治44）	4・10 「大谷婦人法話会」大会開催。 6・28 「御垂示」として坊守の心得に関する「ご消息」が出される。 7・15 第一回坊守教誨を行う。 11・― 『香山院師坊守訓』大須賀秀道編（法蔵館）刊行。	4・18 親鸞聖人六五〇回大遠忌勤修（～28）。	1・24 幸徳秋水ら一二名死刑。 8・24 「朝鮮教育令」公布。 9・1 雑誌『青鞜』創刊、「原始女性は太陽であった」掲載。
一九一二（明治45）	1・21 「大谷婦人法話会第二部」、少年教会を設立。 7・25 「大谷派婦人法話会監督規定」制定。	11・21 本廟維持財団設立。	7・30 明治天皇没、大正と改元。

一九一四（大正3）	1・10「婦人法話会」、京都市内で施米を行う。	5・28 昭憲皇太后中陰法要（～29）。 8・24 第一次世界大戦勃発に際し、二諦相依の宗義による垂示。	4・11 明治天皇妻、昭憲皇太后死去。 7・28 第一次世界大戦始まる。
一九一六（大正5）	8・1「婦人法話会」、京都無料宿泊所開設。		
一九一八（大正7）	1・10「婦人法話会」、窮民慰藉会を開く。		2・- 母性保護論争。 8・3 富山県で米騒動。各地に波及。 11・11 第一次世界大戦終結。
一九二〇（大正9）		1・28 寺務総長に稲葉昌丸が就任。	1・10 国際連盟発足。
一九二二（大正11）		5・23 高倉会館開館。	3・3 全国水平社創立大会。
一九二三（大正12）	―「婦人法話会」を「東京大谷婦人会」に改称。	4・9 立教開宗七〇〇年記念法要。	1・27 婦人参政権獲得同盟結成。 3・8 第一回国際婦人デー。 9・1 関東大震災。
一九二四（大正13）		5・3 大谷光暢（闡如）、久邇宮智子と結婚。	
一九二五（大正14）	8・1「坊守規程」発布。	6・-『宗報』を『真宗』と改める。 10・10 大谷光暢（闡如）、東本願寺第二四世継職。	4・22「治安維持法」公布。 5・5「普通選挙法」公布。 7・10 細井和喜蔵『女工哀史』刊行。
一九二六（大正15）	7・- 大谷派、宣伝用映画『誠の光』、原名『賢婦せき女』購入。	3・25 武内了温ら「真身会」結成。	12・25 大正天皇没、昭和と改元。
一九二七（昭和2）	1・7「坊守規程細則」施行。坊守衣・坊守袈裟を制定。		10・2 全国婦人同盟結成。
一九二八（昭和3）	― 教務所長会議で御大典事業として「坊守会」の結成を指示。		
一九二九（昭和4）	7・-『真宗』七月号に「朝鮮の女子学生が見た毛綱」掲載。 7・- 映画『毛綱』各地で公開。	12・1「真宗大谷派宗憲」施行。寺務総長の名称が「宗務総長」となる。 12・- 宗務総長に大谷瑩誠が就任。	9・15 無産婦人同盟結成。 10・24 世界恐慌始まる。

一九三〇（昭和5）	1・13「准坊守条規」制定。 9・24「昭和御消息」に基づき、東京教区婦人教化施設規定制定、管内に婦人教化施設奨励。 ―― 各地に婦人会・処女会等創設。	4・11「一般末寺住職条例」など発布。	2・1 愛児女性協会、産児制限相談所開設。 ―― この頃、生活困窮から産児制限に対する要望深刻化。
一九三一（昭和6）	11・16「寺族婦人講習会規則」制定。	5・1「宗議会条例」・「教区制」・「組制」・「宗議会議員選挙条例」発布。 7・22 宗務総長に阿部恵水が就任。	3・6 大日本婦人連合会発足。 9・18 満洲事変。
一九三二（昭和7）	1・- 覚信尼公六五〇回忌法要を厳修の「御書立」提示。 1・27「婦人教化施設条規」・「坊守諭達」発布。 2・- 婦人精神作興のため全国へ講師派遣。 3・-『真宗』に「寺院の使命と坊守の任務」掲載。 3・8 覚信尼公六五〇回忌法要延期の諭達発布。 4・9 大谷派婦人連合会、「全国慰問」開催（～11）。		5・15 五・一五事件。 10・24 大日本国防婦人会設立。
一九三三（昭和8）	1・11 大谷派婦人連盟結成の諭達。 3・- 教学課、大谷派婦人運動、運動趣旨書を布教師国役職・坊守・各婦人団体幹部へ指示。 4・9 覚信尼六五〇回忌法要（～11）。 4・-『真宗』に「真宗婦人の自覚」（竹中慧照）と「婦人教化の二大方向と宗教的調和」（武内了温）掲載。全国各地の大谷派婦人連盟活動報告掲載。	4・9 満蒙事変戦病死者追弔法要。 8・- 覚信尼公六五〇回忌記念出版『覚信尼公』回収命令。	3・27 日本、国際連盟を脱退。 5・23「娼妓取締規則」改正公布。

	4・10 全国婦人代表者協議会開催。「大谷派婦人連盟」規約等可決。 4・11 大谷派婦人連盟結成。「真宗大谷派婦人連盟結成全国婦人大会」開催・宣言・決議。（大谷智子裏方・総裁推戴）		
一九三四（昭和9）	5・12 大谷智子裏方寄付により、長島愛生園納骨堂完成。 10・1 大谷婦人連盟第一回評議員会。		
一九三六（昭和11）		5・14 宗務総長に関根仁応が就任。	2・26 二・二六事件。 ――この頃、全国的に母子ホーム増加。
一九三七（昭和12）		4・14「同朋箴規」発表。 10・16 報国法要（一九四五年まで毎年勤まる）。 11・10 僧侶従軍戦死者の法名授与を発布。	3・31「母子保護法」公布。 7・7 日中戦争始まる。 9・28 日本婦人団体連盟結成。 10・12 国民精神総動員中央連盟結成。 12・13 日本軍南京を占領（南京大虐殺）。
一九三八（昭和13）	1・30 大谷智子裏方、北支上海方面慰問（～2・26）。 2・- 婦人法話会、愛国救急車三台を陸軍に寄贈。 9・27 大谷婦人会連盟、時局婦人講習会開催（～29）。 10・2「宗務所役員家族婦人会」発足。 ――この頃、三筋の「毛綱」を御影堂に展示。	5・10 宗務総長に安田力が就任。	4・1「国家総動員法」公布。
一九三九（昭和14）	4・13 日華仏教婦人交歓大会開催。 6・25 婦人法話会全国支部代表者会で「銃後婦人の責務に邁進すること」を決議。	4・11 支那事変戦没者追弔法要（～12）。	4・8「宗教団体法」公布。 7・8「国民徴用令」公布。 9・1 第二次世界大戦始まる。

一九四〇（昭和15）	2・11 大谷智子著『光華抄』発行。 2・19 婦人法話会、婦人教化講習会開催（〜23）。 5・- 南京市に金陵女子技芸学院開設。 11・- 大谷派婦人法話会、有功御懇志制度制定。	7・26 東西本願寺と全国水平社の懇談会。	5・1 「国民優生法」公布。 9・27 日・独・伊三国同盟成立。 10・12 大政翼賛会発会。
一九四一（昭和16）	4・1 宗派で初めて、教師試験検定合格者に限り、女子の得度を認める。 6・12 「教師試験検定宗則」制定、女子に教師試験検定を許可。 8・12 最初の教師試験検定実施（〜8・17）。 8・18 教師試験検定合格者対象「錬成」開催、初めて女子四名参加（〜8・22）。 8・22 女子初、教師補任式執行。（住職教会代務予定者に限り入位、平座二等限定） 11・19 寺族婦人修練道場を議事堂で開催（〜22）。 11・- 『大谷婦人法話会五十年史要』発行。	4・1 「真宗大谷派宗制」施行。 4・21 宗務総長に大谷瑩潤が就任。 8・28 文部省より、銃後奉公強化運動実施の協力要請。 12・11 日米開戦に際して教書発示。 12・- 大師堂（現御影堂）門前に「皇威発揚」「生死超脱」「挺身殉国」の立看板。	3・1 「国民学校令」公布。 3・10 「治安維持法」全面改正。 4・13 「日ソ中立条約」調印。 12・8 マレー半島上陸、真珠湾攻撃、太平洋戦争始まる。
一九四二（昭和17）	1・28 坊守会を「常葉会」に改称。 2・16 女子得度に関する告示、女子平僧得度に準ずる。 3・3 女子初、得度式執行（〜4）。	7・- 末寺へ仏具等金属類の特別回収を指示。 12・29 戦没遺家族へ御消息を無冥加で末寺へ下付することを決定。	2・2 大日本婦人会創立。 5・7 「戦時家庭教育指導要綱」制定。 5・9 「金属回収令」公布、仏具等強制供出。
一九四三（昭和18）	3・29 銃後保育講習・婦人修養会開催（〜31）。 9・17 「大谷派婦人教化委員規程」制定。 10・- 「大谷婦人教化委員」創設、各地で指導講習会開催。		9・22 女子勤労動員促進を閣議決定。 10・2 学徒出陣始まる。

一九四四（昭和19）	3・1 戦時における臨時女子教師試験検定の告示。 4・20 臨時女子教師試験検定に先立ち、高倉会館にて講習会開催（〜5・6）。 5・7 臨時女子教師試験検定実施（〜9）。 11・2 臨時女子教師検定を宗務所で実施（〜4）。 11・27 臨時女子教師検定を宗務出張所で実施（〜29）。	4・― 「戦時宗務非常措置要綱」決定。	1・― 強制疎開開始。 1・19 女子挺身隊結成、動員配置決定。 2・25 「決戦非常措置要綱」を閣議決定。 8・23 「学徒勤労令」・「女子挺身隊勤労令」公布。
一九四五（昭和20）	2・14 「毛綱」を軍部に献納。 5・1 疎開学童のため、大谷保姆養成所を開設。	1・18 宗務総長に宮谷法含が就任。	3・9 東京大空襲。 4・1 アメリカ軍沖縄本島上陸。 8・6 広島に原爆投下。 8・9 長崎に原爆投下。 8・15 日本降伏、太平洋戦争終結。 10・11 GHQ、「男女同権」等「五改革」指令、憲法民主化示唆。 10・24 国際連合発足。 11・21 「治安警察法」廃止、女性の政治活動自由に。 12・17 「衆議院議員選挙法」改正（二〇歳以上の男女に選挙権、二五歳以上に被選挙権）。 12・28 「宗教団体法」に代わり「宗教法人令」公布。
一九四六（昭和21）		2・19 部落解放同盟全国委員会結成、武内了温、顧問に就任。 9・24 「真宗大谷派宗憲」公布。	1・1 天皇人間宣言。 1・12 第一回国連総会で婦人の地位向上委員会設置。 1・21 GHQ、「日本ニオケル公娼ノ廃止ニ関スル件」覚書発表。

			4・－ 東大が女性に門戸を開く。 4・3 「宗教法人法」公布。 4・10 第二二回総選挙で女性議員三九名誕生。 11・3 「日本国憲法」公布。男女平等の原則等規定。
一九四七（昭和22）	――大谷派婦人法話会第一回北陸地区、東海・近畿地区講習会開催（後の地区聞法会）。 11・24 「女子得度取扱方」を改正。女性の得度は教師試験検定合格者に限定。	1・23 宗務総長に瀧含雄が就任。 7・－ 「同朋共生運動」発足《①相互扶助精神の振興②一派公益事業の開発助成》	3・9 戦後初の国際婦人デー（以後毎年三月八日に開催）。 3・31 「教育基本法」・「学校教育法」公布。男女共学・女子の高等教育開放。 4・7 「労働基準法」公布。 4・20 第一回参議院議員選挙、女性一〇人当選。 4・30 第一回統一地方選挙、都道府県議に女性二二人、市町村議に女性七七一人当選。 10・26 姦通罪廃止（改正刑法公布）。 12・22 家制度廃止（改正民法公布）。
一九四八（昭和23）	5・12 全国女子仏青幹部講習会開催（～14）。 7・5 坊守の規定、「一般寺院住職又は教会主管者の妻を坊守と称する」となる。（「寺院教会条例」）	7・5 「寺院教会条例」改正。 7・5 「僧侶条例」にて男子の得度年齢を満九歳以上と定める。	7・13 「優生保護法」公布。（人工妊娠中絶の条件緩和） 8・13 大韓民国成立。 9・9 朝鮮民主主義人民共和国成立。 12・10 「国連世界人権宣言」採択。
一九四九（昭和24）	3・18 堂班衣体宗則中に男子教師・女子教師・教師に非ざる者の座次を加える。 10・1 「大谷婦人法話会」、「大谷婦人会」に改称。大谷婦人会規則制定。「大谷婦人の歌」発表。 11・28 大谷婦人会本部、蓮如上人四五〇回御遠忌法要・創立六〇年記念式典執行（～30）。	4・18 蓮如上人四五〇回法要勤修（～25）。 5・7 宗務総長に藤津絜が就任。 7・6 僧侶であって死亡した者にすべて院号を許可。	4・4 米国中心に「北大西洋条約」調印（NATO発足）。 10・1 中華人民共和国成立。 10・7 ドイツ東西分裂。

一九五〇（昭和25）	4・15 全国坊守会結成式開催。 4・- 大谷大学と光華女子学園に短期大学を設置。 10・16 大谷婦人会財団に大谷保育園開設。	6・15 宗務総長に浅平宗成が就任。	5・4 「国籍法」公布。 6・25 朝鮮戦争勃発。
一九五一（昭和26）	7・25 「女子得度は成年以上に限る」とする。（女子得度教師試験検定合格者限定を廃止） 10・30 宗務所女子事務員の事務服を定める。	1・31 宗務総長に暁烏敏が就任。 3・- 「宗門各位に告ぐ」（暁烏敏第一声）発表。 7・9 同朋生活運動計画を発表。	4・3 「宗教法人法」公布。 5・- WHO（世界保健機関）に加盟。 9・8 「日米安全保障条約」に調印。
一九五二（昭和27）		1・28 末広愛邦内局が成立。 4・10 宗教法人「真宗大谷派」規則公布。 7・15 宗教法人「本願寺」設立公告。	4・28 対日平和条約・日米安全保障条約発効。
一九五三（昭和28）	4・10 大谷婦人会、真宗婦人の誓いを謳う大谷智子会長の「おことば」を出す。 7・1 「女子僧侶の堂班は准本座までとする」（「堂班法衣条例」一九五四年施行）。 ― 坊守講習会始まる。	2・20 金子大栄著『住職道』発行。 6・- 真身会解散。 7・1 「住職、前住職の死亡に弔慰金を贈ることとする」。（「寺格条例」、「堂班法衣条例」告示）	4・5 日本婦人団体連合会結成（会長平塚雷鳥）。 6・5 第一回世界婦人大会。「婦人の権利の宣言」採択。（〜11） 7・27 朝鮮戦争休戦協定調印。 12・24 奄美大島返還協定調印。
一九五四（昭和29）	― この頃、大谷婦人講話会、各地で盛んに行われる。	― 教師検定条規施行。	7・1 自衛隊発足。 11・13 家族制度復活反対連絡協議会結成大会。
一九五五（昭和30）	4・12 「全日本仏教婦人連盟」結成（会長大谷智子）。	5・19 同朋奉讃式を定める。	2・- 主婦論争。
一九五六（昭和31）	― 藤島達朗著『恵信尼公』（法蔵館）発行。	2・14 宗務総長に宮谷法含が就任。 4・3 宗門白書発表。 4・- 大谷派全国仏青連盟結成。 11・6 大谷派児童教化連盟結成。	3・21 第一回部落解放全国婦人大会（〜22） 5・24 「売春防止法」公布。 10・19 日ソ共同宣言調印。 12・18 日本、国際連合に加盟。
一九五七（昭和32）	― 同朋叢書Ⅱ女性のための仏教講座『女人成仏』（教学研究所編纂）発行。		

一九五八（昭和33）	11・23「真宗大谷派坊守会連盟」結成式。規約施行。『坊守教本』（教学研究所編纂）発行。「大谷聞法会」創立。（裏方、総裁推戴） 12・1「坊守規程」を廃止、「坊守籍簿」を規定。（「寺院教会条例施行条規」）	12・1「寺院教会条例施行条規」発布。	3・ー 赤線が廃止（赤線：GHQによる公娼廃止指令（一九四六年）から、売春防止法の施行（一九五八年）までの間に、半ば公認で売春が行われていた地域）。 12・27「国民健康保険法」公布。
一九五九（昭和34）	5・31『教化研究』第二三号「婦人問題」発行。 11・23 第二回真宗大谷派坊守会連盟全国大会開催。「一寺一婦人会」目標決定。	2・1『大谷派法規総覧』発行。 11・23 同朋会館竣工式。	
一九六〇（昭和35）	2・ー 大谷婦人会館改築着工。 10・1「婦人教化委員会規定」発布。 11・23「大谷派婦人会総連盟」結成式。坊守会・婦人会・寺院婦人会三組織を一本化、宗務所教学局教学部（組織部）に事務局を置く。 12・21「真宗大谷派婦人会総連盟規約」施行。	2・1 本廟奉仕団を同朋会館において開設。 3・ー 旬刊紙『真宗タイムス』創刊。 ―― 『真宗』六月号に「坊守のページ」、七月号に「坊守だより」、九月号に「座談会」、一一月号に婦人会を作ろう」掲載。	6・23「日米新安全保障条約」発効。
一九六一（昭和36）	4・1 大谷婦人会館竣工式。 4・26 大谷派婦人会総連盟主催、大谷派婦人大会開催。	3・10『婦人シリーズⅠ　女性』発行（〜シリーズⅤ、真宗大谷派宗務所）。 4・14 親鸞聖人七〇〇回御遠忌法要勤修（〜28）。 6・26 宗務総長に訓覇信雄が就任。	8・13 ベルリンの壁建設。
一九六二（昭和37）		6・1『現代の聖典』発刊（教学研究所編）。 6・8 訓覇総長「同朋会の形成促進」同朋会運動第一次五ヵ年計画発表。《本廟奉仕・特別伝道・推進員教習》 7・1「真宗同朋会条例」公布、同朋会運動はじまる。 7・1『真宗タイムス』を『同朋新聞』に改称。	4・14 日本婦人会議結成。 10・19 新日本婦人の会結成。

一九六三（昭和38）	7・1 坊守について「住職又は教会主管者の配偶者を坊守、前住職又は前教会主管者の配偶者を前坊守と称する」と条例改定。	7・1 「寺院教会一部改正条例」を公布。	5・1 「狭山事件」（埼玉県狭山で女子高校生誘拐殺害）起こる。
一九六四（昭和39）	4・― 光華女子学園、四年制になる。	6・28 宗務総長に蓑輪英章が就任。 ―― 『真宗』に「坊守のページ」連載始まる（1～8月号）。	4・28 OECD（経済協力開発機構）に加盟。 7・1 「母子福祉法」公布。 10・10 東京オリンピック開催（～24）。
一九六五（昭和40）			2・7 ベトナム戦争。北爆開始。 6・22 「日韓基本条約」調印。 8・18 「母子保健法」公布。 9・7 家庭生活問題審議会設置。 12・21 国連「人種差別撤廃条約」採択。
一九六六（昭和41）	5・1 「婦人教化審議会規定」発布。 8・21 同朋会館に保育室開設。	2・2 宗務総長に訓覇信雄が就任。 10・― 全教区に教区駐在教導を配置。	12・9 建国記念日を2・11と公布。 12・16 国連「国際人権規約」採択。
一九六七（昭和42）	4・4 彰如上人二五回忌法要にて優良坊守表彰式開催（五九名）。 7・1 「寺院教会条例施行条規」一部改正。教師条例「女子の教師は入位とする」。	11・― 難波別院輪番差別事件起こる。 12・26 真宗各派協約、制定される。	2・11 初の建国記念日、各地で反対集会起こる。 11・7 国連「女性に対するあらゆる差別の撤廃に関する宣言」採択。
一九六九（昭和44）	8・12 大谷婦人会、「すみやかに開申の趣旨を徹底するよう」要望書提出。 10・7 坊守会連盟、法嗣の管長就任実現を宗務総長に要望。	3・19 東西両本願寺、靖国神社法案廃案の要請を政府自民党へ提出。 4・24 開申事件。 8・25 難波別院輪番差別事件、部落解放同盟第一回糾弾会。	
一九七〇（昭和45）		2・4 宗務総長に名畑応順が就任。 7・17 宗務総長に三森言融が就任。 10・15 『中道』誌一〇月号、曽我量深差別発言事件。	3・14 大阪万博博覧会開催（～9・13）。 5・21 「障害者基本法」公布。 7・10 「沖縄売春防止法」公布。 11・14 第一回ウーマン・リブ大会。

一九七一（昭和46）		3・11 宗政調査会、六条山墓地建設問題を検討、緊急問題調査会設置決定。 7・1 同和部新設。	6・17 沖縄返還協定調印。
一九七二（昭和47）	6・― 式務部にて葬儀式での性別による和讃の読み分けが決定。『真宗』六月号で告知。 ― 坊守会、ベトナム支援カンパを行う。	6・30 宗務総長に星谷慶縁が就任。 9・14 宗務総長に鈴木悟が就任。 12・20 『真宗同朋聖典』発行。	6・14 妊娠中絶法に反対し、ピル解禁を要求する女性解放連合結成。 7・1 「勤労婦人福祉法」公布。 5・15 沖縄返還、沖縄県発足。 9・29 日中共同声明調印（国交回復）。
一九七三（昭和48）	4・4 親鸞聖人誕生八〇〇年・立教開宗七五〇年慶讃法要に際し、真宗婦人のあり方を討議する婦人大会開催（三〇〇名参加）。坊守会、両堂向拝幕寄附。 10・5 『教化研究』第七〇／七一号「真宗と女性」発行。	4・1 親鸞誕生八百年慶讃法要（～7）。 7・1 同朋会運動第三次五ヵ年計画。《組教化委員会の設置》 7・9 宗務総長に末広愛邦が就任。	
一九七四（昭和49）		2・― 大谷光暢代表役員、本願寺の宗派離脱を目的とした本願寺規則一部変更承認申請を京都府に申請。 3・5 宗門崩壊阻止全国同朋大会。 4・16 宗務総長に嶺藤亮が就任。 4・20 靖国神社法案反対対策本部設置。《全国的に署名運動展開》	1・26 家庭科の男女共修をすすめる会発足。 5・18 日本消費者連盟結成。 11・6 総理府、婦人に関する諸問題懇談会設置。 12・28 「雇用保険法」公布。
一九七五（昭和50）	― 坊守の同朋会運動への主体的取組み推進のため、坊守会連盟が運動方針と目標を決定。		1・13 国際婦人年を期し「行動する女たちの会」結成。 4・5 日本婦人団体連合会、『婦人白書』発行。 4・30 ベトナム戦争終結。 6・19 第一回世界女性会議（～7・2）、一三三ヵ国三〇〇〇人が参加。

			7・11 「義務教育諸学校の女子職員等の育児休業に関する法律」公布。 9・23 総理府に婦人問題企画推進本部設置を閣議決定。 10・20 国際婦人年世界大会。 10・28 ハウス食品差別ＣＭ「私作る人、ボク食べる人」放送中止。 11・22 国際婦人年日本大会。
一九七六（昭和51）	6・1 大谷婦人会、会員略衣制定。	2・25 「大谷の里」設立計画と手形乱発の発覚。 4・15 宗門危機突破全国代表者決起集会。宗門正常化を願う全国的署名運動始まる。 ― 『住職道』再刊。 ― 「第四次五ヶ年同朋会運動推進のための事前研修計画概要」で組（又は地区）へ「計画的に昭和世代の寺族・門徒を啓蒙・発掘」を指示。	2・4 ロッキード事件発覚。 ― 国連「国連婦人の一〇年」（〜一九八五）決定。 ― 「民法」改正による「離婚後の姓の選択自由」。
一九七七（昭和52）		4・15 同朋会運動一五周年全国大会。《実践課題 ①古い宗門体質の克服②現代社会との接点をもつ③真宗門徒としての自覚と実践》 7・1 「真宗大谷派同和推進本部職制」施行（同和推進本部設置）。 11・2 大師堂（現御影堂）爆破事件。	4・15 東京都婦人母子緊急一時保護センター、新宿にオープン。 7・1 文部省、国立婦人教育会館設置。 ― 婦人問題企画推進本部（総理府）、「国内行動計画」策定。
一九七九（昭和54）	5・22 坊守研修会開催。（テーマ「真宗の女性観」）	5・1 『身同―同和研究紀要―』創刊。 11・21 いわゆる「分裂報恩講」（〜28）。	6・12 「元号法」公布・施行。 12・18 国連「女性差別撤廃条約」採択。
一九八〇（昭和55）		2・21 宗門有志による「同炎の会」創立、総会を開催。 6・20 宗務総長に五辻実誠が就任。	5・17 「民法」及び「家事審判法」の一部改正、配偶者相続分三分の一から二分の一へ引き上げ。

		11・22 大谷家と内局「即決和解」成立。	7・14 国連「婦人の一〇年」の世界会議（～31）で五二カ国、「女性差別撤廃条約」に署名。 11・4 「ワシントン条約」締結。
一九八一（昭和56）	6・11 「内示章範」公示。 6・1 大阪教区で女性の議員が一人選出。	6・11 新「真宗大谷派宗憲」公布・施行。 6・11 旧宗憲第一一条より「其の他宗祖並に歴代師主の選述及び勧文」の一文が削除される。 6・15 東京本願寺離脱（東京都認証）。 8・1 真宗教団連合、「靖国神社公式参拝並びに国家護持に関する要望」を自民党本部へ提出（以後、毎年提出）。	5・25 「障害に関する用語整理の法律」公布。 7・9 神戸商船大学、八二年度入試から女性の受検も認める決定。これにより、国立大学すべてが女性に門戸開放。 9・3 「女性差別撤廃条約」発効、「国内行動計画後期重点目標」策定。
一九八二（昭和57）	3・1 参議会発足。参議会議員に大阪教区から女性一人が選出。	1・28 阿弥陀堂宮殿の天牌撤去。 3・4 宗議会（僧侶）・参議会（門徒）の二院制発足。	8・29 八二優生保護法改悪阻止連絡会発足。
一九八三（昭和58）	1・20 坊守会連盟、「女性の住職就任」「宗議会・教区会への女性の参加」「女性寺族の九歳得度」「女性の堂班・衣体の制限撤廃」について宗務総長・宗制刷新特別審議会長に要望書提出。 ―― この後、各教区坊守会から同様の要望書提出。 ―― 「同炎の会　婦人研修会」始まる。	2・1 差別法名「釈尼梅陀」発見（鹿児島別院）（『真宗』7月号で発表）。	9・1 大韓航空機墜落事件。
一九八四（昭和59）	4・3 覚信尼公七〇〇回忌法要。『覚信尼の生涯』刊行。「覚信尼公七百回忌奉賛歌」、同朋婦人の歌「み名にこそ」発表。坊守会、両堂向拝幕・御影堂前卓水引を寄附。	6・22 宗務総長に古賀制二が就任。 7・22 董理院董理差別発言事件。 8・4 臨時得度式（二二〇名）、男女同一の新装束で執行。	―― 「女性差別撤廃条約」批准に向け「国籍法」「戸籍法」改正。 8・8 「風俗営業等取締法」改正成立。

一九八五（昭和60）		6・20「教化基本条例」、「真宗同朋会条例」公示・施行。	5・17「女性差別撤廃条約」批准に向け「男女雇用機会均等法」制定。 6・1「男女雇用機会均等法」公布。 6・24「女性差別撤廃条約」に批准。
一九八六（昭和61）	5・1 中央坊守研修会で宗務総長と参務、「女に安心が語れるのか」等の差別発言。 5・1 坊守会連盟、男女間の格差是正を求める要望書を宗務総長に提出。 12・7「真宗大谷派における女性差別を考えるおんなたちの会」結成。宗務総長宛て「①女性住職の実現②宗門内での待遇の平等化③選挙制度の公平化④得度年齢の男女間格差の是正⑤衣体・堂班・寺格等の差別構造の全廃」要望書提出		4・26 チェルノブイリ原発事故。 9・6 社会党委員長に土井たか子当選、初の女性党首へ。
一九八七（昭和62）		4・2 春の法要の「戦没者追弔会」を改め、「全戦没者追弔法会」厳修。初めて宗門の戦争責任を表明。 7・4 全推協叢書『同朋社会の顕現』差別事件。 12・1 宗教法人「真宗大谷派」が宗教法人「本願寺」を吸収合併。	4・1 国鉄民営化、JR発足。 12・24 教育課程審議会答申で中学、高校の家庭科、男女共修、必修の導入確定。
一九八八（昭和63）			1・25 反差別国際運動（IMADR）結成。 12・7 長崎市長「天皇戦争責任」発言。
一九八九（平成元）	8・5『同朋社会の顕現』差別事件における部落解放同盟中央本部への回答の中で、女性住職実現に向けて回答（五年以内の改正に向けて作業に入る旨）	4・11 宗務総長に細川信元が就任。 4・20『同朋社会の顕現』差別事件に対する第一回真宗大谷派糾弾会。 5・22 第二回真宗大谷派糾弾会	1・7 昭和天皇没、翌日平成と改元。 4・1 消費税導入。 6・3 中国、天安門事件。 8・25 女性初の官房長官に森山眞弓環境相就

	12・1 大谷智子裏方の宗派葬執行。		任。 11・9 「ベルリンの壁」崩壊。
一九九〇（平成2）	5・31 坊守会連盟、女性住職の実現等について宗務総長に要望書提出。 6・1 宗務総長、宗議会で女性の住職就任、1年以内実現を表明。 6・24 真宗大谷派全国仏教青年同盟、初の女性委員長が就任。 8・20 坊守会連盟、『坊守会連盟通信』を創刊。		1・4 森山眞弓官房長官が土俵に上がることを相撲協会が拒否。 1・18 長崎市長狙撃事件。 5・21 IMADR日本委員会設立。
一九九一（平成3）	6・29 女性住職就任、制限付きで可能になる。［卑属系統に属する男子である教師のいないとき］（「寺院教会条例」改正）。 6・29 女性の教師陞補制限（入位まで）・女性僧侶堂班進席制限（准本座まで）撤廃。（「僧侶条例」・「教師条例」改正、「法臈法衣条例」公示）。 6・29 女性の得度受式年齢制限（成人以上）が男性と同等の九歳以上に（「僧侶条例施行条規」改正）。 6・29 坊守の任務について「坊守は、住職の職務の本義を領解して、住職とともに教法を聞信し、所属門徒との交流を緊密にして、寺院又は教会の興隆発展に努めなければならない」とする（「寺院教会条例」改正）。	6・29 「寺院教会条例」改正（寺格・堂班を廃止し法要座次設置・女性の就職就任に関する件）。 6・29 選挙資格は教師以上、被選挙資格は選挙資格を有する住職・教会主管者とし、代務者を置く住職・教会主管者は被選挙資格を有しないと公示（「宗議会議員選挙条例」改正）。	1・17 湾岸戦争始まる。 4・21 全国初の女性市長、兵庫県明石市市長に北村春江当選。 5・15 「育児・介護休業法」公布。男女ともに取得可能に。 10・14 アウン・サン・スー・チー（ミャンマー民主化運動の女性指導者）、ノーベル平和賞受賞。 12・25 ソビエト連邦解体。
一九九二（平成4）	3・28 大谷派における初の女性住職誕生。 5・15 坊守会連盟研修会参加者、「①平等な立場での女性住職の実現②坊守会を正	6・30 『部落問題学習資料集』発行。 6・26 「寺院教会条例施行条規」一部改正。	

	式な教団の一員として位置付けること③連区一名ずつ坊守の宗政参加」について宗務総長・宗議会議長・参議会議長宛てに要望書を提出。 6・26 坊守袈裟・坊守衣を廃止、坊守章を制定。（「寺院教会条例施行条規」改正）		
一九九三（平成5）	―― 坊守会連盟、北海道南西沖地震・鹿児島水害に対して見舞金を贈る。	3・― 富山県における「御消息」差別記載・塗布問題に関する取り組みについて」の説明文掲載（『真宗』3月号）。 7・― 「大谷派において確認された差別法名」として、七例を公表（『真宗』7月号）。 11・8 沖縄開教本部を設置。	3・20 IMADRが国連NGOになる。 11・1 EU（ヨーロッパ連合）発足。 12・3 「障害者基本法」改正・公布。 ―― 国連「女性に対する暴力撤廃宣言」採択。 ―― 「世界人権会議」開催。
一九九四（平成6）	3・1 「おんなたちの会」北陸地区有志、制度・教学見直しのための女性委員会の設置や、『御文』で「女人」の果たしてきた役割を問う全国集会の開催、「障害者」との出会いのための手話通訳の担当部署の設置などについて宗務総長に要望書提出。 3・7 坊守会連盟、坊守の位置付けに関し「①坊守基礎講座について②坊守の宗政参加」について宗務総長に要望書提出。 4・1 第一回坊守就任記念式、本山で開催。 9・2 教団初の 宗務審議会「女性の宗門活動に関する委員会」設置（～一九九六年一月二四日）（全14回）。	1・24 宗務総長に能邨英士が就任。	1・13 女性初の最高裁判事に高橋久子、就任。 4・22 「子どもの権利条約」批准。 6・24 総理府に「男女共同参画審議会」、「総理府男女共同参画室」設置。 7・8 日本人初の女性宇宙飛行士、向井千秋が宇宙へ。 7・12 法務省、「婚姻制度等に関する民法改正要綱試案」公表。

一九九五（平成７）

７・－ 月刊『同朋』（７～12月号）「御文に学ぶ―女性差別の問題をとおして―」連載。

１・15 野宿者支援のための第一回もちつき大会開催。以降、毎年、宗派として協力。
３・４ 沖縄戦五〇周年追弔法会開催。
６・13 「不戦決議」宗議会可決。
６・15 「不戦決議」参議会可決。
７・１ 日清戦争時から続いてきた戦没者院号法名取扱廃止。

１・17 阪神・淡路大震災。
３・１ 住民票の続柄を全て「子」に統一するよう通知。
３・20 地下鉄サリン事件。
６・９ 「家族的責任条約」（ＩＬＯ〈国際労働機関〉）に批准。
８・15 村山首相、日本の植民地支配、侵略についてアジア諸国へ「お詫び」（村山談話）。
９・－ 沖縄米兵少女暴行事件による、県民の抗議の声高まる。
12・１ 「人種差別撤廃条約」に批准。

一九九六（平成８）

１・25 宗務審議会、「女性の宗門活動に関する委員会」答申提出。
３・１ 僧侶である宗務所女性職員に宗務役員略畳袈裟・間衣の着用を認める。
５・－ 『同朋』五・六月号に「御文の女性観をどうとらえるか」連載。
５・－ 宗務審議会「女性の宗門活動に関する委員会」答申全文を『真宗』五月号に掲載。
５・24 坊守会連盟、「①坊守の宗政参加②坊守の教師資格取得早期実現」への要望書提出。
６・５ 「大谷婦人会規則」改正、理事長に宗務総長が就任。
６・６ 女性住職承認の「寺院教会条例の一部を改正する条例案」を審議可決。
７・１ 女性の住職就任の制限が改められた

４・１ 帰敬式実践運動が始まる。
４・５ 「ハンセン病に関わる真宗大谷派の謝罪声明」発表、「「らい予防法」廃止にかかる要望書」を政府に提出。
４・－ 大逆事件に連座させられた高木顕明師の住職差免と擯斥処分を取り消す。
７・22 真宗大谷派ホームページ「ＴＯＭＯ－ＮＥＴ」開設。
７・31 大谷暢顕、二五代門首継承。

４・１ 「らい予防法の廃止に関する法律」公布・施行。
７・30 男女共同参画審議会、「男女共同参画ビジョン」答申公表。
９・26 優生保護法、「母体保護法」に改正。強制断種に係る条文が削除。
12・13 「男女共同参画二〇〇〇年プラン」決定。
12・17 労働省・婦人少年問題審議会、採用・昇進などの女性差別禁止を明記した意見書を提出。
12・26 「人権擁護施策推進法」公布。

（但し、卑属系統を原則とした世襲制は維持）。（「寺院教会条例」改正）

7・1 坊守の性別制限を廃し、退任規定を改め得度式を受けるものとする。（「寺院教会条例」改正）

7・1 組織部に「女性室」設置。「女性室規程」施行。

7・18 坊守会連盟、「寺院教会条例学習会」開催。

9・1 大谷婦人会会長に大谷妙子、就任。

12・6 「おんなたちの会」、「答申」の内容実現を求める要望書を宗務総長・宗参議長・女性室主任・同和推進本部事務部長・教務部長・教学研究所事務長に提出。

12・12 旧・相伝義書編纂室に「女性室」開設。

12・20 坊守会連盟、『坊守叢書二』発行。

一九九七（平成9）

1・8 「片州濁世の会」、性別による役割の固定化解消を求め、「①住職継承について②選挙制度について③坊守制度について④女性室について」宗務総長・女性室主任に要望書提出。

2・6 第四回「女性室会議」で「寺院教会条例」施行に向けた「女性室見解」を教務部長宛提出。

3・- 『真宗』三月号に女性室座談会「答申をめぐって」掲載。

3・31 『あいあう』創刊準備号、『女性室って?』発行。

5・24 岡崎教区同和協議会、「寺院教会条例の一部改正に伴い、「①第九条中「卑属系統」の削除すること②坊守を性で固定化しないこと③女性室に専任職員を置くこと」について宗務総長・宗議会議長・参議会議長に要望書提出。

6・24 全国教務所長会で、坊守制度及び坊守の組会への出席について、教区教化委員会寺族小委員会で論議を深めるよう指示。

6・- 「寺院教会条例の施行に関する臨時措置条例」施行。《坊守の規定の施行に

2・7 「雇用の分野における男女の均等な機会及び待遇の確保等のための労働省関係法律の整備に関する法律案」を閣議決定。

6・18 「男女雇用機会均等法」改正・公布。募集、採用、配置、昇進の差別禁止、セクハラ防止を盛り込む。

7・1 香港、イギリスから中国に返還。

7・16 「臓器移植法」公布。

10・- 大峰山五ケ寺、女人禁制解禁決定。

12・17 「介護保険法」公布。

	5・21 能邨総長、女性室会議において、寺院教会条例の施行期日を控え、「坊守制度に関して二年間施行を延長し地方の論議を喚起したい」旨説明。 7・17 「おんなたちの会」奉仕団一同、「①蓮如上人五〇〇回御遠忌記念アニメ映画「蓮如物語」の内容②教区に「寺院教会条例の施行に関する臨時措置条例」検討委員会を設置すること③子供連れの研修会参加のための施設改善について」宗務総長に要望書を提出。 8・29 第一回女性室公開講座「女たちと男たちの寄り合い談義」開催。 8・30 『あいあう創刊号』発行。 9・11 坊守会連盟常任委員会、企画会議、「寺院教会条例の施行に関する臨時措置条例」学習会開催。 11・7 組織部女性室、「寺院教会条例の施行に関する臨時措置条例」施行に伴う坊守制度検討のための資料を各教務所に送付。 11・24 女性室主催「ハルモニの絵画展」、真宗本廟で開催［入場者六二五人］（～28）。	ついて二年間の臨時措置》 7・25 高岡教区「女性の宗門活動に関する協議会」設置。 ――この後、数教区に同様の協議会・検討委員会が設置される。 9・1 宗派協賛「ハルモニの絵画展」（従軍慰安婦問題）、日豊教区をはじめ全国一九会場で実施（～11・28）。 9・16 第一回真宗大谷派・全国ハンセン病療養所交流集会を開催（～18）。	
一九九八（平成10）	4・1 坊守会連盟、御遠忌法要記念大会「全国坊守一〇〇〇人の集い」開催。 4・7 大谷婦人会蓮如上人五〇〇回御遠忌記念事業、大谷婦人会館改修工事施工・完成報告法要執行。 7・29 女性室、第一回「女性会議」開催（～31）。	1・13 「寺院教会条例の施行に関する臨時措置条例」施行に伴い、教区において研修会を実施もしくは検討機関を設置した場合の助成金給付を内局会議で決定。 4・15 蓮如上人五〇〇回御遠忌法要を厳修（～25）。 6・- 死刑制度を問いなおし死刑執行の停止	3・25 「NPO法」公布。 5・1 水平社博物館開館。 5・16 日本DV防止・情報センター発足 11・4 男女共同参画審議会答申「男女共同参画社会基本法：男女共同参画社会形成への基礎的条件づくり」

8・30 宗務審議会「坊守の規定に関する委員会」設置。第一回委員会開催。

10・- 坊守会連盟結成四〇年記念事業、「寺に身を置く女性の現状調査」及び「坊守制度に関するアンケート」実施。

を求める声明を発表（以後、死刑執行の都度声明を発表）

7・- 東本願寺出版部、真宗ブックレット『男と女のあいだで』発行。

10・1 差別と人権に関する学習資料集『ハンセン病と真宗』発行。

12・2 高岡教区女性の宗門活動に関する協議会、「寺院教会条例の施行に関する臨時措置条例遵由効力期限の延長を求める」要望書提出。

12・11 宗務総長に木越樹が就任。

― 「酬徳会」（一八九二年五月一日～）を改め、「師徳奉讃法要」勤修決定。

一九九九（平成11）

4・12 坊守会連盟、坊守制度改正に関し、「①坊守制度の存続②寺院の役職として坊守を置く③坊守は、住職配偶者・寺族・門徒で得度式を受式した者④本人・住職・総代の合意により申請し任命は住職に準ずる⑤坊守は選挙権を有する」旨の要望書を宗務総長・宗会議長・女性室宛提出。

― この前後、各教区坊守会から要望書・意見書の提出相次ぐ。

4・20 大谷婦人会、蓮如上人五〇〇回御遠忌法要を厳修（真宗本廟御影堂・～21）。

6・8 坊守会連盟、「第一回若坊守研修会」開催（研修道場）。

6・10 坊守会連盟、改正案（6・3）を不服として会期中に修正案が提出されない

6・3 内局、「寺院教会条例の施行に関する臨時措置条例」の遵由効力期限を控え、同条例の期限を一年間延長するための「寺院教会条例の施行に関する臨時措置条例の一部を改正する条例案」を宗議会に提出。指針一「門徒・同朋に開かれた聞法道場としての寺院運営を目指して」、指針二「男女両性で形づくる教団を目指して」を提起。

6・15 日米防衛協力のための指針（ガイドライン）関連法に対する決議（宗議会・参議会）。

6・16 「寺院教会条例の施行に関する臨時措置条例の一部を改正する条例案」が宗会で可決。修正動議（6・10）は宗議会で否決。

4・1 改正「男女雇用機会均等法」施行。募集、採用、配置、昇進の差別禁止、セクハラ防止を盛り込む。改正「労働基準法」施行。「女子保護」規定撤廃。

5・26 「児童売春・ポルノ禁止法」公布。

5・28 「周辺事態法」公布。

6・23 「男女共同参画社会基本法」公布。

8・9 「国旗・国家法」公布。

9・30 東海村核燃料加工施設臨界被ばく事故。

年	宗門	社会
	場合は抗議行動を起こす旨の要望書提出。また抗議行動（6・18）を行うための通知を各教区坊守会長宛に発信。 6・10 宗議会で宗議会議員会派グループ恒沙、改正案（6・3）に対する修正案の動議出す。 6・30 女性室、『女性問題学習資料一』発行。 8・1 宗務審議会「坊守の規定に関する委員会」を設置。 6・25「寺院教会条例の施行に関する臨時措置条例の一部を改正する条例」公示。 10・2「東海村核燃料加工施設における臨界被ばく事故に対する要望書」を内閣総理大臣宛に提出。	
二〇〇〇（平成12）	4・27 宗務審議会「坊守の規定に関する委員会」答申提出。 7・1「寺院教会条例」改正。《抜本的に改正を行うまでの間、遵由効力期限を廃止し、現行のまま運用》 12・1 仙台教区で「女《ひと》・男《ひと》・人間《ひと》―〝らしさ〟からの解放」をテーマに教区で初めて女性室公開講座開催。（以降、教区を定め毎年開催）	2・6 全国初女性知事、太田房江が大阪府知事に当選（土俵問題起こる）。 5・24「児童虐待防止法」、「ストーカー規制法」公布。 6・5 国連特別総会（女性二〇〇〇年会議）開催。（〜10） 9・26 総理府、男女共同参画審議会答申「男女共同参画基本計画策定にあたっての基本的考え方」公表。
二〇〇一（平成13）	―― 総務部・研修部・同和推進本部・組織部女性室の四部門による、セクシュアルハラスメントについての企画会発足。（宗務所内職員対象研修会開催に向けて） 10・22 宗務総長に三浦崇が就任。	4・13「DV防止法」公布。 6・23 第一回男女共同参画週間。（〜29） 9・11 アメリカ同時多発テロ。 10・8 アメリカ、アフガニスタンの軍事施設等に対し攻撃開始。 11・6 石原慎太郎東京都知事「女性が生殖能力を失っても生きているのは無駄で罪」等の差別発言。
二〇〇二（平成14）	4・1 女性室ポスター、リーフレット発行。 11・1 全ての宗務職員対象に「セクシュアルハラスメント防止実践研修会」開催（計5回）。	1・1 欧州単一通貨「ユーロ」が流通開始。

二〇〇三（平成15）	―― 大阪教区から二人の女性参議会議員が選出。 2・― 「職場におけるセクシュアルハラスメントに関するアンケート」実施。	3・15 宗務総長に熊谷宗惠が就任。 11・29 御影堂修復にともなう、御真影動座式執行。	3・20 米英軍、イラク攻撃開始。 5・30 「個人情報保護法」公布。 7・16 「性同一性障害特例法」公布。
二〇〇四（平成16）	10・― 宗務所にて女性室、第一回目の「開催教区スタッフと女性室スタッフとの協議会」を開催。	7・1 「同和推進本部」を「解放運動推進本部」と名称変更。 ―― 「宗議会議員選挙条例」改正、代務者を被選挙資格を有するに変更。	1・19 自衛隊イラク派遣開始。 6・4 「障害者基本法」（第二次改正）。 6・11 厚労省、初の「母子家庭白書」発表。 ―― 婚外子の戸籍表記改正、区別撤廃。
二〇〇五（平成17）	6・1 『あいあう17号』特集「男女両性で形づくる教団」から問われること―男女平等参画の願い―発刊。 7・1 女性室事務所管が組織部から解放運動推進本部に移管。 9・― 宗務審議会に初めて女性の議員が二人選出。	7・― 真宗同朋会運動推進「中期教化研修計画」実施。基本理念《宗祖としての親鸞聖人に遇う》施策の基本方針①本願念仏に生きる人の誕生②真宗の仏事の回復。 9・1 『部落問題学習資料集』改訂版発行。	11・7 「障害者自立支援法」公布。
二〇〇六（平成18）	1・24 第一回男女両性で形づくる協議会開催。 5・30 『教化研究』一三五号「真宗と女性」特集号。 6・30 『メンズあいあう』創刊号発行。	11・21 大谷暢顯門首就任一〇周年記念式執行。	4・14 内閣府男女共同参画局、「男女間における暴力に関する調査」結果発表。三人に一人がＤＶ被害を経験。 6・21 「男女雇用機会均等法」改正・公布。 12・13 国連、「障害者の権利条約」採択。 12・22 「教育基本法」改正公布・施行。
二〇〇七（平成19）	2・9 柳澤伯夫厚労大臣の女性を子どもを産む「機械」「装置」に例えた発言に対し、「男女平等参画社会の実現に向けた要望書」を解放運動推進部長名で安倍晋三首相と柳澤厚労大臣に提出。 5・11 宗務審議会「坊守の位置づけに関する委員会」設置。	5・2 国宝『教行信証（坂東本）』完全副製本完成。 8・1 「真宗大谷派セクシュアルハラスメント防止のためのガイドライン」策定。 10・― 『真宗』一〇月号に「真宗大谷派セクシュアルハラスメント防止のためのガイドライン」掲載。	1・27 柳澤厚労大臣、女性を子どもを産む「機械」「装置」と差別発言。 7・11 改正「ＤＶ防止法」公布。保護命令制度の充実。 10・1 郵政民営化。 12・18 ワーク・ライフ・バランス憲章と行動指針決定。

二〇〇八（平成20）	3・31 宗務審議会、「坊守の位置づけに関する委員会」答申提出。 6・11 坊守の定義について「男女の区別なく住職・教会主幹者の配偶者と定める」。（「寺院教会条例の一部を改正する条例」改正） 8・1 「真宗大谷派に関するセクシュアルハラスメント防止のためのガイドライン」施行。「相談窓口」設置。 9・17 宗議会議員選挙により、女性議員三人が選出。	2・29 宗務役員セクシュアルハラスメント防止研修会。 9・30 『アイヌ民族差別に関する学習資料集—共なる世界を願って』発行。 11・5 宗務総長に安原晃が就任。	12・12 改正「国籍法」公布。両親が結婚しているかに関係なく、出生後に認知された子どもの日本国籍取得認める。
二〇〇九（平成21）	5・― 第一回「坊守就任研修会・坊守就任式」開催（以後、毎年度開催）	6・29 「組制」一部改正により、組会に組会員が出席できない時は寺院に所属する教師又は僧籍を有する成年以上の寺族、責任役員・総代の順に代理出席が可能になる（坊守・門徒も可能に）。 8・3 真宗本廟御影堂修復竣工式。 9・30 宗祖親鸞聖人御真影還座式。	5・21 裁判員制度始まる。 9・16 初の民主党政権、鳩山内閣成立。
二〇一〇（平成22）	2・2 女性室主催「女性住職の集い〜点から線への出会いを〜」開催（〜3）。 12・17 組織部長の諮問機関「男女共同参画推進研究会」、報告書提出。	4・15 東本願寺沖縄別院設立奉告法要厳修。 6・1 『高木顕明の事績に学ぶ学習資料集』発行。	3・31 「子ども手当法」公布。 8・1 「児童扶養手当法」の一部を改正する法律が施行。父子家庭への児童扶養手当の支給開始。 8・31 厚労省、「男女間賃金格差解消に向けた労使の取り組み支援のためのガイドライン」を公表。
二〇一一（平成23）	2・1 女性室ギャラリー展「男女両性で形づくる教団をめざして—女性室の歩み—」開催。 3・1 女性室「女《ひと》と男《ひと》のあいあうカルタ」と	3・19 宗祖親鸞聖人七五〇回御遠忌法要厳修（〜5・28）。※第一期は被災者支援の集いに変更 12・28 要望書「原子力発電に依存しない社会	3・11 東日本大震災、東京電力福島第一原子力発電所事故。 6・24 「障害者虐待防止法」公布。 8・5 「障害者基本法」（第三次改正）。

近現代女性史略年表追加表

年代	大谷派女性関連事項
二〇〇八（平成20）	4・1 真宗大谷派坊守会連盟結成五十周年記念事業を阿弥陀堂にて開催。
二〇一一（平成23）	5・6 真宗大谷派坊守会連盟 宗祖親鸞聖人七百五十回御遠忌讃仰事業として、御影堂にて全国坊守大会開催。
二〇一三（平成25）	10・9 真宗大谷派坊守会連盟 同朋会運動五十年を機縁として御影堂にて全国坊守同朋大会開催。
二〇一九（平成31）	4・9 真宗大谷派坊守会連盟 結成六十周年記念研修会を奉仕施設及び視聴覚ホールにて開催（～11）。

	『女と男のあいあうカルタことば集』発行、全教区へ配布。（『女性室広報誌あいあう　宗祖親鸞聖人七百五十回御遠忌記念号』） 10・19 大谷婦人会、真宗本廟御影堂にて宗祖親鸞聖人七五〇回御遠忌法要「婦人のつどい」開催。 12・22 宗務審議会「男女共同参画推進に関する委員会」設置。第一回宗務審議会「男女共同参画推進に関する委員会」開催。	の実現に向けて」を内閣総理大臣へ提出。	
二〇一二（平成24）	8・1 大谷婦人会通信『すみれ』創刊。 12・10 「男女共同参画に関する委員会」答申を提出。 12・26 女性室全三〇教区を対象に「男女両性で形づくる教団をめざす協議会」開催。	10・5 宗務総長に里雄康意が就任。	6・27 「子ども・被災者支援法」公布。 8・22 「子ども・子育て支援法」公布。
二〇一三（平成25）	4・1 大谷婦人会財団を解散し、宗派の関係団体「真宗大谷派大谷婦人会」となる。大谷婦人会委員会設置。 9・17 宗議会議員選挙により女性の議員四人が選出される。 12・26 「男女共同参画推進会議規定」公示。	7・－ 宗派制作の「身元調査お断り」プレートを全寺院・教会に配布。	6・26 「障害者差別解消法」公布。 6・26 「子どもの貧困対策法」公布。 6・28 「いじめ防止対策推進法」公布。 7・23 改正「ストーカー規制法」施行。 9・4 最高裁、民法の婚外子相続規定を違憲とする判決。 12・10 最高裁、性同一性障害で性別変更した男性を戸籍上の父と認定する決定。 12・13 「特定秘密保護法」公布。
二〇一四（平成26）	1・6 総務部に「男女共同参画推進会議規定施行」公示。 6・27 女性門徒の積極的な宗教参加をめざし「男女共同参画推進に向けた組門徒会		1・20 「障害者権利条約」に批准。 7・1 集団的自衛権行使容認の閣議決定。 9・26 香港反政府デモ、雨傘革命（～12・15）。

年	女性関連	宗門	社会
	員選定に関する特別措置条例」公示。 9・16 宗務所で女性室主催「女性住職懇談会」を開催。		
二〇一五（平成27）	1・6 宗門初の女性参務就任。 7・1 真宗教化センターに大谷婦人会事務局を移動。	5・- 真宗教化センター「しんらん交流館」開館。	9・4 「女性活躍推進法」公布。 9・18 「労働者派遣法」改正。 9・30 「安全保障関連法」公布。 11・5 全国で初めて、東京都渋谷区が同性カップルを公認する「パートナーシップ証明書」を発行。
二〇一六（平成28）	3・4 第五回「女性住職の集い」参加者一同より女性住職・教会主幹者・代務者を対象にした相談窓口設置に関する要望書提出（〜3）。 5・19 第一六回女性会議参加者一同から、『御文』の「五障三従」「女人」の文言に関する要望書を解放運動推進本部長に提出（〜20）。	4・1 阿弥陀堂御修復完了奉告法要兼師徳奉讃法要。 6・22 恵心（源信）僧都一千年御遠忌大谷派法要。 11・20 真宗本廟両堂等御修復完了奉告法要。 12・16 宗務総長に但馬弘が就任。	2・16 女性差別撤廃委員会がジュネーブにて開催。 4・14 熊本地震発生。 6・3 「ヘイトスピーチ解消法」公布・施行。 6・19 選挙権、一八歳以上施行。 12・14 「教育機会確保法」公布。 12・16 「部落差別解消推進法」公布。
二〇一七（平成29）	2・9 大谷婦人会、次世代を担う会員を対象にした第一回「すみれ会」開催。 3・2 大谷婦人会、大谷妙子会長就任二十周年記念全国大会開催。 3・2 女性室、しんらん交流館ギャラリーにて「女《ひと》と男《ひと》のあいあうカルタ展」開催（〜27）。 9・15 女性室、『聖経に見る性差別言辞の検証』（中間報告）を解放運動推進本部長に提出。 12・1 女性室ホームページ「あいあうnet」開設。		3・9 「レインボー国会」始まる。（性的指向や性自認に関する公正と平等を求める院内集会）。※当事者・支援者・国会議員で法制定に向けて議論 12・5 合意のない性行為で精神的苦痛を受けたとして、女性ジャーナリストが元TBSワシントン支局長を相手に民事訴訟を起こす。 ── 全国各地方自治体で独自にパートナーシップ制度導入の動き広まる。

二〇一八（平成30）	3・8 女性室、しんらん交流館にて「あいさん・あうさんのアイアウすごろく展〜近現代の歴史〜」開催。 3・28 女性室『女《ひと》と男《ひと》のあいあうカルタことば集』第二版発行。 8・9 杉田水脈衆議院議員による『新潮四五』八月号寄稿論文「LGBT支援の度が過ぎる」という主張に対し、解放運動推進本部長名で「すべての人びとが共に尊重し合い、認め合うことができる社会の実現に向けた要望書」を安倍晋三内閣総理大臣に提出。	6・25 『ハンセン病問題に学ぶ学習資料集』刊行。 12・6 真宗本廟参拝接待所ギャラリーにて二〇一八年度人権週間ギャラリー展「経典の中で語られた差別―「是旃陀羅」問題と被差別民衆の闘い」開催（〜翌年二月一五日）。 12・25 宗務審議会「社会福祉事業に関する委員会」を設置。宗派の社会貢献について検討。	4・4 大相撲舞鶴場所で土俵上で倒れた市長の救済のために土俵に上がった女性たちをアナウンスで排斥。 4・12 財務事務次官、女性記者にセクハラ行為。 6・23 「政治分野における男女共同参画の推進に関する法律」、「候補者男女均等法」が公布。 7・18 杉田水脈衆議院議員、「LGBT支援の度が過ぎる」「生産性がない」など差別的主張。 8・2 東京医大が医学部の一般入試で、女性受験者の得点を一律に減点し、女性の合格者数を抑えていたことが発覚。 10・ー ハリウッドのセクハラ事件から「#me too」運動が起こる。
二〇一九（平成31）	2・27 女性室、しんらん交流館にて「いろいろな性を生きる〜多様な性を認めあえる社会を願って〜」開催（〜3・25）。 2・ー 人権週間ギャラリー展「経典の中で語られた差別」性差別パネル差し替えについて問題提起。 5・9 第一九回女性会議（5・8〜9）参加者一同より、人権週間ギャラリー展「経典の中で語られた差別」性差別パネル差し替えについての要望書が宗務総長に提出。	2・14 真宗大谷派宗務所議場にて二〇一八年度人権週間ギャラリー展「経典の中で語られた差別―「是旃陀羅」問題と被差別民衆の闘い　公開シンポジウム」開催。	3・31 香港で「逃亡犯条例」改正案に抗議する大規模デモが起こる。

【参考文献】

『真宗』・『近代大谷派年表』・『部落問題学習資料集』・『ハンセン病問題に学ぶ学習資料集』・『アイヌ民族差別に関する学習資料』・『高木顕明の事績に学ぶ学習資料集』・『真宗同朋会運動学習資料』（真宗大谷派）、『日本婦人問題資料集成』（ドメス出版）、『近代日本総合年表』（岩波書店）等

女性室ホームページ　あいあう net
http://aiau-higashihonganji.net/

『あいあう』『メンズあいあう』のバックナンバーは、女性室ホームページ「あいあう net」でご覧いただけます。

女性史に学ぶ学習資料集

2019年８月28日　初版第一刷発行
定価：本体1,200円（税別）

編　集　真宗大谷派解放運動推進本部女性室
発　行　真　宗　大　谷　派　宗　務　所
〒600-8505　京都市下京区烏丸通七条上ル
電話　(075) 371-9181(代表)
印　刷　(有)　寶　印　刷　工　業　所